[개정판]

Volunteer Management

자원봉사론

김성철
모아라
박윤희
서연숙
이은영
장은석
정주석

양 성 원

머리말

사회복지의 꽃은 “자원봉사”라고도 한다. 「자원봉사활동 기본법」은 자원봉사활동에 관한 기본적인 사항을 규정함으로써 자원봉사활동을 진흥하고 행복한 공동체 건설에 이바지함을 목적으로 한다고 명시하고 있다. 「자원봉사활동 기본법」에서의 “자원봉사횔동”이란 개인 또는 단체가 지역사회 · 국가 및 인류사회를 위하여 대가 없이 자발적으로 시간과 노력을 제공하는 행위를 말한다.

자원봉사활동은 시간과 물질의 여유가 있고, 다른 사람에 비해 이타성이 높은 사람들만이 하는 활동이 아니라 누구나 참여할 수 있는 활동이다. 하지만 아무나 할 수 있는 활동은 아니다. 자원봉사활동에도 전문성과 책임성이 요청되기 때문이다.

본서는 대학에서의 한 학기 강의에 적합하도록 총 12장으로 구성하였으며, 크게 자원봉사에 대한 이해, 자원봉사관리, 자원봉사 현장으로 나누어 볼 수 있다.

우선, 자원봉사에 대한 이해 영역에서는 제1장 자원봉사와 자원봉사자의 개념과 동기와 욕구, 제2장 주요 외국(미국, 영국, 일본)의 자원봉사 역사와 우리나라의 자원봉사 역사와 현황, 제3장 자원봉사 구성체계에서 자원봉사 관련 법령과 기본 계획, 자원봉사센터와 관련 조직, 자원봉사 조직과 단체에 대하여 살펴보았다.

자원봉사관리 영역에서는 제4장 자원봉사관리에서 자원봉사관리자의 역할을 이해하고, 자원봉사관리자에게 요구되는 윤리적 내용과 자원봉사관리의 의의와 과정을 살펴보았으며, 제5장 자원봉사 프로그램의 개발과정에서 자원봉사 개발과정, 자원봉사 프로그램의 목적과 목표, 자원봉사 프로그램 기획, 제6장 자원봉사 직무설계, 제7장 자원봉사자의 모집과 선발에서 자원봉사자의 모집과 모집과정, 자원봉사자의 모집 계획의 평가와 모집의 기본 원칙, 자원봉사자의 선발과 면접을 실천할 수 있는 역량을 살펴보았으며, 제8장 자원봉사자의 배치와 교육에서 자원봉사자의 배치 의미와 과정, 자원봉사 교육의 의미와 과정, 자원봉사 관리자의 역할에 대하여 살펴보았고, 제9장 자원봉사자에 대한 지도・감독에서 자원봉사자에 대한 지도・감독의 의미와 과정, 자원봉사자의 활동 관리에 필요한 기술과 과정, 자원봉사 관리자의 역할에 대하여 살펴보았다. 제10장 자원봉사 인정과 평가에서 자원봉사 인정의 유형, 다양한 측면에서의 인정 보상의 원칙과 방법, 자원봉사 프로그램의 평가에 대해서 살펴보았다.

마지막으로 자원봉사 현장을 이해하기 위하여 자원봉사자 유형과 자원봉사 현장을 제11장과 제12장에서 다루었다. 제11장 자원봉사자 유형과 자원봉사관리에서 유형별 자원봉사의 필요성, 유형별 자원봉사의 효과, 유형별 자원봉사관리방안을 살펴보았고, 제12장 자원봉사 현장과 자원봉사관리에 대하여 살펴보았다.

오늘날은 자원봉사의 양적 팽창에서 질적 성장을 위한 사고의 전환이 필요한 때라고 보며, 본서가 이 사회의 어둡고 추운 겨울의 땅을 녹이는 봄날의 따뜻한 희망의 날갯짓이 되길 바란다. 이 책이 출간되기 위하여 애쓰시고 배려해 주신 양성원 사장님과 직원 여러분께 다시 한번 감사를 드린다.

2025년 3월

저자 일동

차 례

chapter 04 자원봉사관리

chapter 05 자원봉사 프로그램의 개발

chapter 06 자원봉사 직무설계

chapter 07 자원봉사자의 모집과 선발

chapter 08 자원봉사자의 배치와 교육

chapter 09 자원봉사자에 대한 지도감독과 활동관리

chapter 10 자원봉사의 인정 보상과 평가

chapter 11 자원봉사자 유형과 자원봉사관리

chapter 12 자원봉사 현장과 자원봉사관리

volunteerism | chapter

01

자원봉사와 자원봉사자

[학습목표]

1. 자원봉사의 개념과 특성과 형태를 이해한다.
2. 자원봉사자의 개념과 참여 동기와 욕구를 이해한다.

volunteerism | chapter 01

자원봉사와 자원봉사자

1. 자원봉사의 개념

자원봉사활동을 나타내는 볼론타리즘(voluntarism)은 자유의지라는 뜻을 가진 라틴어 볼런다스(voluntas)에서 유래되었다. 우리나라의 「자원봉사활동 기본법」에서는 자원봉사활동을 "개인 또는 단체가 지역사회 · 국가 및 인류사회를 위하여 대가 없이 자발적으로 시간과 노력을 제공하는 행위"라고 정의한다(국가법령정보센터, 2019). 그리고 미국에서는 자원봉사를 "어떤 사회적 조직에 속하거나, 실제로 어떠한 형태로든 이익을 목적으로 하지 않고 다른 사람들을 원조하는 행위"로 정의한다(이성록, 2005). 자원봉사론은 사회 구성원들이 자발적으로 참여하여 사회적 책임을 수행하고, 공동체의 발전과 변화를 추구하는 활동을 의미한다. 최근의 이론에서는 자원봉사활동을 개인의 자아실현과 사회적 연대의 실천으로 강조하며, 이를 통해 사회적 문제를 예방하고 해결하는데 기여한다고 정의한다(유용식, 2024).

2. 자원봉사의 주요 특성

자원봉사활동은 시간과 물질의 여유가 있고, 다른 사람에 비해 이타성이 높은 사람들만이 하는 활동이 아니라 누구나 참여할 수 있는 활동이다. 자원봉사의 특성에 대한 여러 정의를 살펴보면, 김동배(2005)는 자원봉사의 특성을 자발성, 공익성, 무보수성, 지속성, 조직성이라고 정리하였다. 또한 일본 오사카 자원봉사협회에서는 자원봉사활동의 특성을 자발성, 복지성, 무급성, 계속성이라고 하였으며, 일슬리(Ilsley, 1990; 김동배(2005)에서 재인용)는 자원봉사 활동은 다양한 형태와 목적을 지니지만, 공통적으로 다음과 같은 주요 특성을 갖는다.

이타주의는 자원봉사활동은 타인이나 사회에 대한 헌신을 의미하며, 이를 통해 도덕적 선행과 심리적 만족감을 얻는다. 헌신은 자원봉사자는 도움을 필요로 하는 개인을 돕거나 사회적 정의와 같은 이상을 실현하기 위해 헌신한다. 자유의지는 자원봉사활동은 개인의 자유로운 선택에 의해 이루어지며 외부의 강요 없이 스스로 결정한다. 학습은 자원봉사 과정에서 지식, 기술, 태도 등을 습득하며 이는 개인의 성장과 발전에 기여한다. 무보수성은 자원봉사 활동은 금전적 보상을 추구하지 않으며, 활동 자체에 의미를 둔다. 조직성은 효율적이고 지속적인 활동을 위해 자원봉사자들은 조직화된 구조 내에서 활동한다. 심리적 보상은 자원봉사자는 가치 있는 일을 수행함으로써 만족감과 성취감을 얻는다. 희생은 자원봉사자는 시간과 노력을 투입하여 타인과 사회를 위해 기여한다.

이러한 특성들은 자원봉사활동의 본질을 이해하는데 중요한 요소로 작용한다(류가형 외, 2021).

이 중에서 자발성, 공익성, 무보수성, 지속성, 조직성에 대해 살펴보면 다음과 같다.

1) 자발성

자원봉사는 누군가로부터 명령을 받았거나 강제로 활동하는 것이 아니라 평등한 인간관계를 기반으로 타인의 어려움이나 사회문제를 자신의 문제로 여겨 개개인의 자유 의사에 따라 활동하는 것을 의미한다. 따라서 자원봉사에서 자발성이란 사회일원으로서 자신의 생각과 판단에 따라 적극적인 자세로 복지 증진과 인권 함양 등을 위한 자기 결정에 의한 활동을 의미한다.

2) 공익성

공익성은 개인과 가족의 이해를 뛰어넘어 사회 전반의 삶의 질 향상과 전체 사회의 복지 향상에 기여하기 위한 활동을 의미한다. 이러한 공익성은 정부나 공공단체의 노력만이 아닌 사회 구성원 모두의 참여에 의해 이루어져야 함을 의미한다.

3) 무보수성

무보수성이란 자원봉사는 자신의 활동에 대해 보수나 이익을 목적으로 하지 않는 것을 의미한다. 그러나 자원봉사에서는 경제적 이득을 제외한 인정과 같은 다른 형태의 보상은 허용하고 있다.

4) 지속성

자원봉사는 상황에 따라 한두 번 참여하고 끝나는 것이 아니라 책임감을 가지고 꾸준히 일정기간 지속되어야 함을 의미한다. 자원봉사가 가지고 있는 업무의 속성상 한두 번의 참여로 자원봉사가 끝날 경우 소기의 성과를 거두기 어려울 수 있다.

5) 조직성

자원봉사의 조직성이란 서비스의 효과성과 효율성 측면에서 일정한 형태의 조직과 체계성을 갖추고 운영되어야함을 의미한다. 즉, 자원봉사 수요에 따라 인력을 모집, 훈련, 배치, 활동하는 일련의 체계성을 의미한다.

3. 자원봉사의 형태

자원봉사에는 여러 가지 형태가 있다. 자원봉사의 형태를 스미스(Smith)는 다음 4가지 형태로 구분하였다(Smith, 1996; 김동배(2005)에서 재인용)

1) 상호부조와 자조

상호부조(mutual aid)와 자조(self-help)는 이웃 간의 비공식적인 돌봄과 유사한 상황에 있는 사람들끼리 모여 서로 도우며 공동체 복지를 향상시키는 활동이다. 이러한 상호부조는 친밀한 상호작용 속에 이루어지며, 결국 자신에게 이익이 돌아오는 특징을 가진다.

2) 박애와 서비스 제공

박애(philanthropy)와 서비스 제공(service to others)은 이타적 활동을 통해 그 혜택이 제3자에게 돌아가는 것으로, 빈곤, 질병, 재난, 문맹퇴치 등 인간의 기본적 생존을 위한 활동뿐 아니라, 전문적 서비스 제공을 의미한다. 이는 민간단체에 의한 활동과 기업, 공공부문의 참여에 의해서도 이루어지고 있다.

3) 참여

참여(participation)는 개인이 자신의 능력 범위 내에서 지역사회개발사업 및 제3섹터에 참여하는 것을 의미한다. 최근 시민사회의 성숙에 따라 시민의 사회참여는 모든 나라의 중요한 사회적 과제가 되고 있다.

4) 대변과 캠페인

대변(advocacy)과 캠페인(campaigning)은 사회적 약자의 지위와 권리 향상, 환경, 국제평화, 부패척결 등 사회문제 해결을 위한 대중의 인식 향상과 구체적인 목적 달성을 위한 활동을 의미한다. 대변활동은 사회 내의 긴장을 유발하는 경우도 있으며, 법과 제도의 변화를 요구하기도 한다. 캠페인은 국제적인 차원부터 지역차원까지 이루어지며, 최근 인터넷을 활용한 캠페인도 이루어지고 있다.

자원봉사활동은 다양한 형태로 분류되며, 최근의 이론에서는 다음과 같은 형태로 정의된다.

① 직접 서비스 자원봉사: 도움이 필요한 개인이나 집단에게 직접적인 서비스를 제공하는 형태, 예를 들어 노인 돌봄, 아동 교육 지원 등이 포함된다.

② 간접 서비스 자원봉사: 환경 정화 활동이나 공공시설 개선 등과 같이 직접적인 대상자와의 접촉 없이 사회 전체에 이익을 주는 활동을 말한다.

③ 옹호 자원봉사: 사회적 약자나 소외된 계층의 권익을 보호하고 증진하기 위해 정책 제안, 캠페인 참여 등의 활동을 수행하는 형태이다.

④ 재능 기부 자원봉사: 개인의 전문 지식이나 기술을 활용하여 사회에 기여하는 것으로, 예를 들어 의료인이 무료 진료를 제공하거나, 법률 전문가가 무료 상담을 제공하는 활동이 이에 해당된다.

이러한 분류는 자원봉사활동의 다양성과 그에 따른 접근 방식을 이해하는 데 도움이 된다(류기형 외 , 2021).

4. 자원봉사자

1) 자원봉사자의 개념

자원봉사자(volunteer)는 자원봉사활동을 하고 있는 사람이다. 자원봉사자라는 용어는 초기에는 군대지원병이나 자원병 등에 사용되었으며, 현대 법률 용어로는 '무상으로 봉사하는 사람'으로 정의된다.

2) 자원봉사자의 동기

자원봉사자의 참여 동기를 이해하는 것은 이들의 참여를 유도하고, 중도 탈락을 방지하며 지속적인 활동이 유지되도록 하는 데 매우 중요한 요소이다. 자원봉사의 동기는 오랜 역사를 통해 밝혀진 대로 상부상조, 박애주의, 인도주의, 자선, 자기희생, 민주주의의 실현 등 도덕적이고 철학적인 가치가 반영된 개념으로 이해되어 왔다. 또한 학자들은 자원봉사가 이타적인 면뿐 아니라 인정과 보상 등의 이기적 동기, 사회적 규범에 의한 학습효과 등이 배경으로 작용한 것으로 이해하고 있다.

동기(動機, motivation)란 어떤 행동을 일으키게 하는 내적 요인을 의미하는 것으로, 라틴어의 '움직이다(movere)'에서 어원을 가지는 말이다. 현대 심리학자들은 동기를 말할 때 행동을 시작하고, 방향 짓고, 행동의 강도와 지속성을 결정짓는 요인으로 설명한다(박용순 외, 2014).

자원봉사의 동기를 이해하는 것은 참여자들의 개별적 가치를 이해할 뿐 아니라, 행동의 시작과 방향, 그리고 자원봉사의 강도와 지속성을 결정짓는 전 과정을 이해하는 데 매우 중요한 의미를 지닌다. 자원봉사의 동기에 관한 다양한 관점과 이론이 존재한다. 본 장에서는 크게 이타적 동기와 이기적 동기의 관점으로 나누어 살펴보고자 한다.

(1) 이타적 동기

이타주의는 자기중심성과는 상반되는 개념으로, 타인의 복지에 대한 비이기적 배려와 헌신을 의미한다. 이타주의의 결정요소는 '주위의 누군가를 돕고 싶다', '지역사회 혹은 국가를 위해 무언가를 하고 싶다', '무언가 개선과 변화를 원한다' 등과 같은 사회적 성격을 포함하고 있다.

무어(Moore, 1985; 최종혁 외(2015)에서 재인용)는 이타주의를 동정심, 죄의식, 그리고 내재화된 가치들과 연관된 행동을 포함하는 것으로 설명하고 있다. 그는 이타적 행동은 사회생물학적 요소와 함께 그 행동이 사회적으로 보상받게 됨으로써 강화되는 학습의 과정이며, 또한 사회적 규범에 의해 요구되는 행위로 강화·학습될 수 있다고 하였다.

자원봉사와 관련된 이타적 동기를 사회생물학적 접근, 사회학습 접근, 사회규범적 접근에 따라 살펴보면 다음과 같다.

① 사회생물학적 접근

인간을 포함한 동물의 사회적 행동의 생물학적 근거를 밝히는 사회생물학(sociobiology)적 관점에서는 모든 종들은 생존을 위해 이타주의도 유전학적 기반을 가진다고 주장한다. 사회생물학의 창시자이자 진화론자인 윌슨(Edward O. Wilson, 1976)은 각 종들의 생존을 위한 사회행동은 유전자와 환경 사이의 상호작용에 의한 자연선택을 주요인으로 하는 진화과정의 결과로 형성된 것으로 본다. 윌슨을 포함한 사회생물학자들은 인간을 포함한 생물들의 이타적 행동 역시 사회생물학적 진화에 의한 결과라고 본다.

이러한 이타주의 행동은 척추동물에서도 많이 찾아볼 수 있다. 울새, 개똥지빠귀, 박새 같은 작은 새들은 매가 접근하면 다른 새에게 경고를 보낸다. 침팬지는 공동 사냥 뒤에 고기를 공유할 뿐 아니라 양자를 들이기도 한다(위키피디아 백과사전, 2019).

인간의 이타주의는 다른 동·식물과 같은 군집생활의 특성에 따른 혈족과 부족을 위한 희생에서도 볼 수 있다. 이는 인간의 이타적 행동이 생태계 또는 유전적 근원을 갖는다는 의미를 내포한다.

② 사회학습 접근

사회학습 접근은 인간은 성장과정에서 타인의 행동을 관찰하고, 모방하는 학습의 과정을 갖는다는 행동주의 심리학과 인지주의 심리학에 기반을 둔다.

자원봉사 역시 중요한 타자가 보여 주는 사회에 대한 이타주의적 행동을 통한 모방과 모델링을 통해 학습된다는 것이다. 즉, 자원봉사는 가족이나 주변 사람들의 이타적 행동과 자원봉사활동을 보고 관찰과 모방을 통해 학습되어 행동으로 이어지는 사회화와 학습의 과정으로 볼 수 있다.

③ 사회규범적 접근

사회규범이란 사회가 공동으로 또는 평화적으로 생활하기 위해 일반적으로 받아들여지고 있는 규칙으로, 사회생활의 준칙인 도덕, 관습, 법률, 규범을 의미한다. 이러한 사회규범은 사회에서 일반적으로 받아들여지고 구성원들이 따르지 않으면 안되는 사회적 강제성이 뒤따르게 된다.

사회규범적 접근은 사회성원들은 사회적 규범이 이타적인 행동을 요구하면 그 규범의 특성에 의해 개체의 행동이 정해지게 된다고 주장한다.

(2) 이기적 동기

이기적 동기는 자아실현이나 성취욕구 등 자신의 이익이 최대화하는 자아지향적인 동기를 의미한다. 인간이 지닌 이기주의는 모든 동물에 거의 공통된 자기보존본능(自己保存本能)의 생생한 표현이다. 자원봉사에 있어서 이기적 동기는 참여자의 동기가 이타적이고 공공의 선을 위한 것이라기보다는 이기적이고 경험추구적인 동기와 개인적인 욕구에 의해 이루어진다고 하는 것이다.

이기적 동기에 대한 주요한 이론으로 매슬로우(Maslow)의 욕구단계이론(hierarchy of needs theory), 알더퍼(Alderfer)의 ERG 이론, 헤르즈버그(Herzberg)의 동기 - 위생이론, 맥클레랜드(McClelland)의 성취 동기이론(three-needs theory)이 있다.

① 매슬로우의 욕구단계이론

심리학자인 매슬로우는 모든 사람은 아래의 다섯 가지 욕구단계를 가지고 있다고 주장하였다. 즉, 생리적 욕구, 안전욕구, 사회적 욕구, 존중욕구, 자아실현의 욕구이다(Maslow, 1987; Robbins et al.(1987)에서 재인용). 매슬로우의 욕구단계이론에 따르면, 하나의 욕구단계가 충분히 만족된 후에 다음 단계로 넘어가게 된다. 하나의 욕구가 충분히 만족되면 그 욕구는 더 이상 동기부여로 작용하지 않는다.

매슬로우의 욕구단계이론에 따른 자원봉사 동기를 대응하면 〈표 1-1〉과 같다(Meneghetti, 1995; 배기효 외(2013)에서 재인용).

〈표 1-1〉 욕구단계별 자원봉사자 배치 유형

충족될 수 있는 욕구	잠재적 자원봉사자	자원봉사자 배치 유형
자기실현의 욕구	활용하지 못하고 있는 능력, 또는 재능이 있음	능력을 발휘할 수 있는 기회
자아존중감의 욕구	다른 영역에서 인정받지 못하고 가치절하되거나 드러나지 못하고 있다는 느낌	보상 받고 공개적으로 인정받으며, 주목을 끌 수 있는 기회
애정의 욕구	외로운 느낌	타인과 만나고 사귈 수 있는 기회
인정 및 안전의 욕구	실직에 대한 두려움	새로운 직업기술, 새로운 경험을 할 기회
생리적 욕구	저소득임	무료 음식을 제공 받을 기회와 쾌적한 환경에서 일할 수 있는 기회 제공

출처: Meneghetti, 1995; 배기효 외(2013)에서 재인용.

② 알더퍼의 ERG 이론

알더퍼는 저차원의 욕구와 고차원의 욕구는 차이가 있다고 보고 이를 3차원의 욕구로 구분하였다(윤종훈 외, 2013). 이 3차원의 욕구는 ERG로 표현할 수 있다.

첫째는 존재욕구(E: needs for existence)로서, 배고픔, 목마름, 거처 등과 같은 모든 형태의 생리적·물질적 욕구를 말한다. 조직에서는 임금이나 쾌적한 물리적 작업조건에 대한 요구가 이 범주에 속한다.

둘째는 관계욕구(R: Relatedness)로서, 작업장에서 타인과의 대인관계와 관련된 모든 욕구를 말한다. 이 욕구는 매슬로우의 소속 및 애정욕구와 유사하다.

셋째는 성장욕구(G: Growth)로서, 창조적·개인적 성장을 위한 한 개인의 노력과 관련된 욕구를 말한다. 성장욕구의 충족은 한 개인이 자기 능력을 극대로 이용할 수 있을 뿐 아니라 새로운 능력개발을 필요로 하는 일에 종사함으로써 얻을 수 있다.

알더퍼의 ERG 이론은 자원봉사자가 갖는 욕구수준에 따라 그 직무와 자원봉사활동을 배치할 필요가 있음을 시사한다. 즉, 존재욕구가 강한 자원봉사자에게는 활동을 통한 그에 상응하는 물질적 보상을 제공할 필요가 있으며, 관계욕구가 강한 자원봉사자에게는 활동 현장에서 다른 사람들과 친밀한 관계를 형성할 기회를 제공하며, 성장욕구가 강한 자원봉사자에게는 새로운 일에 도전하고 그런 기회를 통한 직무능력 향상과 성장의 기회가 주어지는 직무에 배치할 필요가 있음을 의미한다.

③ 헤르즈버그의 동기 - 위생이론(2요인 이론)

헤르즈버그의 2요인 이론(dual factor theory)은 사람들의 욕구는 단계적으로 계층을 이루는 것이 아니라 불만족해소차원과 만족증대차원이라는 두 개의 별개의 차원으로 이루어져 있다고 주장한다(윤종훈 외, 2013).

사람들이 자신의 일에 대해 크게 만족한 적이나 크게 불만족한 것이 있을 때 일반적으로 [그림 1-1]과 같이 서로 다른 두 가지 요인이 작용한다(Stephen, 2018). 사람들이 자신의 일을 긍정적으로 느끼면 직무 자체의 성취, 인정 및 책임 등에서 발생하는 내재적 요인을 거론하는 경향이 있다. 그러나 자신의 일에 만족하지 못할 때는 직무 상황(예를 들면, 회사 정책, 행정, 감독, 대인관계, 근로 환경 등의 외적 요인들)을 거론하는 경향이 있다.

헤르즈버그는 주로 환경과 관련되거나 직무상황(job context)과 관련된 욕구를 충족시키는 요인을 위생요인이라 불렀는데, 이를 위생이라고 쓴 것은 의학적인 면에서 그것이 지닌 예방적인 의미와 환경적인 의미 때문이다. 이런 의미에서 위생요인을 불만족요인(dissatisfiers)이라고도 부른다. 또한 직무내용과 관련된 참여자의 내재적 욕구를 충족시키는 요인을 동기요인이라 불렀는데, 이는 사람들로 하여금 보다 나은 만족과 성과를 거둘 수 있도록 동기부여하는 데 효과적이기 때문이다. 이런 의미에서 동기요인을 만족요인(satisfier)라고도 부른다. 따라서 헤르즈버그의 2요인 이론은 자원봉사자들의 불만요인을 제거함으로써 활동의욕을 가질 수 있는 환경조건(위생요인)을 구비한 후 적극적인 동기부여를 하는 것이 바람직함을 시사한다.

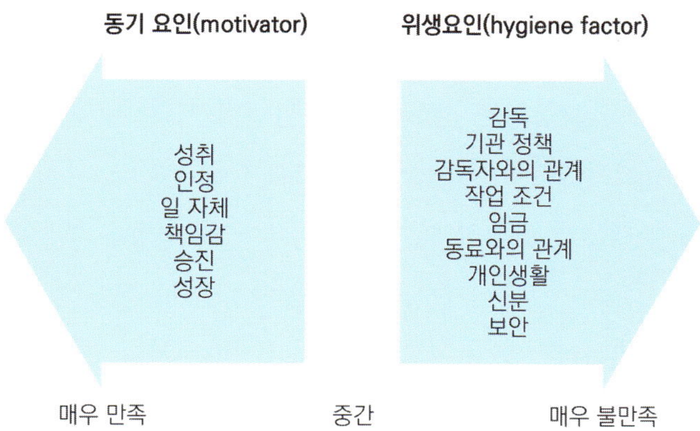

[그림 1-1] 헤르즈버그의 2요인 이론

④ 맥클러랜드의 성취 동기이론

맥클러랜드와 동료들은 성취 동기이론을 제안했는데 이를 3욕구 이론이라고도 부른다. 성취 동기이론은 성취욕구(Achievement needs: nAch), 권력욕구(Power needs: nPow), 친교욕구(Affiliation needs: nAff)의 세 가지 습득된 욕구들이 업무의 주된 동기가 된다고 하였다. 성취욕구는 성공하고, 일련의 기준을 뛰어넘으려는 추진력을 의미한다. 권력욕구는 사람들이 다른 방식으로는 행동할 수 있도록 고유한 방식으로 행동하도록 만들고자 하는 욕구를 의미한다. 친밀욕구는 친밀하고 가까운 대인관계 욕구를 의미한다.

따라서 자원봉사 기관은 자원봉사자의 욕구에 따라 자원봉사 활동과 직무에 배치할 필요가 있다. 즉, 성취욕구가 높은 자원봉사자에게는 많은 책임과 권한이 주어지는 도전적인 직무에 배치하고, 권력욕구가 강한 자원봉사자에게는 타인의 행동에 대한 통제를 가하는 직무를, 친교욕구가 강한 자원봉사자에게는 다른 사람들과 밀접한 관계를 유지할 수 있는 기회를 제공하는 것이 동기부여된다. 맥클러랜드의 성취 동기이론은 자원봉사자의 욕구를 반영한 직무 배치가 자원봉사자의 동기부여에 도움이 된다는 함의를 제공한다.

(3) 사회적 교환이론

자원봉사자의 활동을 보상하는 것과 관련된 합리적인 의사결정의 결과로 해석하는 대표적인 견해가 사회적 교환이론(Social Exchange Theory)이다. 사회적 교환이론에 따르면, 자원봉사자의 행동은 다양한 외적인 요인에 의해 영향을 받는다. 자원봉사자의 첫 활동의 동기는 심리적 요인이 작동될 수 있으나, 일단 활동이 시작되면 그 과정 속에서의 성취감, 소집단과의 관계, 물질적 보상과 인정, 칭찬, 존경 등 사회적 보상에 따라 자원봉사활동의 강도와 지속성에 영향을 준다(김동배, 2005).

① 심리적 보상

심리적 보상은 자원봉사활동에 따른 심리적 안녕감과 만족감을 의미한다. 심리적 보상은 이웃과 사회를 돌아본다는 보람과 평등의식의 실현, 체면을 차리는 것, 혹은 자기성장과 미래 직업이나 사회적 역할 탐색을 위한 동기에서 자원봉사에 참여하는 것을 포함한다.

② 사회적 보상

사회적 보상은 직접적 보상은 따르지 않지만, 사회제도를 통해 이에 상응하는 보상을 제공받는 것이다. 이런 예로 자원봉사통장제도, 표창제도, 회원제도, 근무시간 인정 및 경력화, 자원봉사 학점의 제도화 등이 있다. 실제 우리나라는 다양한 형태의 사회적 보상을 통해 자원봉사를 유인하고 동기화하고 있다.

③ 경제적 보상

자원봉사에 대한 경제적 보상은 활동 참여에 따른 유급의 보상을 지급하는 것을 의미한다. 우리나라는 교통비, 식사비 제공 등의 수준에서 이루어지고 있어서 아직은 미진한 수준에 있다. 그러나 미국은 자원봉사활동에 따른 경제적 보상이 정책적으로 매우 활성화되어 있다. 예를 들어, 미국봉사단(AmeriCorps: VISTA)은 17세 이상 고졸 이상 학력의 청년이 여름방학 등을 이용해서 각종 지역사회 프로그램에 참여할 경우 17~24세는 학비를 지원하고 풀타임인 경우 최저생계비를 지원하고 있으며, 노인들의 자원봉사에 대해서는 유급 및 실비 지원 등의 다양한 경제적 보상이 주어지고 있다.

(4) 그 외 다양한 자원봉사의 동기들

개인적인 차원에서의 다양한 자원봉사의 동기를 메네게티(Meneghetti, 1995; 주성수(2013)에서 재인용)는 〈표 1-2〉와 같이 사회적, 가치, 경력, 이해, 보호, 자존의 차원에서 분류하여 제시하고 있다.

〈표 1-2〉 자원봉사활동의 다양한 동기들

동기적 관심	자원봉사 이유와 기대되는 가치 있는 결과들
사회적	• 내 친구가 자원봉사 활동을 한다. • 나와 가까운 사람들이 봉사활동을 한다. • 내가 아는 사람들과 더불어 봉사활동을 한다.
가치	• 내 자신보다 어려운 처지의 사람들에게 관심을 갖는다. • 어려운 사람들에 대한 동정심을 갖는다. • 남을 돕는 일은 중요하다고 생각한다.
경력	• 나의 비즈니스나 경력에 도움이 되는 관계를 형성한다. • 나의 직장 일이 잘 되도록 도움을 준다. • 나의 이력서에 봉사활동이 빛을 낸다.
이해	• 내가 알고자 하는 어떤 대의를 더 잘 알게 된다. • 사물에 대한 새로운 시각을 제공해 준다. • 나 자신의 장점을 알아내는 데 도움을 준다.
보호	• 내 자신의 개인적 문제를 극복하는 데 도움을 준다. • 내가 처한 곤경에서 해방되는 도피처가 된다. • 봉사활동을 통해 외로움을 해소한다.
자존	• 자원봉사는 내 자신을 중시하게 해 준다. • 자원봉사는 내 자존심을 높여 준다. • 자원봉사는 내 자신의 욕구를 갖게 해 준다.

출처: Meneghetti, 1995; 주성수(2013)에서 재인용.

3) 자원봉사자의 욕구

자원봉사자는 인정받을 욕구와 권리를 가지고 있고 자원봉사자는 불완전한 인간이지만 잠재된 가능성이 표출될 수 있도록 그들의 능력을 최대한 인정하고 팀의 일원으로 인정되어야 한다. 자원봉사자가 관심 있는 업무의 유형, 업무의 시간적·공간적 유연성, 업무에 대한 보상 등 자원봉사자가 기관으로부터 바라는 점으로 구성되어 있는 자원봉사자의 욕구(needs)를 잘 파악하여야 한다. 프란시스(Francies, 1982)가 개발한 자원봉사자 욕구, 동기, 척도의 내용을 보면 다음 7가지로 나뉜다.

① 경험추구의 욕구(need to experience): 실제적인 이득 및 자아성장
② 사회적 책임감 표현욕구(need to express social responsibility): 이타적 동기들
③ 타인 기대 부응욕구(need to meeting other's expectation): 의미 있는 주위 사람들의 압력, 영향
④ 사회적인 인정욕구(need to social approval): 사회적 존경
⑤ 사회적 접촉욕구(need to social contract): 친교 및 사교경험
⑥ 사회적 교환욕구(need to provide future returns): 미래의 보상에 대한 욕구
⑦ 성취욕구(need to achievement): 개인적 성취

이러한 7가지 욕구 구성요소들에는 전통적으로 주장되어 온 자원봉사의 이타적 동기와 행동과학자들의 동기이론에서 나온 이기적 동기들이 포괄되어 있음을 발견할 수 있다. 자원봉사 모집 과정의 시작은 자원봉사자가 관심을 가질 만한 가치와 매력이 있는 바람직한 자원봉사 업무를 마련하는 것이 중요하다.

자원봉사자의 욕구는 자원봉사 참여와 지속성에 중요한 영향을 미치며, 최근의 이론에서는 다음과 같이 정의된다.

① 자아실현 욕구: 자원봉사자는 자신의 잠재력을 발휘하고, 개인적 성장과 발전을 추구한다. 이를 통해 삶의 의미를 찾고, 자기 효능감을 높인다.
② 사회적 교류 욕구: 자원봉사 활동을 통해 사회적 관계를 형성하고, 소속감과 유대감을 느끼고자 한다. 이는 사회적 지지망을 구축하고 고립감을 해소하는 데 도움이 된다.
③ 이타주의적 욕구: 타인에게 도움을 주고 사회에 기여하고자 하는 욕구로, 이를 통해 도덕적 만족감과 심리적 보상을 얻는다.
④ 학습 및 역량 강화 욕구: 새로운 지식과 기술을 습득하고 자신의 역량을 강화하고자 하는 욕구이다. 이는 개인의 전문성 향상과 경력 개발에 기여한다.
⑤ 사회적 인정 욕구: 자원봉사 활동을 통해 타인으로부터 인정과 존중을 받고자 하

는 욕구로, 이는 자존감 향상에 도움이 된다.

이러한 욕구들은 자원봉사자의 동기 부여와 활동 지속에 중요한 역할을 하며, 자원봉사 프로그램의 설계와 운영 시 고려되어야 한다(류기형 외 ,2021).

volunteerism | chapter

02

자원봉사의 역사

{학습목표}

1. 주요 외국(미국, 영국, 일본)의 자원봉사의 역사를 이해한다.
2. 우리나라의 자원봉사의 역사와 현황을 이해한다.

volunteerism | chapter 02

자원봉사의 역사

1. 주요 외국의 자원봉사 역사

1) 영국

(1) 자원봉사 발달과정

영국의 자원봉사 역사는 아래와 같이 크게 4단계로 나누어 볼 수 있다[1].

- 자원봉사 기초기 : 16세기~18세기 말
- 민간차원의 조직화 시기 : 19세기~1900년
- 정부주도하의 육성시기 : 1905년~1978년
- 공사 협력의 재정립시기 : 1978년~현재

1) 영국 자원봉사의 역사는 류기형와 남미애(1997)의 구분을 따른다.

① 자원봉사의 기초기(16세기~18세기 말)

16세기 영국은 국가가 빈민 구제에 관심을 가지기 시작해서 국가와 민간의 역할 구분이 이루어졌다. 이 시기에 중류층의 박애주의 정신을 가진 일반인들과 종교적 신념으로 무장한 신흥종교 신자들이 자유로운 분위기 속에 서서히 등장하여 다양한 민간사회복지단체를 형성하였다. 이들은 영국 대도시에서 의료, 교육 등 사회를 위한 다양한 활동을 전개하면서 일정한 자선구조 형태를 형성하고 자선기부자를 대두시켰다.

영국에서 자원봉사자라는 용어가 문헌상 처음 등장한 것은 1647년 스튜어트 왕조 때이다. 이 시기 영국은 명예혁명 등으로 국가 전역이 혼란과 불안으로 가득 차 있었다. 그런 상황에서 스스로 자신들의 마을을 지키고자 일어선 사람들이 생겼는데 이들을 자원봉사자라고 불렀다. 따라서 최초로 사용된 자원봉사자라는 의미는 마을을 지키기 위해 스스로 싸우는 자경단의 의미였다. 그리고 18세기에는 영국이 식민지를 거느린 근대국가로 발전하면서 자국의 권익 보호를 위해 군대를 가질 필요가 생겼고, 이에 나라를 지키려는 순수한 마음으로 자원해서 군대에 입대한 지원병들이 생겼는데 이들을 자원봉사자라고 불렀다. 이처럼 자발적으로 나라를 지키려고 하는 의미에서 자원한 자경단, 자위대를 자원봉사자로 받아들였고, 현대적 의미의 자원봉사자 용어를 사용한 것은 19세기부터이다(류기형 · 남미애, 1997).

② 민간차원의 조직화 시기(19세기~1900년)

이 시기 영국은 정치 · 경제적인 자유주의 출현과 자유방임사상이 팽배했다. 이시기 사회의 최고 가치는 자조(self-help)였으며, 국가는 인간의 자유로운 활동을 보장하는 것이 의무라고 생각했다. 더불어 사회문제에 대한 지각과 민주주의 발전은 사회에 대한 민간 참여 필요성에 영향을 주었다. 이러한 민간활동의 왕성함과 영향력을 짐작케 하는 단면은, 런던 자선조직의 수입이 스웨덴과 포르투갈을 포함한 몇몇 국가의 수입보다 컸다는 1880년 타임지 발표를 통해 잘 알 수 있었다.

그러나 민간의 왕성한 사회복지 활동에도 불구하고 빈민의 수는 줄지 않고 자선의 누수와 범죄자 증가 등이 사회문제로 부상하였다. 이에 따라 현실 민간사회복지사업 방법에 대한 반성과 더불어 1869년 자선조직협회가 등장하였다. 자선조직협회는 그동안 무계획적이고 비체계적 자선이 현재의 자원 낭비와 서비스 중복, 빈곤을 야기했다고 보고 급여 합리화와 자선의 조직화를 목적으로 설립되었다. 이들은 구제 대상자를 결정할 때 면접, 가정방문, 환경에 대한 정보를 고려하였고, 구제가 결정되면 가정방문과 지도를 실시하였다. 이런 활동 참여자들은 사랑과 우정을 바탕으로 자발적으로 활동에 참여한 부인들로 구성된 우애방문원들이었다. 1886년 런던 자선조직협회를 통해 1년간 다루어진 사례는 2만 5천 개였다(류기형 외, 1997).

한편 사회개량주의를 중심으로 19세기 인보관 운동이 전개되었다. 바넷트(Barnett) 목사는 인보관운동의 창시자로서 인간 정신의 우위성을 강조하면서 시민사회란 자유롭고 독립적이며 평등한 시민에 의해 구성된 무한한 가능성을 가진 사회여야 한다고 주장하였다. 그는 런던시의 빈부격차로 인한 사회 단절과 불신감 해결을 위해 지식인들과 함께 빈민 사회에 거주하며 빈곤자들의 이웃이 되었고, 상호 깊은 이해를 통한 단절감 해소와 교화를 통해 빈곤문제 해결에 앞장섰다.

19세기 일반시민이 앞장서서 빈곤의 문제를 해결하고자 한 자선조직협회의 우애방문원 활동과 인보관 운동은 시민들의 적극적인 민간사회복지활동을 이끌었으며 현대적 의미의 자원봉사활동의 시작점이 되었다.

③ **정부주도하의 육성시기**(1905**년**~1978**년**)

1960년대 복지국가에 대한 인식 변화로 자원봉사활동에 대한 국민의 이해와 사회 역할이 더욱 강조되었다. 베버리지(Beveridge)는 그의 보고서 『자발적 행동(Voluntary Action)』에서 국가의 집권적 활동만으로는 전후 영국의 재건을 가로막는 궁핍, 질병, 무지, 타락, 게으름 등을 뿌리 뽑기가 충분치 않다고 지적하였다. 더불어 복지국가의 기능을 보완하기 위해 개인의 자발적 노력이 필요하다고 지적하였다. 즉, 1950년대까지는 공적 서비스의 범위 내에서 전문 워커가 욕구 충족을 위한 기능을 수행해야 한다는 의견이 지배적이었으나, 복지국가 운영이 지난 시점에서는 전문가가 모든 사회 욕구를 충족시키는 것은 불가능할 뿐 아니라 관료적이라는 비판을 받게 되었다. 따라서 자원봉사는 공적 서비스의 부족을 매울 수 있는 중요한 방법으로 받아들여졌다(류기형 외, 1997).

1960년에는 자원봉사활동에 대한 국민들의 이해와 사회적 역할이 더욱 강조되어 민간사회사업기관 및 단체를 보호하고 육성하기 위한 「자선법(Charity Act)」이 제정되어 자원봉사진흥의 토대를 마련하였다. 이후 자선법은 여러 차례 개정을 통해 영국의 민간단체의 바람직한 방향을 제시하는 중요한 법률로 자리 잡았다. 또한 1970년 지방의 자원봉사활동을 지원하기 위한 「지방정부사회복지서비스법(Local Authority Social Service Act)」이 제정되어 지방 단위의 종합적 사회복지서비스국을 설치하고, 지역 내의 자원봉사활동을 포함한 모든 서비스에 대한 지원과 조정역할을 하게 되었다. 이 두 법을 통해 민간 기관들은 정부의 지원을 받아 보다 효과적인 서비스를 할 수 있게 되었다. 더불어 사회적으로 학생운동, 히피문화 등의 새로운 청년문화가 기성세대와 큰 차이를 보이면서 청년들의 에너지를 효과적으로 배출할 수 있도록 하기 위한 청소년 자원봉사활동에 큰 관심을 쏟기 시작했다. 즉, 지역사회 서비스 봉사자(Community Service Volunteer), 특별위원회(Task Force)와 기금 마련을 위한 청년자원봉사자들(Young Volunteer for Foundation) 조직이 형성되었다. 또한 학교 커리큘럼의 일부로 학생들의 지역사회서비스 필요성이 대두되었고, 청년자원봉사활동사업단 창립, 보호관찰서비스에 자원봉사활동 강조 등이 일어났다.

④ 공·사협력의 재정립시기(1978년~현재)

1979년 집권한 보수당은 공적 서비스가 가진 비효과성에 비해 자원봉사활동이 가진 비의존성과 자조 그리고 개인책임 강조의 장점으로 인해 자원봉사 활동을 적극 강화하였다. 이것은 이전 시기의 자원봉사활동이 공적 서비스를 보완한다는 생각과는 정반대되는 것으로 자원봉사활동의 보완이 공적 서비스의 역할이라는 생각에서 출발하였다.

1980년대 정부는 자원봉사단체에 대한 면세와 비과세, 그리고 자원봉사활동 기부자에 대한 소득공제 등의 혜택을 마련하였으나 별 효과가 없었다. 1980년 중앙 차원의 재정적 보조 등 자원봉사 육성에 힘입어 영국의 지역자원봉사기관들도 활동이 확대되고 새로운 기관이 설립되었다. 그리고 지방정부 보조금은 새로 시작하는 자원봉사조직이 좀 더 견고한 기반에 설립되도록 하는 데 기여하였다. 이에 따라 개인, 기업, 민간단체들의 참여가 증가되고 사회복지서비스 부분에 자원봉사 영역이 중요한 부분으로 자리 잡았다.

1992년의 「자선법」 개정에는 민간사회복지기관과 단체의 보호·육성 및 자선위원회에 등록된 단체에 대한 모금 승인과 조세감면 등 다양한 자원봉사활동의 활성화를 위한 내용이 포함되었다. 같은 기간 노동당에서도 자원봉사가 국가 책임회피라는 비판적 입장에서 벗어나, 자원봉사를 새로운 혼합 경제적 복지정책의 필수요소이자 시민사회와 국가 간의 새로운 관계 발전을 위한 중요한 가교로서 그 가치를 인정하였다(최덕경 외, 2014).

1990년대 이후 영국의 자원봉사 영역은 기업 및 청년들의 참여가 확대되면서 정부 차원의 빈곤문제와 지역사회보호 차원을 벗어나 그 어느 때보다도 다양하고 폭넓은 영역으로 발달하고 있다(최종혁 외, 2015).

(2) 자원봉사활동 현황

① 자원봉사활동 지원 체계

영국은 지방자치가 발달된 나라로서 중앙정부의 지원보다는 각 지역의 지방정부가 독립적으로 자원봉사활동 진흥에 힘쓰고 있다. 영국에서 정부차원의 자원봉사활동 지원은 영연방 내 잉글랜드(England), 스코틀랜드(Scotland), 북아일랜드(North Ireland), 웨일즈(Wales) 등 4개 지역이 각기 다른 기구를 전담하고 있다. 잉글랜드는 전국자원봉사센터(National Center for Volunteering), 스코틀랜드는 자원봉사개발원(Volunteer Development),

북아일랜드는 국립개발원(National Development Agency), 웨일즈는 자원봉사활동협회(Wales Council for Volunteer Action)가 각 지역의 자원봉사센터 역할과 기능을 담당하면서 자원봉사 진흥과 연계를 위한 활동을 하고 있다.

지역 단위로는 자원봉사센터(Volunteer Bureaux)와 같은 지역자원봉사개발 기관의 네트워크가 형성되어 지역자원봉사자들의 봉사활동 영역을 조정하고, 관련 단체 지원, 상담, 훈련 등을 제공하고 있다. 대부분의 자원봉사센터는 '전국자원봉사센터연합(National Association of Volunteer Bureax: NAVB)'의 회원으로 활동하고 있다. 특히 협회 차원에서 자원봉사활동을 지원하는 전국 차원의 다양한 단체가 있다. 즉, 자원예술 네트워크(Voluntary Arts Network), 전국자원봉사관리자협회(보건 분야, National Association of Volunteer Service Manager), 영국박물관친구협회(British Association of Friends of Museum), 전국청소년자원봉사협회(National Council for Voluntary Youth Service) 등이 있다(최덕경 외, 2014).

② VOS(Volunteer Service Overseas)

VOS는 자원봉사를 희망하는 전문가를 개발도상국에 파견하여 그들의 경험과 기술을 현지 관계자 및 일반인에게 전수할 수 있도록 하는 자원봉사단체이다. 1958년 설립된 후 현재까지, 아프리카, 아시아, 남미 등에 43만 명의 자원봉사자를 파견했을 뿐 아니라 영국, 캐나다, 호주, 인도, 필리핀, 케냐 등 해외사무소에서도 자원봉사자들이 교육 및 파견에 관한 일을 수행하고 있다. 이들은 빈곤 없는 세상을 꿈꾸기는 하지만, 식량을 나누어 주거나 원조자금을 지원하기보다는 '사람'과 '가능성'을 선택하여 소질과 능력을 가진 누군가가 다른 사람을 위해 쓰일 때 긍정적인 변화가 올 것이라 기대한다. 이런 기대에 따라 VOS는 개발도상국의 정부기관이나 비정부기구(NGO)에 필요한 은퇴교사, 전직 공무원 등 전문인력을 파견하는 데 힘을 쏟고 있다(김승용 외, 2011).

③ **자원봉사활동 규모**

영국은 유럽에서 자원봉사가 가장 활발한 국가이다. 제2차 세계대전 이후 복지국가가 되면서 민간 자원봉사가 축소되었으나, 경제적 위기 이후 1980년대부터 자원봉사가 다시 활발해졌다. 자살상담을 하는 '사마리탄(The Samaritans)'에서부터 시각장애인에게 신문을 읽어 주는 일 등 다양한 단체들이 봉사활동을 하고 있다. 영국 정부의 조사(2021)에 따르면 2020~2021년 30%가 1년 동안 공식적인 자원봉사에 참여했으며, 비공식적인 참여율을 54%로 수준으로 나타났다(행정안전부, 2023). 2015년에는 3,000만 명이 20억 시간, 비용으로 환산하면 76조 원(500파운드)의 자원봉사활동을 하였다(정유진, 2016).

영국정부는 국민 총생산의 5% 이상을 자원봉사 관련 활동에 지원하고 있다. 1994년 영국정부가 이와 관련하여 집행한 예산은 39억 2천만 파운드로서, 이 가운데 14%에 해당하는 5억 6천만 파운드가 전국 자원봉사단체 지원금으로 사용되었다(이철진, 1999).

2) 미국

미국의 자원봉사활동 참여율은 2019년에는 30%까지 증가하였으나, 코로나19팬데믹 기간인 2020.9~20201.8 사이 공식적 자원봉사 참여율은 23.2%, 비공식적 도움을 제공한 경험은 51%로 비교적 높은 수치를 유지하고 있다(AmeriCorps.gov, 2022; 행정안전부 2023). 미국은 어린이부터 성인까지 자원봉사에 참여할 수 있는 사회적 시스템을 갖추고 있어서, 전 국민이 자원봉사를 특별한 활동이 아닌 일상의 생활로 참여하고 있다.

미국은 정부차원에서 자원봉사활동을 적극 지원・육성하는 형태로 연방정부가 주정부를 지원하고, 주정부가 시정부를 지원하고, 시정부는 민간단체의 신청을 받아 자원배분을 하고 있다.

(1) 자원봉사 발달 과정

미국의 자원봉사 발달과정은 학자마다 다르게 구분하고 있다. 여기에서는 미국의 자원봉사 발달과정을 4단계로 나누어 그 특징을 살펴본다. 4단계는 청교도의 이민과 더불어 민간의 자발적인 자원봉사가 일어나는 1600년~18세기 말의 자원봉사의 기초기, 19세기 산업화, 도심화와 세계대전을 겪으면서 사회문제 해결을 위한 자원봉사의 조직화가 일어나는 19세기~1950년의 자원봉사 조직기, 2차 세계대전 종식 후 사회문제 해결의 필요성과 정부 지출 삭감을 보충하기 위한 1950년~1990년의 자원봉사 성장기, 1991년~현재까지의 자원봉사 재정립기이다.

① 자원봉사의 기초기(1600년대~18세기 말)

미국의 자원봉사 역사는 건국 이전에 시작된다. 초기 이민자들은 신대륙을 찾아 떠난 후, 메이플라워호(May Flower) 선상에서 공동체 생활을 위한 자치규정(Social Compact of 1620)을 만들고 '모든 사람의 이익과 안전을 위해 서로 돕는다'는 서약을 한 후 신세계에서의 새로운 생활을 시작하였다(최일섭 외, 1996; 이강현(2013)에서 재인용).

이 시기 미국은 이주민 개척자들의 영향으로, 도움이 필요한 사람들에게 최초 도움의 원천이 가족, 친구, 그리고 교회였다. 빈민에 대한 공공의 책임성을 표방한 것은 1647년 미국 최초의 「빈민법」이 로드아일랜드(Rode Island)주에서 제정되면서부터이다. 이 법에서는 빈민에 대한 공공의 책임성을 다음과 같이 표방하고 있다.

> 각 마을은 노동력이 없는 사람(the impotent)을 보호하고, 건강한 사람들에게는 일을 시키고, 빈곤한 사람에게 도움을 주기 위해 감독관을 임명해야만 한다(Axinn & Levin, 1975; 김근홍 외(2007)에서 재인용).

초기 식민지 정착자들의 심각한 경제적 및 물질적 결핍을 고려할 때, 구제에 대한 공적 책임이 지역책임(local responsibility), 가족책임(family responsibility)을 표방한 것은 당연한 현상이었다. 자원봉사활동은 자발적인 민간 차원에서 운영되었으며, 대표적으로 1657년 병자를 돕고 빈민을 구제해 주는 최초의 우호방문협회인 스콧자선협회(Scot's Charitable)가 설립되었고, 1662년에 보스톤에 빈민구제소(Almshouse)가 설립되었다. 1820년 이후에는 고아원, 병원 등 다수의 민간단체들이 설립되었고, 1843년에는 뉴욕에 이들 기관의 연락 조정 역할을 담당하는 빈민생활상태개선협회(AICP)가 조직되었다(한국사회복지연구회, 1997).

② **자원봉사 조직화 시기**(19**세기**~1950**년**)

19세기 후반 도시화와 산업화를 거치면서 사회적으로 신흥자본주의 형성과 더불어 도시 빈민의 문제와 슬럼지역 형성, 실업 문제, 보건의료의 문제가 제기되었다. 이에 환경변화를 위한 민간차원의 운동의 필요성이 제기되면서 1887년 시카고에 헐하우스(Hull House)가 설립되어 대학생 중심의 인보관 운동(settlement movement)이 시작되었다. 이들은 직업기술훈련, 문화교육, 탁아소 운영, 아동학대 예방 등의 생활교육을 통한 주민들의 사회참여와 복지사업을 전개하였다. 이들 인보관은 1900년대에는 전국적으로 100여 개가 설립되어 운영되었다. 그러나 자원봉사만으로는 지역사회운동을 수행하기에 역부족이었으므로 조직적이고 과학적인 조직운영을 꾀하게 되었다.

같은 시기인 1877년에 미국의 첫 번째 자선조직협회(Charity Organization Society)가 버팔로(Buffalo)에 설립되었고, 1893년에는 전국적으로 100여 개에 이르게 되었다. 당시 자선조직협회는 약 4,000여 명의 우애방문원(friendly visitor)을 모집하여 교육한 후 시설에 파견하여 도울 가치가 있고 정직한 빈민(worthy and upright Poor)을 자의에 의한 걸인(voluntary dependent)에서 가려내고, 보내진 성금이 올바르게 사용되고 있는지 조사하였다. 이들 우애방문원과 관련해 1911년에 메리 리치몬드(Mary Richmond)에 의해 유급의 전문사회사업가와 자원봉사자 양자 역할 분담 및 역할 조정의 필요성이 역설되었다(최덕경 외, 2014).

또한 세계대전과 대공황 등 역사적인 변혁기를 거치면서 보건, 복지, 교육 등의 영역에서 자원봉사 수요가 늘어나면서 YWCA, 미국 적십자사와 같은 국가 및 국제봉사

기관들이 조직되었다. 1926년에는 보스톤에 자원봉사 사무국(Volunteer Bureau)이 설립되어 자원봉사자를 필요로 하는 각 단체를 조사하고, 다양한 계층의 시민을 모집·훈련하여 해당 기관에 배치하는 등 지역사회 전체를 위한 활동을 하였다. 이후 1943년에 전국사회사업자원봉사자위원회(National Committee on Volunteer in Social Work)가 설립되어 이전까지 개별적으로 행해지던 자원봉사활동이 하나의 조직으로 연합되면서 전 분야의 자원봉사자 업무에 대해 토의하고, 자원봉사자의 업무와 훈련의 원칙과 방법 등을 명료하게 제시하였다(최덕경 외, 2014).

한편 제2차 세계대전 중에는 시민방위청이 조직되어 1,100만 명의 대규모 자원봉사자가 탁아소, 레크리에이션, 보건위생, 모금, 사회조사 등 일부분의 복지를 위해 활동하였다. 1945년에는 미국공동모금 및 지역봉사협의회(Community Chest and Council America)가 구성되어 자원봉사활동을 수행하였으며, 이 기구는 이후 미국지역사회공동모금위원회(United Community Funds and Councils of America: UCFCA)로 개칭하여 전국 700여 개 협의회를 두어 운영하였으며, 이 기구의 재정 지원을 받아 미국자원봉사센터협의회(Association of Volunteer Bureau of America: AVBA)가 구성되었다(김승용 외, 2011).

19세기부터 1945년까지 미국은 세계대전과 대공황 등의 대규모 혼란을 겪으며 다양한 민간단체가 활동하고 조직화되는 시기였다. 이후 대학은 교회와 지역사회공동체, 그리고 국가에 대한 봉사(service)의 이념을 설립가치와 배경으로 삼았으며, 진리탐구와 함께 민주시민 교육을 강조하였다(Barber, 1992; 이강현(2013)에서 재인용).

③ 자원봉사 성장기(1950**년**~1990**년**)

제2차 세계대전 종식 후 학생운동, 흑인인권운동, 소수 인종인권 운동, 빈곤문제 등 다양한 사회문제 해결의 필요성이 제기되었다. 이러한 사회문제 해결을 위한 자원봉사활동이 적극 추진되었는데 그 일환으로 「상호보장법(Mutual Security Act)」에 근거한 국제봉사단체인 평화봉사단(Peace Corps)이 1961년에 창설되면서 연방정부 차원의 자원봉사가 정착하기 시작하였다. 평화봉사단은 케네디(J. F. Kennedy)대통령의 뉴 프론티어(New Frontier) 정책의 일환으로 후진국과 개발도상국의 경제개발 지원 및 국제 평화 공헌을 위한 대규모 자원봉사활동을 전개하였다(김승용 외, 2011).

미국의 36대 대통령 존슨(L. B. Johnson)은 미국 내 빈곤퇴치를 위한 '위대한 사회(Great Society)' 정책을 시행하고 그 일환으로 봉사단체인 VISTA(Volunteers in Service to America)를 조직하여 빈부 격차 해소를 위하여 관심 있는 시민을 동원하고 훈련하여 빈민을 돕는 사업에 연결시키고 지원하는 인력관리기구로서의 기능을 수행하였다(최덕경 외, 2014).

존슨 대통령의 위대한 사회를 표방하는 정책으로 막대한 사회복지 예산 지출 문제가 대두되었다. 이에 1967년 「사회보장법」을 개정하여 자원봉사자 활동에 대한 합법적인 지위보장을 하였고, 1969년에는 행정부에 봉사활동부를 두어 공공과 민간 분야의 시민 참여를 유도하였으며, 1970년에는 「전국자원봉사활동프로그램법(National Program for Voluntary Act)」을 제정하여 정부의 지원을 받는 새로운 형태의 전국적 자원봉사센터(National Center for Voluntary Action: NCVA)가 창설되었다(김승용 외, 2011). NCVA는 자원봉사자에 의한 문제해결을 강화하고 촉진하는 사회문제 해결의 구심적 역할을 수행하였으며 회원단체를 지원하는 비영리 조직으로 활동하였다.

그 외에도 건강, 자연보호, 민권운동, 자선기부 등 사회 각 분야별 자원봉사뿐 아니라 대학생, 노인, 기업이 주축이 되는 자원봉사 단체가 결성되어 운영되었다. 즉, 국립보건협회(National Health Association), 국립정신보건협회(National Association for Mental Health), 미국혈액은행협회(American Association for Blood Bank), 자연보호운동, 군인가족서비스, 소비자운동, 10센트 모으기 운동(March of Dime), 대학생 자원봉사 조직 쿨(Campus Outreach Opportunity League: COOL)의 조직화, 은퇴노인자원봉사 프로그램(Retired Senior Volunteer Program: RSVP), 기업의 사회적 책임을 위한 사회공헌 기부 확대 등이 각 영역에서 사회에 영향을 주었다.

이 시기 미국 정부는 자원봉사를 광범위하게 적극 활용하였다. 정부 업무를 지원하거나 보조하는 자원봉사활동은 1970년대 말부터 1980년대에 이르는 정부 재정위기 기간에 크게 활성화되었다. 레이건(Reagan) 행정부 기간에 정부의 재정 위기 상황에서 연방정부와 주 정부는 각종 복지서비스의 예산삭감을 지속하였다. 이런 위기에서 각계각층의 시민단체의 참여가 활성화되어 광범위한 시민참여 시대를 맞았다. 정부가 하지 못하는 복지서비스 제공과 소외계층 보호, 그리고 지역사회가 당면한 각종 사회문제 해결을 시민들과 비영리 단체들이 정부기관을 대신하거나 보충하는 역할을 수행하였다. 시민단체는 정부의 예산 삭감과 지출 삭감으로 인한 공공서비스 삭감을 인정하기보다는 적은 재원으로 보다 많은 서비스를 공급할 수 있다는 효율성에 대한 신념으로 자원봉사활동에 참여하였고, 민간의 이러한 창의력이 자원봉사 활성화로 이어졌다(주성수, 2013).

한편 이념적인 측면에서 초기 청교도 이민자들의 자치 이념과 신조는 나중에 이민을 오는 사람들에게도 전해져 마을 행정을 비롯한 치안, 소방, 우편, 사법, 구휼 등의 영역에 자원봉사활동이 이루어졌다(이강현, 2013).

④ 자원봉사 재정립기(1991**년~현재**)

이 시기 미국 정부는 자원봉사 조직화를 위한 재단 설립, 전달체계 강화, 법적 기반 마련을 통해 자원봉사 재정립을 위한 노력을 기울이고 있다.

정부 재정위기와 비용 효율성에 대한 강조의 영향으로 정부는 공・사 협력을 위한 시민 참여를 촉진하고 전국 민간자원봉사단체 지원을 위해 1990년 촛불재단(Point of Light Foundation: POLF)을 설립하였다. 그리고 1993년에는 연방정부 주도의 자원봉사 전달체계로 국가봉사단(Corporation for National Service: CNS)이 확립되었다.

법적 기반으로는 1990년 「국가 및 지역사회봉사법(National and Community Service Act)」이 제정되어 자원봉사자들의 법적 지위가 강화되었으며, 1993년에는 클린턴(Clinton) 행정부가 「전국자원봉사트러스트법」을 제정하여 자원봉사를 위한 별도의 전담기구 및 예산지원이 이루어져 자원봉사활동의 적극적 참여를 강화하였다(김승용 외, 2011).

(2) 자원봉사 현황

① 자원봉사활동의 규모

미국인들은 자원봉사와 사회 환원에 많은 시간과 재정을 투자한다. 2004년 기준 미국 성인의 44%가 1주일 평균 3.6시간의 자원봉사활동을 하고 있으며, 각종 자원봉사활동을 위한 기부금을 내는 가정은 미국 전체 가정의 89%에 달하는 것으로 나타났다(goabroad.co.kr; 김승용 외(2011)에서 재인용).

미국자선복지단체 연합회인 인디펜던트섹터(Independent Sector)는 1987년부터 '5% 기부운동'을 전개하고 있다. 이것은 수입의 5%, 1주일에 5시간을 자원봉사를 위해 할애하자는 운동이다. '5% 기부운동'은 전국의 자원봉사단체의 모토로 채택되어 공감을 얻어 가고 있다.

CNCS 보고서에 따르면 2005년 기준 미국 성인의 29%가 연평균 50시간의 자원봉사활동에 참여하고 있으며, 미국 직장인들은 26.5%가 자원봉사에 참여하고 있다. 특히 학교와 보이스카우트 등 교육 및 청소년기구들의 자원봉사활동은 매우 활발하다. 미국 청소년들의 자원봉사활동 참여율은 1989년 13%에서 10년 후 28%로 증가하였으며, 학교의 정규과목으로 사회봉사를 채택하고, 일부 대학은 사회봉사활동에 참여해야 졸업이 가능하도록 하고 있다. 이처럼 미국은 초등학교부터 대학까지 자원봉사를 교육의 일부로 인식하고 제도화를 하여 자원봉사는 일상생활의 일부로 자리 잡아가고 있다.

② 공공업무의 자원봉사 참여 현황

미국은 1970년대 자원봉사가 활성화되면서 주민참여에 의한 지방자치가 체계화되었다. 1985년에 조사한 937개 시정부 자료에 의하면, "시정부에서 무보수 자원봉사자를 활용하고 있는지?"에 대해 72.6%가 그렇다고 답하여 공공업무에 자원봉사자 활용이 광범위하게 이루어지고 있음을 알 수 있다. 같은 조사에서 자원봉사자가 활동하는 공공업무의 영역은 자원소방대, 레크리에이션 프로그램, 자원경찰, 노인센터 보조, 도서관 지원 등인 것으로 나타났다(Duncombe 1986; 주성수(2013)에서 재인용).

2000년대 미국에서 자원봉사 단체와 프로그램은 매우 활발하게 운영되고 있으며, 다양한 사회적 필요에 대응하기 위해 다양한 분야에서 비영리단체, 정부 프로그램, 온라인 플랫폼 등이 중요한 역할을 수행하고 있다. 특히 교육, 건강, 환경보호, 재난대응 및 사회적 문제해결을 위한 활동이 증가하고 있으며, 디지털 기술을 활용한 자원봉사 플랫폼과 프로그램도 확산되고 있다. 이들 프로그램은 지역사회 개선과 사회적 연대감 증진을 위한 중요 역할을 수행하고 있다. 아래 〈표 2-1〉은 미국 지방자치단체들이 2010년 이후 지역사회 문제 해결을 위한 시민참여 촉진을 통한 프로그램을 정리하였다.

〈표 2-1〉 미국 지방자치단체의 자원봉사자 활용

프로그램명	운영주체	주요내용
은퇴자 및 시니어 자원봉사 프로그램(RSVP)*	연방정부	55세 이상 고령자가 지역사회의 다양한 문제 해결에 참여. 활동범위는 청소년 교육지원, 취약계층 식사배달, 환경개선 등 활동비 지원되지 않음
코제너레이티드 (CoGenerated)*	민간 비영리기관	고령자의 경험과 역량을 지역사회에 활용하도록 지원. 세대 간 교류증진 및 사회통합을 목표로 다양한 프로그램 운영
AmeriCorps & Senior Corps**	연방정부	시민 서비스 프로그램으로 자원봉사자들에게 활동비를 지원하며 지역사회 문제해결에 참여하도록 장려
청소년 자원봉사 프로그램***	지방자치단체 및 교육기관	청소년의 자원봉사 참여를 촉진하기 위한 다양한 프로그램 운영. 코로나19 이후에도 청소년 자원봉사 참여를 유지하기 위한 정책적 노력

출처: *강은나, 류병주(2023). **지은정(2014). ***유호경(2023).

③ 자원봉사 단체와 프로그램

(가) United Way

지역사회 개선을 위한 자원봉사와 기부를 촉진하는 글로벌 네트워크로 자원봉사 프로젝트 운영, 사회적 서비스 제공, 긴급재난 및 재난 구호활동 등을 수행한다.

(나) 미국 촛불재단(Points of Light Foundation: PLI)

미국 자원봉사 총 연합체인 촛불재단은 1990년에 시작된 법정단체로서, 1991년에 전국자원봉사센터(NVC)와 통합하여 산하에 500개의 자원봉사센터를 연계하는 전국 기구로 발전하였다. 미국 촛불재단의 기능과 역할은 다음 11가지로 설명할 수 있다(주성수, 2013).

㉠ 지역 자원봉사센터(HandOn Network)와의 네트워크 역할: 전국 250개의 자원봉사센터를 통해 전체 인구의 83%를 커버하며, 약 7만 개의 기업, 종교기관과 협력관계 유지

㉡ 사회적 기업을 통한 기금모금과 배분 역할: 모금을 통해 비영리기관에 분배하는 활동

㉢ 시민 인큐베이팅: 시민참여 활성화를 위한 새로운 아이디어 등 지원

㉣ 정책활동: 자원봉사활동 정책 형성과 집행에 관여

㉤ 조사, 기획, 평가, 성과분석: 자원봉사활동을 체계적으로 조사, 분석, 평가, 성과측정 방법을 개발하여 정부, 기업, 시민단체에 지식과 정보 제공

㉥ 자원봉사센터 운영 매뉴얼 개발, 보급, 컨설팅 제공, 평가틀 개발 보급

㉦ 관리자 및 지도자 교육

㉧ 모범사례 수집과 보급, 자원봉사 프로그램 개발 및 보급

㉨ 국제적인 네트워킹

㉩ 자원봉사 행사와 축제

㉫ 인정과 보상: PLI 자체 시상, 대통령 표창 대행, 우수 기업 및 기업인 시상

(다) 평화봉사단(Peace Corps)

평화봉사단은 독립된 미 연방정부기관으로 1961년에 케네디 대통령이 국제 평화에 이바지하고 저개발국의 교육, 기술개발, 의료 등 각 분야에서 청년들이 봉사할 수 있는 기회를 갖도록 하기 위해 만든 조직이다. 이들의 주된 활동지역은 해외이며, 참여

자들은 저개발국가에 가서 문맹퇴치운동, 빈곤추방, 청소년활동 등 직접적인 대인 서비스를 제공하면서 민간 외교활동의 일익을 담당한다.

평화봉사단원들에 대한 지원은 현장 배치 전 언어구사능력 시험, 현지 문화 적응을 위한 하숙생활, 근무 국가로의 왕복 교통편, 월 생활 보조금, 병원 진료비, 귀국 보조금 지급 및 학자금 대출 연기 등 여러 가지 재정지원 프로그램 등이 있다. 평화봉사단은 1969년에 1만 명의 자원봉사자가 60개국에서 활동하였고, 1975년까지 56,000명의 자원봉사자가 69개국에서 활동하였다.

(라) ACTION

ACTION은 1971년에 닉슨 대통령이 국내외 해외 자원봉사자 프로그램을 관리하기 위해 평화봉사단과 VISTA의 빈곤퇴치 봉사프로그램을 통합하여 만든 조직이다. ACTION은 50개 주 정부에 각각의 지부를 두고 프로그램별로 각 부처에서 관리해 오던 자원봉사자 모집・훈련・배치 운영관리 사업을 통합하여 자원봉사자들과 1~2년씩 계약을 맺고, 지정된 장소에서 자원봉사활동을 하게 하였다.

(마) 전미공동모금회(United Way of America)

전미공동모금회는 사회복지시설, 자원봉사단체 등에 재정 지원을 하며, 청소년 및 여성범죄예방과 지역사회 개발 등 사회문제 해결을 지원하고 있다. 미국 전역에 2,600여 개의 회원단체가 있다.

(바) 자원봉사센터(Volunteer Center: VC)

1946년 설립된 자원봉사센터는 자원봉사의 장려, 모집, 배치, 지역사회 봉사프로그램 개발, 자원봉사단체 훈련 및 자료정보제공 등의 역할을 수행하고 있다. 재원은 공동모금회, POLF, 모금행사, 기부금, 정부지원금에 의해 운영된다.

자원봉사센터는 모든 연령층의 자원봉사자에게 기회를 제공하는 기관과 긴밀하게 연결하여, 자원, 컨설팅, 교육 서비스, 지역 조직을 위한 네트워크를 제공한다. 이로 인해 미국 자원봉사의 7.3%를 책임지고 있는 350개의 자원봉사센터가 기여하는 금전적 가치는 41억400만 달러에 달하는 것으로 나타났다(POLF, 2004; 이성록(2005)에서 재인용).

(사) 시민봉사단(Civil Corps)

2001년의 9.11 테러사건을 계기로 미국 사회의 자원봉사 의식이 고취되어 2002년 설립된 국가봉사단(USA Freedom Corps)이 국가봉사단(CNS)을 확대・개편하면서 만든 프로그램이다. 주된 임무는 법무성과 보건성의 공조로 국토방위와 시민안전을 위한 활동을 수행한다. 시민봉사단은 전국 53개 주에 1,930개의 지역위원회가 조직되어, 전체 인구의 46%에 해당되는 1억 3천 3백만 명을 위해 봉사활동을 수행한다.

(아) 핸즈온 네트워크(Hands On Network)

1987년 미국 뉴욕과 아틀란타 지역 중심으로 대도시 바쁜 대학생과 직장인들이 주말이나 저녁시간을 이용해 비정기적인 자원봉사를 할 수 있도록 인프라 구축과 교육을 제공하는 비영리단체이다. 더불어 자원봉사 네트워크를 통해 지역사회개발, 청소년 멘토링, 환경정화활동 등의 다양한 자원봉사 프로젝트와 캠페인을 운영하고 있다. 세계 250여개 단체가 연대하고 있는 세계적 자원봉사 조직으로 샤넬(CHNEL), 메디데이타(MEDIDATA) 등의 다국적 기업과의 파트너십을 통해 다양한 핸즈온 자원봉사 프로젝트를 공동 운영하고 있다.

3) 일본

(1) 자원봉사 발달 과정

일본이 자원봉사 발달 과정은 조직화 정도에 따라 비조직화 시기, 민간차원의 조직화 시기, 정부주도하의 육성시기, 공사・협력시기의 4단계로 구분할 수 있다.

① 비조직화 시기(1950년대 이전)

일본은 1870년대 명치(明治)유신 이후 근대적 통일국가로 전환하였다. 이로 인해 경제적으로는 자본주의가 성립하고, 정치적으로는 입헌정치가 시작되었으며, 사회·문화적으로 근대화가 추진되었다. 이런 배경 속에 일본의 자원봉사활동이 태동될 수 있는 기반은 마련되었으나, 오늘날의 자원봉사와 같은 시민의 자발적 문제해결 활동은 권력에 의해 억압받는 경우가 많아 두드러진 활동은 없었다.

그 후 1912년부터 1945년까지 제국주의 시대의 자원봉사활동은 자경단(自警團)과 같은 정권유지를 위한 조직이었고, 1945년 이후는 복지, 교육, 보건의료 등 광범위한 분야에 자선활동이 확산되어 전후복구의 원동력이 되었다. 일본의 자원봉사활동이 활성화된 것은 패전 후 선한 뜻을 가진 주민들의 활동에 의한 것이다. 이들은 부상자 원호, 부랑자의 보호를 시작으로 1947년에 공동모금, BBS 운동[2]과 학생인보관운동으로 활동을 이어갔다. 1948년에 「민생위원법」이 제정되어 정부가 위촉하는 관립 자원봉사자인 민생위원제도가 시행되었으며, 오사카 사회사업 볼런티어협회, 적십자봉사단, 동경 소년보호 사회청년부 등의 단체가 발족되었다(배기효 외, 2013).

② 민간차원의 조직화 시기(1950년~1970년)

2차 세계대전 패전 후 혼란이 수습되고, 일본이 경제적 안정과 성장기에 들어서면서 자원봉사에 대한 일반인들의 관심이 높아져 전국 차원의 다양한 자원봉사활동과 조직화가 이루어졌다. 이러한 자원봉사에 대한 국민적 관심으로 '전국 노인그룹연락회', '전국중증심신장애인을 지키는 모임', '전국부모연락회' 등이 출범하였다. 특히 1951년 전국 도·도·부·현(道·都·府·縣)에 설립된 '사회복지협의회'는 민간기

2) Big Brothers and Sisters Movement: 20세기 초 미국에서 시작된 문제아동을 대상으로 하는 청소년 선도운동. '문제청소년의 교화는 한 사람의 형이요 누나인 청년남녀의 손으로'라는 슬로건 아래, 1904년 12월 뉴욕시(市) 소년재판소의 서기 콜터에 의하여 제창되었다. 콜터는 자기가 소속되어 있는 그리스도교회 모임에서 불량청소년이 늘어 가는 상황을 보고하고, 그들에 대한 책임은 그들 자신에게만 있는 것이 아니고 그들의 형이며 누나인 우리들에게도 있다고 호소, 이 자리에 모였던 청년들의 호응으로 선도운동을 벌이게 된 것이 그 기원이다(두산백과).

관으로서 자원봉사의 중추적 역할을 수행하였다. 더불어, 1962년에 협의회 내에 '선의은행(Good will Bank)'이라는 명칭으로 자원봉사연구회가 개설된 이후 1971년에는 전국 1,200개소로 확산되었다(김승용 외, 2011).

그 후, 오사카자원봉사협회, 후지자원봉사협회, 일본청년봉사협회 등 민간주도의 자원봉사사무국이 활발히 개설되어 활동하면서 자원봉사활동 추진기관의 시대가 열리게 되었다.

③ 정부주도하의 육성 시기(1960년~1990년)

이 시기는 일본 후생성과 지방자치단체, 그리고 민간차원의 자원봉사활동이 활발하게 이루어진 시기이다. 특히 정부에 의한 자원봉사활동의 법제화, 자원봉사자 보험제도의 확립, 일본형 복지사회 실현을 위한 재택복지 강화를 위한 시・정・촌(市・町・村) 사회복지협의회 기능 강화의 특징을 가지는 정부주도하의 자원봉사 육성 시기로 볼 수 있다.

1960년부터 70년대까지 일본 경제의 고도성장 이후에 찾아온 1973년 석유파동은 일본 사회에 큰 영향을 주어 지역사회 연대감의 와해를 가져왔다. 더불어 핵가족화와 급속한 인구고령화는 지역 공동체형성과 자원봉사확산의 필요성을 대두시켰으며, 사회복지협의회에서도 지역사회 문제해결을 위한 자원봉사 육성에 앞장섰고, 각지에서 자원봉사학교가 개최되어 운영되었다(류기형 외, 1997).

1973년에 「사회복지사업법」에 의거 중앙이나 지방자치단체의 보조에 의한 중앙 전국자원봉사활동진흥센터, 도・도・부・현(道・都・府・縣) 및 지정도시에 자원봉사센터를 설립하는 등 자원봉사활동 추진체계가 정비되기 시작하였다. 1975년경에 일본 사회복지방향은 시설중심의 복지에서 지역사회보호 중심의 복지시책으로 변화해 갔다. 이에 후생성에서는 자원봉사자에 의해 지역사회복지의 일정 부분을 담당하는 것이 필요하다는 인식하에 자원봉사활동의 육성을 적극 추진하였으며, 이러한 경향은 관련 부처에도 영향을 주어 자원봉사활동이 국가와 지방자치단체의 주요 시책과제로 행해졌다(류기형 외, 1997). 더불어 민간에서는 대학생들을 비롯하여 가정주부, 취업여성 및 남성 근로자까지 자원봉사활동이 확대되어 모든 연령층과 학교, 시민단체, 기업들까지 여가시간에는 자원봉사활동을 하도록 권장하였다.

정부 차원에서는 다양한 제도 마련이 이루어졌다. 1975년에 「사회복지사업법」에 의해 전국사회복지협의회 내에 중앙볼런티어센터가 설치되어 복지교육의 필요성을 강조하여 자원봉사자의 양적 확대에서 질적 확대의 전환기를 맞았다. 또한 1977년에 전국사회복지협의회에서는 안심하고 자원봉사활동이 이루어지도록 하기 위해 '자원봉사보험제도'를 운영하였으며, 1978년에는 학생의 자원봉사활동 보급을 위한 '복지협력교'사업을 실시하여 학교교육 현장에서 자원봉사활동이 확산되었다(배기효 외, 2013). 이 시기에 정부 부처별 대표적인 자원봉사활동은 후생성(厚生省) 중심의 자원봉사활동 진흥을 위한 기반 조성 및 복지협력교 사업, 총무청(總務廳) 중심의 청소년대책본부의 자선봉사활동, 문부성(文部省) 지원의 생애학습 차원의 자원봉사활동, 환경청(環境廳) 중심의 환경자원봉사자 구상, 건설성(建設省) 중심의 하천정비에 자원봉사자를 활용하는 love-liver 제도 도입으로 적극적인 정부 주도의 사업이 이루어졌다.

1980년대에는 기업화 노동단체를 중심으로 사회공헌활동이 시작되어 국민적 자원봉사활동에 많은 영향을 주었다. 이러한 활동은 1990년대 해외협력 NGO 활동으로 확산되어 일본 자원봉사활동의 국제화를 추진하는 데 원동력이 되었다.

④ 공·사협력 시기(1991년~현재)

1990년대에 접어들면서 기업들의 자원봉사활동 참여가 확대되었다. 소니, 미츠비시, 후지제록스 등 50여 개의 기업 참여가 활성화되었다. 특히 후지 제록스는 일본 최초로 사원의 자원봉사 휴가제도를 도입하였으며, 경제단체 연합은 1년간 경상수입의 1%를 기부하는 '1%클럽'을 만들어 기업과 경영자의 참여를 유도하고 사회공헌부서를 설치하여 유급 직원을 배치하였다(류기형 외, 1997).

1993년에는 「사회복지사업법」에 근거하여 자원봉사지도자의 양성과 모금, 센터의 정비 등을 명시하여 정부와 지방자치단체의 사회복지활동 촉진과 지원에 관한 사항을 명시하였다. 1994년에는 사회복지협의회를 포함한 일본 상공회의소, 일본노총, 전국농협중앙회, YMCA, 학교, 기업이 참여하는 전국 자원봉사활동 조직체인 '광역볼런티어범주 연락회(Network)'가 창립되어 일본 내 각 분야의 자원봉사활동의 활성화, 조직화를 꾀하였다.

특히 1995년 1월 17일에 일본 효고현(兵庫顯)에서 발생한 고베 대지진은 일본 관측상 최대 규모의 지진으로 6,300여 명의 사상자와 1400억 달러의 피해를 냈다. 이들을 돕기 위해 150만 명이 자원봉사활동에 참여하여 자원봉사활동에 대한 새로운 시각이 정립되었고, 관련 정책 지원의 필요성을 공감하는 계기가 되었다. 고베 대지진을 계기로 자원봉사 조정자를 하나의 전문 직업으로 인식하고, 정부도 민간단체를 파트너로 인식하고 함께 일하는 프로그램을 개발하여 정부 부처 내에 250여 개의 자원봉사 프로그램을 운영하게 되었다.

최근에는 자원봉사단체 등 민간비영리단체 활동의 건전한 발전을 지원하기 위한 법안으로 1998년에 「특정비영리활동촉진법(Law of Promote Specified Nonprofit Activities: NPO법)」이 제정되어 많은 비영리법인의 설립과 육성에 도움이 되고 있다. 이 법안은 자원봉사단체 등 많은 단체가 임의단체로 활동함으로 인해 은행 계좌 개설과 부동산 등기 등 법률행위의 제약, 낮은 신용도의 문제를 해결하기 위한 특정 비영리활동의 건전한 발전 촉진에 기여하였다.

(2) 자원봉사 현황

① 자원봉사활동 현황

일본에서 자원봉사라는 용어가 친숙하게 사용된 것은 1995년에 고베 대지진 발생 당시 전국의 많은 시민들이 구조 활동에 동참하면서부터이다. 당시 시민들의 적극적인 호응을 경험한 정부는 시민들의 이타적 노력을 유지하기 위한 제3부문의 구축 필요성을 공식적으로 인정하였다. 1998년에 「특정비영리법인촉진법」이 통과되면서 비영리단체들이 전국적으로 활성화되었다. 2015년 6월 현재, 일본에 등록되어 있는 비영리 단체는 50,260개이며, 약 430만 명, 즉 전체 인구의 26.3%가 매년 자원봉사에 참여하고 있다(Cabinet Office, 2015; Chen(2015)에서 재인용)([그림 2-1] 참고).

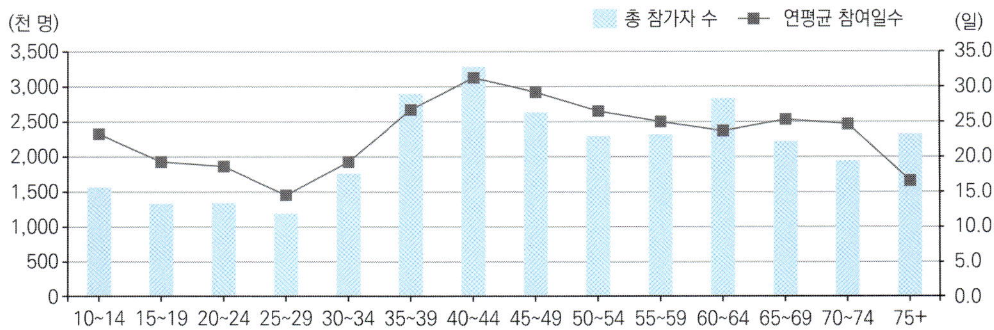

[그림 2-1] 연령별 자원봉사 참가자 수 및 참가율

출처: Ministry of General Affairs(2011), Shakai seikatsu kihon chosa. http://www.stat.go.jp/data/shakai/2011/index2.htm (Chen(2015)에서 재인용).

② 자원봉사 단체와 프로그램

일본의 주요 자원봉사 조직은 다음과 같다.

(가) 민생위원제도

민생위원제도는 1917년 조직된 방면위원제도를 효시로 한다. 1948년 「민생위원법」이 제정되면서 명칭을 민생위원으로 변경하여 정부가 위탁하는 관립 공공자원봉사자로 활동하게 하였다.

민생위원은 그 지역사회에 오랫동안 거주하며, 모범적이라 인정된 경우 추천받아 연임 가능한 3년 임기로 임명되며 소정의 활동비와 교통비가 지원된다. 이들의 역할은 지역사회의 복지증진에 협력하는 지역사회자원봉사자로서 지역사회 생활실태 파악을 위한 조사, 요보호자 상담지도, 사회복지 행정기관이나 시설과의 업무연락 및 협력 업무를 수행한다.

(나) 전국자원봉사활동진흥센터

전국자원봉사협의회에 의해 설치된 전국자원봉사활동진흥센터는 자원봉사 관련 단체들과의 상호 협력과 봉사자 활용에 관한 중앙기구로서의 역할을 수행하고 있다. 주요 활동은 자원봉사 정보지 발행, 자원봉사 관련 전화상담, 학생자원봉사활동 보급 사업, 자원봉사 관련 조사 활동 등을 수행하여 자원봉사 관련 사회연대의식 강화에 기여한다.

(다) 일본청년봉사협회와 자원봉사 협력학교

일본청년봉사협회(Japan Youth Volunteer Association: JYVA)는 1967년에 청소년들의 자원봉사활동을 활성화하기 위해 설립된 교육부가 승인한 전국 단위의 자원봉사 단체이다. 중・고・대학생을 대상으로 자원봉사 관련 학습자료와 교재, 영상 등을 제작하여 보급하고 있다. 매년 아시아지역의 청소년 자원봉사 지도자들을 초청하여 연수를 진행하고 있다. 또한 학생 자원봉사 활성화를 위해 일본 전역의 초・중・고등학교에 자원봉사협력학교를 운영하고 있다.

(라) 기업의 사회공헌활동

1990년대부터 복지관계법의 개정에 따라 기업의 사회공헌 활동이 활발해져서 대기업 중심의 기부활동과 직원들의 사회봉사활동이 조직화되었다. 기업에 의한 사회공헌활동은 기부금 지원, 근로자의 자원봉사활동, 프로그램 참여의 형태로 이루어졌다. 기업은 민간단체로부터 서비스와 노하우를 제공받고 민간단체는 기업으로부터 자금과 인력 등을 지원받아 양자 간의 동반자 관계를 형성하며 사회공헌에 기여하였다.

이상과 같이 각 나라의 역사와 가치관에 따라 자원봉사의 발전과정과 운영 형태는 다르게 나타나고 있다. 그럼에도 자원봉사에 대한 사회적 가치와 필요성이 시간이 흐름에 따라 높아지고 있는 추세이며, 제도화, 보편화되어 가고 있다.

그 외 유럽을 중심으로 주요국의 자원봉사 참여 수준을 비교 분석한 현황은 〈표 2-2〉와 같다.

〈표 2-2〉 주요국의 자원봉사 수준 비교

	국내 조사	유로 바로미터 2006	유로 바로미터 2011	갤럽 2011
최상 40% 이상	오스트리아, 네덜란드, 영국, 스웨덴	오스트리아, 독일, 아일랜드, 룩셈부르크, 네덜란드, 스웨덴, 덴마크, 핀란드	오스트리아, 네덜란드, 영국, 독일, 스웨덴, 핀란드, 덴마크	미국(43%)
상위 30~39%	덴마크, 핀란드, 독일	벨기에, 체코, 프랑스, 이탈리아, 슬로바키아, 슬로베니아	아일랜드, 룩셈부르크, 슬로바키아, 슬로베니아	아일랜드, 노르웨이, 핀란드, 네덜란드, 슬로베니아
중간 20~29%	프랑스 미국(27%)	영국	벨기에, 프랑스, 에스토니아, 이탈리아	영국, 벨기에, 오스트리아, 독일, 프랑스, 덴마크, 한국(27%)
하위 10~19%	벨기에, 아일랜드, 체코, 폴란드, 스페인, 포루투갈, 슬로바키아, 슬로베니아, 한국(17.6%)	그리스, 헝가리, 폴란드, 포르투갈, 스페인	스페인, 체코, 헝가리, 폴란드, 루마니아, 라트비아, 불가리아	스웨덴, 이탈리아, 헝가리, 폴란드, 포르투갈, 스페인
최하 10% 이하	그리스, 이탈리아		그리스, 포르투갈	그리스

출처: GHK 2010: 65; CAF 2011: Eurobarometer 2012; 미국 국내(USBLS 2011); 한국 통계청(2011).

2. 우리나라의 자원봉사 역사와 현황

1) 자원봉사 발달과정

우리나라의 자원봉사 발달과정은 고대, 도입기, 확립기, 확대기 4단계로 나누어 살펴볼 수 있다.

(1) 고대(삼국시대~조선시대 이전)

조선시대 이전 고대 자원봉사활동은 오늘날의 자발성과 복지성에 근거한 자원봉사는 아니지만, 조상들의 향토풍속과 문화 속에 상부상조하는 순수한 협동정신이 삶 속에 실천되었다. 즉, 이웃에게 큰일이 있거나 곤란한 처지에 놓이면 이웃끼리 서로 도와주는 주민 협동조직이 형성되었다.

대표적인 예로 삼한시대의 계(契), 신라시대의 두레, 그 이후의 향약과 품앗이 등이 마을 공동체 형성과 운영의 중요한 조직으로 운영되었다.

① **계**(契)

계는 삼한시대(三韓時代)부터 시작된 우리 민족의 전통적인 상호부조제도로 상부상조를 목적으로 구성원들의 자발적인 참여와 의도로 구성된 민간 협동체이다.

계는 그 목적에 따라 매우 다양하여 상호부조계, 친목계, 저축계로 나눌 수 있다. 상호부조계는 상례나 혼례처럼 큰일을 치를 때는 많은 일손을 필요로 하여 만들어진 계이다. 친목계는 순수 친목계와 다른 목적을 띄면서 친목을 다지는 목적지향형 친목계로 나뉜다. 순수 친목계는 친목계, 동갑계, 부부계, 동창계 등이 있고, 목적지향형 친목계는 여행계와 관광계, 보신계, 온천계 등이 있다. 저축계는 쌀계와 돈계가 성행하였으나, 은행 문턱이 낮아지면서 점차 사라지고 있다.

② 두레

두레는 농촌에서 농사일을 공동으로 하기 위해 원시적으로 만들어진 마을·부락 단위의 공동 노동 조직이다. 두레는 상호부조·공동오락·협동노동 등을 목적으로 마을 단위로 조직되었으며, 농사철에는 서로 협조하여 농사에 힘썼고, 모내기나 추수가 끝날 때에는 음식과 술을 나누고 농악을 하며 서로에 대한 결속력을 다졌다. 이때 경지면적에 따라 음식을 장만하여 노동력이 없거나 소유가 없는 약자를 배려하였다.

③ 품앗이

품앗이는 농촌의 1대 1의 노동력 교환의 관습이다. 품앗이의 범위는 마을을 단위로 파종·밭이나 논갈이·모내기·추수 등의 농사일은 물론 지붕 잇기·집짓기·나무하기 같은 생활상의 품앗이까지 활용되었다. 노동력이 부족할 때는 수시로 이웃 사람에게 요청하였으며, 이는 한민족 고유의 상호부조 의식이다.

④ 향약(鄕約)

향약은 지역 주민들의 순화, 덕화, 교화를 목적으로 한 지식인들의 자치적 협동조직이다. 특히 조선시대에 향약이 활발하게 제정·실시된 배경은 우리 고유의 공동체적 생활 습속이 향약공동체운동으로 쉽게 자리잡을 수 있게 하였다.

유교가 지향하는 것은 각 개인의 자기수향을 통한 군자도를 습득하고 바른 인간관계를 맺는 것이다. 이것이 구체적인 행동으로 실천되기 위해서는 끊임없는 교육과 교화가 필요하다고 여겼으며, 공동체 규약으로 덕업상권(德業相勸), 과실상규(過失相規), 예속상교(禮俗相敎), 환난상휼(患難相恤)의 4대 강목을 통한 수양과 상부상조를 규정하였다(최종혁 외, 2015).

(2) 자원봉사 도입기(1903년~1950년)

일제강점기 우리나라는 기존의 조선시대까지 진행된 전통적 상부상조 활동과 개항

이후 새롭게 등장한 사회복지 시설 중심의 자원봉사활동이 도입된 시기이다.

개항과 더불어 1903년에 기독교정신과 개화사상의 영향을 받은 YMCA가 창립되었고, 1921년에 우리나라의 최초의 인보관인 태화기독교회관에서 여성계몽과 아동건강을 위한 봉사활동이 시작되었다. 1930년부터 조선총독부에 의해 설립된 인보관은 빈민구제를 목적으로 설립되었으며, 관 주도의 자원봉사가 진행되었다.

이 시기의 자원봉사는 근대적 의미의 자원봉사가 시작되기는 하였으나, 기독교 선교를 목적으로 하는 교회와 관련단체에 의한 초보적 형태의 자원봉사활동과 일제수탈을 정당화하기 위한 관 주도의 구제활동의 일환으로 자원봉사를 활용하였다.

더불어 구국운동의 성격인 학생운동과 일부 지식인층에 의한 농촌계몽운동이 펼쳐졌다. 학생운동은 광복 이후 문맹퇴치를 위한 야학, 농촌봉사활동, 질병구제 등의 활동으로 이어졌다.

(3) 자원봉사 확립기(1960년~1970년대)

한국전쟁 발발 이후, 한국사회는 감당할 수 없는 사회문제가 발생하였다. 이에 유엔민사원조사령부(UNCAC)는 직접 구호에 나서는 한편, 다수의 외국 민간원조단체들이 내한하여 활동할 수 있도록 하였다. 당시 국가는 사회문제 해결을 위해서 많은 부분 외국 원조에 의지하였다. 당시 조직된 외국민간원조단체한국연합회(Korea Association of Voluntary Agencies: KAVA)는 한때 '제2의 보사부'라고 불릴 정도로 중요한 단체이다. KAVA는 1952년에 7개로 시작되었으나 꾸준히 증가하여 1070년대 초 13개 국가에서 120개 기관으로 확대되었다. 이들은 전쟁난민에 대한 응급급호에서부터 전후복구사업에서 현금 및 물자를 지원하였으며, 종래 자선과 박애 사업을 넘어서는 전문사회사업 이론과 기술을 적용하는 등 한국사회문제 해결에 크게 기여하였다(최원규 외, 2017). 비록 외국인들에 의한 활동이었으나 타국에 와서 벌인 KAVA의 자발적이고 조직적인 구호와 봉사활동은 한국사회에 큰 영향을 주었다.

1960년대 이후 적십자운동은 이전의 산발적인 활동이 조직화되어 1,400여 개의 조직에 3만 명의 자원봉사자들이 활동하였다. 1970년대 경제개발계획의 일환으로 전개된 새마을운동은 근면, 자조, 협동을 기반으로 의식개혁에 영향을 주었고, 자원봉사 정신을 확산시키는 원동력이 되었다.

민간에 의한 자원봉사의 대표적인 것은 대학생과 지식들이 노동문제에 관심을 갖고 노동현실 변화를 시작으로 한국사회 변화를 추동하고자 하는 사회운동의 일환인 1970년대 중반 서울시 달동네, 영세제조업체 밀집지역인 평화시장과 구로공단 인근에서 일으킨 노동야학이었다. 노동야학은 한국사회에서 경제성장의 주역으로서 정당한 대접을 받아 오지 못한 노동자들이 노동현실과 사회현실을 깨우칠 수 있는 학습기회를 제공하였다(최원규 외, 2017).

(4) 확대기(1980년~현재)

1980년대와 90년대는 군사정부에서 민주정부로 전환되는 과도기였으며, 경제수준의 향상과 국민의식의 증대, 민주화운동, 시민의식의 증대 등이 이루어지는 시기였다. 시민의식의 증대 등 인권에 대한 시민단체의 활동이 정치 분야를 넘어 사회분야로 다양화되면서 시민단체에 의한 사회봉사가 활성화되었다. 1984년에 한국여성개발원에 자원봉사인력은행이 설치되고, 1986년 아시안게임과 1988년 올림픽 등 국제적인 행사를 통해 일반 국민들에게 자원봉사가 대중화는 계기가 되었다.

1970년대와 1980년대 사회복지 분야를 중심으로 자원봉사가 활성화되었다. 1980년대에는 도시재개발사업이 활발하게 진행되면서 사회복지관이 확대되었고, 1990년대 사회복지관 내에 재가복지봉사센터를 신규로 설치하고 지역주민이 보다 손쉽게 복지관 서비스를 이용할 수 있게 하였다. 또한 1994년 사회복지협의회부설 사회복지자원봉사정보안내센터가 설립되어 자원봉사 관련 전산정보체계 구축, 자원봉사활동 지도자 교육, 자원봉사활동 조사연구 및 교재발간, 홍보, 정책건의 등의 역할을 수행하였다. 1996년부터는 행정자치부의 지원으로 자원봉사 활성화와 지역 단위의 구심체 역할 수행과 자원봉사활동의 체계적인 조정관리를 위해 시・도, 시・군・구에 자원봉사센터를 설치・운영하게 하였다(박용순 외, 2014). 즉, 1991년 이후부터 행정자치부, 보건복지부, 여성부, 문화관광부를 중심으로 자원봉사 업무를 담당하는 부서를 설치하고 정부지원의 각종 자원봉사센터가 전국적으로 설치・운영되었다.

민간 차원에서는 사회복지 프로그램을 지원하는 민간재단의 지원이 크게 확대되어 질적으로 우수한 프로그램을 다양하게 진행할 수 있게 되었으며, 1994년 중앙일보사의 자원봉사 캠페인이 자원봉사에 대한 국민의 인식 개선과 참여를 높이는 데 크게 기여하였다.

교육인적자원부는 1995년 5. 31 교육개혁조치와 함께 중・고등학생들을 자원봉사활동에 의무적으로 참여하도록 하였으며, 이후 각 시・도에 '청소년자원봉사센터'와 시・군・구의 종합자원봉사센터가 설립되면서 자원봉사활동을 통한 민・관이 상호 파트너십을 유지하게 되었다. 대학에서는 1996년 '한국대학사회봉사협의회'가 창립되어 각 대학이 산발적으로 운영하던 자원봉사 프로그램을 상호연계하며 정보교환할 수 있도록 조직화하였다(박용순 외, 2014).

이렇듯 현대 산업화와 도시화 현상으로 인한 사회구성원의 고립과 관계의 단절 등의 사회문제 해결을 위해 국가의 공적 조직만으로는 한계가 있어, 다양한 시민들과 민간단체의 자발적인 활동을 통한 지원이 병행될 때 그 효과성이 높아질 수 있다는 인식이 확산되었다. 이에 다양한 주체에 의한 자원봉사 활동이 조직화되었으며, 2005년에 「자원봉사활동 기본법」이 의결되어 자원봉사의 체계적 지원과 자원봉사자 보호를 위한 법적인 근거를 가지게 되었다.

2) 우리나라 자원봉사 현황

(1) 자원봉사활동 현황

한국의 자원봉사참여율은 코로나19 이전 증가 추세였으나, 코로나19 팬데믹(2020년 1월~2023년 4월)기간 절대적인 자원봉사 활동은 감소하고 청소년 자원봉사자 비중은 급감하였다. 그러나 이전과는 다른 방식의 온라인과 현장 봉사, 대면 및 비대면 활동, 공식조직을 통한 활동과 비공식 봉사, 시간 인증관리에서 벗어난 활동, 지역화 및 소규모화 등 자원봉사자의 다층화와 자원봉사활동 방식의 스펙트럼이 확장되고 있는 추세이다. 한국의 자원봉사활동 참여율은 아래 그림과 같이 증가추세에 있다가 2019년과 비교해 2020년도에 절반 수준으로 급감하였다(행정안전부, 2023)[3].

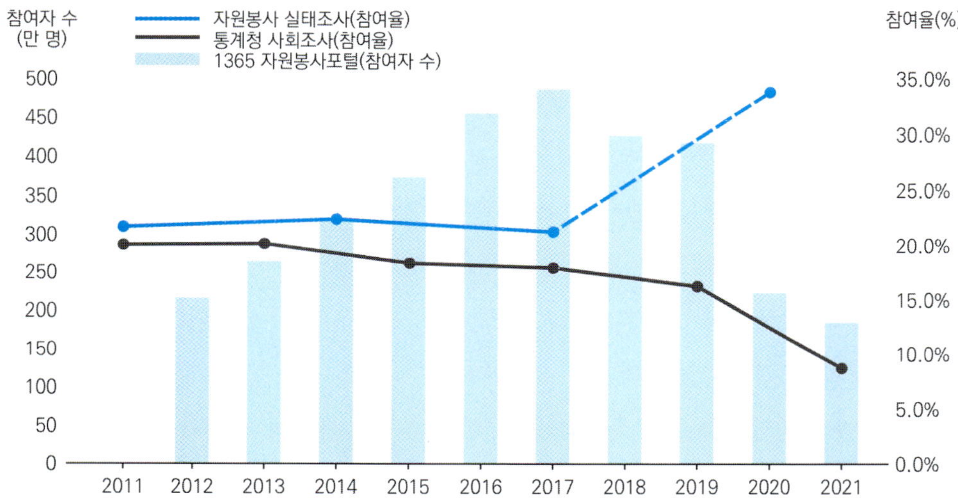

[그림 2-2] 한국의 자원봉사활동 참여율 추이

출처: 행정안전부(2023).

어떤 사람이 자원봉사에 참여하는지 1999년~2023년까지의 통계청의 사회조사 결과는 다음 〈표 2-3〉과 같다. 한국의 자원봉사 참여율은 조사가 시작된 이후로 여성이 남성보다 참여율이 더 높고, 연령별로 20세 미만의 참여율이 가장 높고, 다음은 40대와 50대의 참여율이 높은 것으로 나타났다(통계청, 2024). 20세 미만의 참여율이 높은 것은 자원봉사 활동이 학교 생활기록부에 기록되어 대학 입시에 반영되고, 일부 학교

3) 코로나 19가 최고 정점이었던 2020년 행정안전부의 자원봉사활동 실태조사에서는 오히려 33.9%로 증가하여 (2017년 21.4%) 타 통계치와 다른 결과값이 보고됨. 이는 2017년도까지 면접 조사방식으로 자료수집이 이루어졌던 데 비해, 2020년에는 처음으로 100% 온라인 조사로 변경됨에 따라 조사환경의 불안정성과 조사기관이 확보한 조사 대상 표본을 대상으로 하여 발생한 특이성 등에 기인한 것으로 추측됨(행정안전부, 2023).

에서 교육과정의 일환으로 자원봉사 시간을 의무적으로 부여하여 학생들이 필수적으로 참여하도록 유도하고 있으며, 청소년을 대상으로 한 자원봉사센터와 다양한 프로그램이 활발하게 운영되어 청소년들의 참여 기회가 확대되고, 청소년들은 자원봉사를 통해 사회에 기여하고 다양한 경험을 쌓으려는 동기를 갖는 것이 작용한 것으로 볼 수 있다(여성가족부, 2014; 채정미 외, 2021).

〈표 2-3〉 성별 및 연령집단별 자원봉사참여율 (단위: %)

		1999	2009	2019	2021	2023
전체		13.0	19.3	16.1	8.4	10.6
성	남자	12.2	19.3	15.1	8.0	10.1
	여자	13.8	19.3	17.0	8.7	11.1
연령집단	20세 미만	33.8	79.8	76.1	23.3	27.2
	20-29세	7.8	13.9	9.9	6.4	8.9
	30-39세	13.2	13.6	9.8	4.8	6.1
	40-49세	13.0	18.6	15.4	8.9	11.1
	50-59세	10.8	15.5	12.6	9.4	12.0
	60세 이상	6.7	7.0	8.1	6.4	8.6

출처: 통계청, 「사회조사」.
자료: 통계청, 「사회조사」 각 연도.
1) 자원봉사참여율은 지난 1년 동안 자원봉사 활동에 참여한 적이 있는 사람들의 비율임.
2) 2009년까지는 15세 이상, 2011년부터는 13세 이상 인구를 대상으로 함.

자원봉사활동 기관은 [그림 2-3]과 같이 종교단체, 사회복지기관 중심의 노력봉사와 일손 돕기에 편중되어 있어 실제 활동영역과 내용은 다소 제한적이고 다양성이 부족한 실정이다. 이에 현대사회의 복잡 다변화와 시민의식 수준의 성숙에 따라 정부 주도의 자원봉사의 한계를 벗어나 사회문제 해결 참여와 시민으로서의 도덕적 의무와 책임감 실현을 위한 다양한 영역의 자원봉사 활동의 확대가 요구되고 있다(주성수 외, 2017).

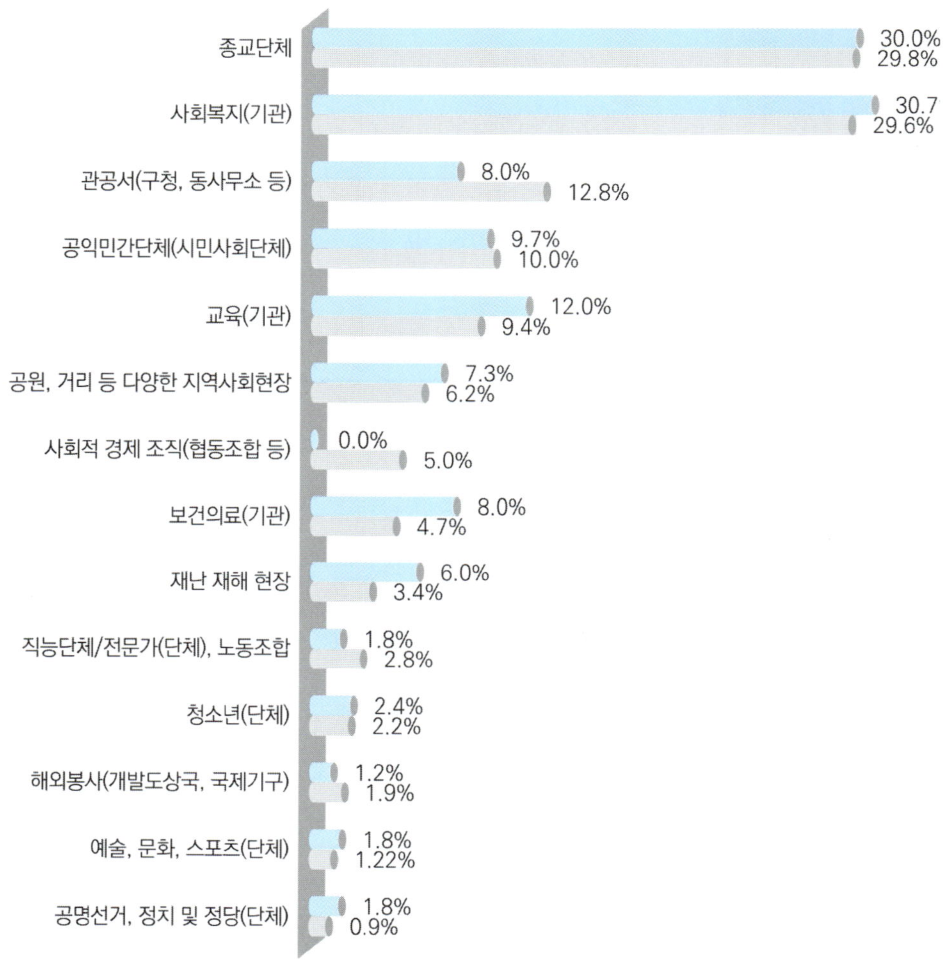

[그림 2-3] 자원봉사 활동기관별 참여율과 주요 자원봉사활동

출처: 주성수 외(2017), 관계부처합동(2018).

국제적으로 한국의 자원봉사 참여율은 World Giving Index(2021)에 따르면 자원봉사활동에 관한 정보를 가진 30개 국가 중 26위로 자원봉사 참여율을 10%로 나타났다(〈표 2-4〉 참고, 사회복지공동모금회, 2022).

〈표 2-4〉 30개 주요국 기부 및 자원봉사 참여지수와 순위(2022)

NO	COUNTRY	DONATING MONEY(Yes, %)	VOLUNTEERED TIMS(Yes, %)
1	AUSTRALIA	61	30
2	AUSTRIA	41	18
3	BRAZIL	26	15
4	BULGARIA	34	12
5	CHINA	22	14
6	CROATIA	29	7
7	CYPRUS	30	18
8	DENMARK	46	19
9	ESTONIA	29	18
10	FINLAND	28	22
11	FRANCE	22	23
12	INDIA	36	34
13	IRAN	45	11
14	ITALY	23	9
15	JORDAN	13	5
16	LATVIA	29	7
17	MOLDOVA	25	16
18	NEWZEALAND	51	34
19	NORWAY	19	49
20	POLAND	36	21
21	PORTUGAL	13	10
22	ROMANIA	21	7
23	RUSSIA	28	14
24	SLOVAK REPUBLIC	29	14
25	SLOVENIA	29	22
26	SOUTH KOREA	28	10
27	SWEDEN	49	11
28	SWITZERLAND	36	19
29	THAILAND	60	17
30	USA	45	26

출처: World Giving Index(2021), 사회복지공동모금회(2022)에서 재인용.

(2) 자원봉사 단체와 프로그램

우리나라의 자원봉사센터는 다음 표와 같이 각각의 운영 주체와 근거법에 따라 특징을 가지고 운영되고 있다. 즉, 행정안전부는 「자원봉사활동 기본법」에 의해 각 시군구에 자원봉사센터를 설치하고 자원봉사자 모집 및 배치 기능을 수행하고 있다. 보건복지부는 「사회복지사업법」과 「청소년활동기본법」에 근거하여 시・도에 사회복지자원봉사센터와 청소년활동진흥센터를 설치・운영하고 있으며, 각각 사회복지봉사활동 지원・인증관리와 청소년봉사활동지원 사업을 수행한다. 여성가족부는 「여성발전기본법」에 근거하여 여성자원활동센터를 운영하고 있다(〈표 2-5〉 참고).

〈표 2-5〉 주요 자원봉사단체 현황

구분 \ 명칭	자원봉사센터	사회복지자원봉사관리센터	청소년활동진흥센터	노인지역봉사기관	여성자원활동센터
설치 근거	「자원봉사활동 기본법」	「사회복지사업법」	「청소년활동 진흥법」	「노인복지법」 「저출산・고령사회기본법」	여성발전기본법
주요 기능	자원봉사자 활동의 기획 및 조정	사회복지봉사활동 지원, 인증관리(VMS)	청소년봉사활동 지원	노인지역봉사 활성화	여성사회참여 확대를 위한 자원봉사 프로그램 개발 및 지원
설치 단위	중앙, 시・군・구	중앙, 시・도, 시군구	시・도, 시군구		시・도・군・구
담당부서	행정안전부	보건복지부	여성가족부	보건복지부	여성가족부

출처: 국가법령정보센터 법령집, 행정안전부(2025), 여성가족부(2025), 보건복지부(2025).

① 자원봉사센터

행정안전부 지침을 근거로 1996년에 설치를 시작하여 2019년 기준 전국 246개의 자원봉사센터가 설치・운영되고 있다. 「자원봉사활동 기본법」 제19조에 자원봉사센터 설치 및 운영에 관한 조항은 다음과 같다.

(가) 「자원봉사활동 기본법」 제19조(자원봉사센터의 설치 및 운영)

㉠ 국가기관 및 지방자치단체는 자원봉사센터를 설치할 수 있다. 이 경우 자원봉사센터를 법인으로 하여 운영하거나 비영리 법인에게 위탁하여 운영하여야 한다.

㉡ 제1항 후단의 규정에도 불구하고 자원봉사활동을 효율적으로 추진하기 위하여 필요하다고 인정할 때에는 국가기관 및 지방자치단체가 운영할 수 있다.

㉢ 국가는 자원봉사센터의 설치·운영이 활성화될 수 있도록 적극 노력하여야 하며, 지방자치단체는 자원봉사센터의 운영에 필요한 경비를 지원할 수 있다.

㉣ 자원봉사센터 장의 자격요건과 자원봉사센터의 조직 및 운영 등에 관하여 필요한 사항은 대통령령으로 정한다.

또한 중앙자원봉사센터와 광역자원봉사센터, 시·군·구의 기초자원봉사센터의 역할은 다음과 같다.

(나) 중앙자원봉사센터의 역할

㉠ 특별시·광역시·도 및 시·군·자치구 자원봉사센터에 대한 지원

㉡ 특별시·광역시·도와 시·군·자치구의 자원봉사센터 관리자에 대한 교육훈련

㉢ 지역 자원봉사와 관련한 프로그램의 개발, 보급 및 조사, 연구

㉣ 지역 자원봉사센터 및 자원봉사단체 등과 협력 및 정보교류

㉤ 자원봉사 정책 지원 및 협조

㉥ 자원봉사 통합포털시스템 홈페이지(www.1365.go.kr) 운영

㉦ 그 밖에 국가의 자원봉사 진흥에 기여할 수 있는 사업

(다) 광역자원봉사센터의 역할(특별시/광역시/도)

㉠ 특별시·광역시·도 지역의 기관·단체들과의 상시협력체계 구축

㉡ 자원봉사 관리자 및 지도자의 교육훈련

㉢ 자원봉사 프로그램의 개발 및 보급
㉣ 자원봉사 조사 및 연구
㉤ 자원봉사 정보자료실 운영
㉥ 시·군·자치구 자원봉사센터 간의 정보 및 사업의 협력·조정·지원
㉦ 그 밖에 특별시·광역시·도 지역의 자원봉사 진흥에 기여할 수 있는 사업

(라) 기초자원봉사센터의 역할(시·군·자치구)

㉠ 시·군·자치구 지역의 기관·단체들과의 상시협력체계 구축
㉡ 자원봉사자의 모집 및 교육·홍보
㉢ 자원봉사 수요기관 및 단체에 자원봉사자 배치
㉣ 자원봉사 프로그램의 개발·보급 및 시범운영
㉤ 자원봉사 관련 정보의 수집 및 제공
㉥ 그 밖에 시·군·자치구 지역의 자원봉사 진흥에 기여할 수 있는 사업

② 한국대학사회봉사협의회

대학생들의 사회봉사활동을 육성 발전시키고, 대학 교육과정과 사회봉사 활동 연계를 연구하고, 국내외 사회봉사 관련 기관과의 교류와 제휴하기 위해 1996년 창립되었다. 2019년 현재 245개 대학이 회원으로 가입되어 대학 사회봉사 프로그램 개발 보급과 대학 상호 간의 협의 조정 역할을 수행하고 있다.

③ 청소년자원봉사 VODOL(www.youth.go.kr)

청소년자원봉사 VODOL은 "Do Volunteer(자원봉사하다)"의 약자로 청소년들이 쉽고 편리하게 봉사활동 정보 검색, 신청, 실적확인, 확인서 출력까지 원스톱으로 진행할 수 있도록 한국청소년활동진흥원에서 개발, 운영하고 있는 청소년 특화 봉사활동 서비스이다.

청소년자원봉사 VODOL은 교육부의 나이스(NEIS) 전송과 봉사활동 확인서 및 이력확인서 발급, 1365 자원봉사 포털 연계, 청소년자원봉사자 상해보험 지원서비스 운영, 병무청 군 모집 시 사회봉사 가산점 인정, 우수활동 청소년 및 동아리 시상 등의 장점을 가지고 있다. 초·중·고·대학생, 일반인 개인과 동아리봉사활동을 하고자 하는 모든 사람이 참여 가능하다.

volunteerism | chapter

03

자원봉사 구성체계

[학습목표]

1. 자원봉사 관련 법령과 기본 계획을 이해한다.
2. 자원봉사센터와 관련 조직을 이해한다.
3. 자원봉사 조직과 단체를 이해한다.

volunteerism | chapter 03

자원봉사 구성체계

1. 자원봉사 관련 법령과 기본 계획

1) 자원봉사 관련 법령

우리나라의 자원봉사 관련 법령은 다양한 영역에서 자원봉사활동의 필요성과 수행 방법을 명시하고 있다. 각 법이 가지는 자원봉사 관련 규정 목적과 내용을 「자원봉사활동 기본법」, 「사회복지사업법」, 「사회보장기본법」, 「노인복지법」, 「건강가정지원법」, 「청소년활동진흥법, 「지방분권 및 지방행정체제개편에 관한 특별법」, 「재난 및 안전관리 기본법」, 안전교육 및 안전훈련 등에 근거하여 구체적인 법령을 살펴본다.

(1) 「자원봉사활동 기본법」

「자원봉사활동 기본법」은 자원봉사활동에 관한 기본법이다. 「자원봉사활동 기본법」

은 2005년 제정되어 자원봉사활동에 대한 독립법안이 마련되는 계기가 되었다. 「자원봉사활동 기본법」은 자원봉사에 대한 국가와 지방자치단체의 책무를 명시하고, 자원봉사센터의 설치 운영에 관한 규정을 통해 시설 설치에 관한 규정을 마련하였을 뿐 아니라, 자원봉사활동에 관한 주요 정책을 심의하기 위한 위원회 설치 및 자원봉사자 관리를 위한 근거 조항을 마련하였다는 데 큰 의의가 있다.

① 제정 목적

「자원봉사활동 기본법」은 본 법 제1조 목적에 자원봉사활동에 관한 기본적인 사항을 규정하여 자원봉사활동을 진흥하고 행복한 공동체 건설에 이바지함을 목적으로 제정되었다. 이 법은 자원봉사활동의 가장 기본이 되는 법으로서 다른 법률에 특별한 규정이 있는 경우를 제외하고 본 법에 따라 자원봉사활동의 진흥에 관한 사항을 다루도록 하였다(법 6조)

② 내용

「자원봉사활동 기본법」은 자원봉사자의 보호·포상, 자원봉사활동의 관리, 자원봉사단체에 대한 지원, 자원봉사센터의 설치 및 운영, 자원봉사진흥위원회 등을 규정하고 있으며, 주요 내용은 다음과 같다.

(가) 자원봉사자의 보호

- 법 제14조 1항: 국가와 지방자치단체는 자원봉사활동이 안전한 환경에서 이루어질 수 있도록 노력해야 한다.
- 시행령 제10조 1항: 국가와 지방자치단체는 자원봉사단체 및 자원봉사센터가 위험이 수반되는 자원봉사활동에 대한 안전교육 등 사전에 필요한 조치를 하도록 할 수 있다.
- 시행령 제10조 3항: 국가 및 지방자치단체는 자원봉사센터 또는 「비영리민간단체

지원법」에 따라 등록된 단체에 소속한 자원봉사자의 보호를 위해 다음을 모두 갖춘 보험 또는 공제에 가입할 수 있다[4].

(나) 자원봉사활동의 관리

- 법 제15조: 자원봉사단체 및 자원봉사센터는 자원봉사자에 대한 교육훈련 및 안전대책 등이 체계적으로 관리될 수 있도록 노력해야 한다.

(다) 포상

- 법 제12조, 시행령 제8조: 국가와 사회에 공로가 있는 자원봉사활동을 한 자원봉사자, 자원봉사단체 및 자원봉사센터 등은 「상훈법」에 따라 포상을 받을 수 있다.

(라) 자원봉사단체에 대한 지원

- 법 제18조: 자원봉사단체는 국가 및 지방자치단체로부터 활동에 필요한 행정적 지원을 받을 수 있으며 「비영리민간단체 지원법」에 따라 사업비를 지원 받을 수 있다.

(마) 자원봉사센터의 설치 및 운영

- 법 제19조 제1항: 국가기관 및 지방자치단체는 자원봉사센터를 설치할 수 있다. 이 경우 자원봉사센터를 법인으로 하여 운영하거나 비영리법인에 위탁하여 운영해야 한다.
- 법 제19조 제3항: 국가는 자원봉사센터의 설치·운영이 활성화될 수 있도록 노력해야 하며, 지방자치단체는 자원봉사센터의 운영에 필요한 경비를 지원할 수 있다.

4) 구체적인 예로는 자원봉사활동 중에 발생한 자원봉사자의 사망, 후유장애 및 의료비·입원비·수술비 등에 대한 보상을 할 수 있을 것, 자원봉사활동 중에 발생한 타인의 신체 또는 재물손괴(損壞)에 대한 보상을 할 수 있을 것을 제시하고 있다.

(바) 자원봉사진흥위원회

- 법 제8조: 자원봉사활동에 관한 주요 정책을 심의하기 위하여 국무총리 소속으로 관계 중앙행정기관 및 민간 전문가로 구성된 자원봉사진흥위원회를 두고, 자원봉사활동의 진흥을 위한 정책 방향의 설정 및 협력·조정, 자원봉사활동의 진흥을 위한 국가기본계획과 연도별 시행계획에 관한 사항, 자원봉사활동의 진흥을 위한 제도 개선에 관한 사항 등을 심의한다.

(2) 「사회복지사업법」

「사회복지사업법」에서 국가 및 지방자치단체는 사회복지 자원봉사활동을 지원·육성하기 위해 그 역할을 다 해야 함을 명시하고 있으며, 사회복지법인이나 그 밖의 비영리법인·단체에 이를 위탁할 수 있도록 규정하고 있다(제9조 제1항).

「사회복지사업법」에서 사회복지 자원봉사를 위해 국가 및 지방자치단체가 수행해야 할 역할은 다음과 같이 규정하고 있다.

① 자원봉사활동의 홍보 및 교육
② 자원봉사활동 프로그램의 개발·보급
③ 자원봉사활동 중의 재해에 대비한 시책의 개발
④ 그 밖에 자원봉사활동의 지원에 필요한 사항

(3) 「사회보장기본법」

① 목적

「사회보장기본법」에서는 사회보장에 대한 민간부문의 참여를 유도하는 내용으로, 국가 및 지방자치단체는 사회보장에 대한 민간부문의 참여를 유도할 수 있도록 정책을 개발·시행하고 그 여건을 조성해야 한다고 명시하고 있다(제27조).

② **내용**

「사회보장기본법」에서 제시하는 내용은 다음과 같다.

㉠ 자원봉사, 기부 등 나눔의 활성화를 위한 각종 지원 사업
㉡ 사회보장정책의 시행에 있어 민간 부문과의 상호협력체계 구축을 위한 지원사업
㉢ 그 밖에 사회보장에 관련된 민간의 참여를 유도하는 데에 필요한 사업

(4) 「노인복지법」

① **목적**

「노인복지법」에서는, 국가 또는 지방자치단체는 노인의 사회참여 확대를 위하여 노인의 지역봉사 활동기회를 넓히기 위해 노력하고, 노인의 지역봉사 활동 및 취업의 활성화를 기하기 위하여 노인지역봉사기관, 노인취업알선기관 등 노인복지관계기관에 대하여 필요한 지원을 할 수 있다고 명시하고 있다(제23조).

② **지역봉사지도원에 관한 사항**

「노인복지법」에서는 지역봉사지도원에 관해 다음과 같이 명시하고 있다.

㉠ **지역봉사지도원의 위촉**: 국가 또는 지방자치단체는 노인이 지역봉사를 희망하는 경우 지역봉사지도원으로 위촉할 수 있다(제24조 제1항).
㉡ 지역봉사지도원의 업무(제24조 제2항, 「노인복지법 시행령」 제18조 제3항)
- 국가 또는 지방자치단체가 하는 업무 중 민원인에 대한 상담 및 조언
- 도로의 교통정리, 주·정차단속의 보조, 자연보호 및 환경침해행위 단속의 보조와 청소년 선도
- 충효사상, 전통의례 등 전통문화의 전수교육
- 문화재의 보호 및 안내
- 노인에 대한 교통안전 및 교통사고예방 교육

- 국가 또는 지방자치단체가 시행하는 노인복지정책의 홍보 및 안내
- 노인복지시설에 입소한 노인에 대한 생활지도
- 자원봉사활동 그 밖에 시장・군수・구청장(자치구의 구청장을 말함)이 필요하다고 인정하는 업무

㉢ 지역자원봉사지도원의 신청, 증명서 발급, 활동비 지원, 해촉에 관한 사항(제24조 제1항, 「노인복지법 시행규칙」 제7조 제1, 2항).

(5) 건강가정기본법

「건강가정지원법」에서는 국가 및 지방자치단체는 가족단위의 자원봉사참여가 확대되도록 노력해야 하고 건강가정과 관련되는 자원봉사활동 사업을 육성하고 장려해야 한다고 명시하고 있다(제28조 및 제33조).

(6) 청소년활동 진흥법

「청소년활동 진흥법」에서는 국가 및 지방자치단체는 청소년 자원봉사활동을 활성화할 수 있는 기반을 조성해야 한다고 명시하고 있다(제65조).

(7) 지방분권 및 지방행정체제개편에 관한 특별법

「지방분권 및 지방행정체제개편에 관한 특별법」에서는 국가 및 지방자치단체는 주민의 자원봉사활동 등을 장려하고 지원함으로써 주민의 참여 의식을 높일 수 있는 방안을 마련해야 한다고 규정하고 있다(제15조 제2항).

(8) 재난 및 안전관리 기본법

① 목적

「재난 및 안전관리 기본법」에서는 중앙행정기관의 장과 지방자치단체의 장은 소관

재난 및 안전관리업무와 관련하여 국민의 안전의식을 높이고 안전문화를 진흥시키기 위한 안전문화활동을 적극 추진해야 한다고 규정하고 있다(제66조의4 제1항).

② **내용**

「재난 및 안전관리 기본법」에서 제시하는 규정 내용은 다음과 같다.

- 안전의식을 높이기 위한 캠페인 및 홍보
- 안전행동요령 및 기준·절차 등에 관한 지침의 개발·보급
- 안전문화 우수사례의 발굴 및 확산
- 안전 관련 통계 현황의 관리·활용 및 공개
- 안전에 관한 각종 조사 및 분석
- 안전취약계층의 안전관리 강화
- 그 밖에 안전문화를 진흥하기 위한 활동

이상에서 언급한 법령 외에도 「여성발전기본법」에서는 여성자원봉사활동 지원, 여성자원활동센터 설치 및 운영, 여성자원봉사활동 관련 다양한 지원에 관한 사항, 「한국국제협력단법」에서는 해외자원봉사활동 관련 사항 등을 다루고 있으며, 각 지방자치단체 「자원봉사활동 기본법」 취지에 맞게 조례를 개정하여 운영하고 있다.

2) 자원봉사활동 진흥 국가기본계획

(1) 자원봉사활동 진흥 기본계획 개요

자원봉사활동 진흥을 위한 기본계획은 자원봉사활동 진흥을 위한 국가의 기본방향을 제시하기 위해 「자원봉사활동 기본법」 제9조[5], 동법 시행령 제5조에 의거하여 행

5) 「자원봉사활동 기본법」 제9조(자원봉사활동의 진흥에 관한 국가기본 계획의 수립) ① 행정안전부장관은 관계 중앙행정기관의 장과 협의하여 자원봉사활동의 진흥을 위한 국가기본계획을 5년마다 수립하여야 한다.

정안부장관은 관계 중앙행정기관의 장과 협의 후 자원봉사활동의 진흥을 위한 국가기본계획을 5년마다 수립하도록 하였다(행정안전부, 2023).

(2) 성격

자원봉사활동 진흥 국가기본계획은 5년간 국가적 자원봉사 정책을 포괄하는 중장기 종합계획으로서 정부의 자원봉사 정책의 기본방향 및 사업계획과 일정을 제시하고, 자원봉사진흥위원회의 심의를 통해 확정된다. 국가기본계획을 바탕으로 관계 부처와 지자체의 연도별 시행계획을 수립하게 된다.

자원봉사활동 기본계획에 포함되어야 할 사항은 다음과 같다.

- 5개년 간 국가적 자원봉사 정책을 포괄하는 중장기 종합계획
- 국가기본계획을 바탕으로 관계부처 · 지자체 연도별 시행계획 수립
- 자원봉사진흥위원회 심의 · 의결을 통해 확정

(3) 수립 방향

국가기본계획은 현재 3차에 걸쳐 수립 운영되고 있으며, 그 방향은 다음과 같다(**〈표 3-1〉** 참고).

〈표 3-1〉 우리나라 자원봉사활동 진흥 1-4차 국가기본계획 비교

구분	기간	목표	특징	성과
1차 기본계획	2008~ 2012년	자원봉사 참여 활성화 및 체계 구축을 통한 사회통합 기여	자원봉사 인프라 확충, 교육 및 홍보 강화, 법·제도 정비	자원봉사 참여율 증가, 자원봉사센터 설립 확대, 법적·제도적 기반 마련
2차 기본계획	2013년~ 2017년	자원봉사 참여 확대와 질적 향상을 통한 공동체 의식 함양을 지향	자원봉사 관리 시스템 개선, 전문성 강화, 지역사회 중심의 자원봉사 활성화 추진	자원봉사 참여자 수 증가, 지역사회 자원봉사 프로그램 다양화, 전문 자원봉사자 양성

구분	기간	목표	특징	성과
3차 기본계획	2018년~2022년	성숙한 시민의식과 다양한 시민참여를 기반으로 자원봉사의 양적 성장과 질적 발전 도모	자원봉사 문화 확산, 참여 기회 다양화, 자원봉사 관리 체계 강화 등	자원봉사 참여율 지속 증가, 다양한 참여 채널 개발, 관리 체계의 디지털화 추진
4차 기본계획	2023년~2027년	자원봉사 가치 확장과 참여 확산, 연대와 화합으로 따뜻한 대한민국을 구현	자원봉사 문화와 참여 확대, 재난 대응 자원봉사 체계 강화, 자원봉사 관리 체계의 디지털 구현	현재 진행 중으로, 재난 대응 역량 강화, 디지털 플랫폼 구축 등의 성과 기대

참고: 관계부처합동(2018), 행정안전부(2023).

① 1**차 계획**(2008**년**~2012**년**)

• 중앙 · 지역센터 설치 등 양적 성장과 전국적 인프라 구축에 초점

② 2**차 계획**(2013**년**~2017**년**)

• 자원봉사 관리 · 사업영역의 체계화 및 참여문화 확산 홍보 · 캠페인 중점 추진

③ 3**차 계획**(2018**년**~2022**년**)

• 가치기반 · 이행중심 질적 개선

④ 4**차 계획**(2023**년**~2027**년**)

• 코로나19 및 4차 산업혁명으로 인한 대전환기(the New Normal)를 맞아 자원봉사 가치 확장 및 참여 확산을 통해 공동체성 회복, 다양한 영역과 주체들 간 연대 · 화합하는 선진사회 마련을 위해 아래 그림과 같이 3대 정책영역과 14개 정책과제, 33개 세부과제를 제시하였다([그림 3-1] 참고).

비전	자원봉사 가치 확장과 참여확산 연대와 화합으로 따뜻한 대한민국
목표	◈ [패러다임] 시민성과 공공성 기반의 자원봉사 가치 확장 ◈ [구조] 협력과 책임의 자원봉사 거버넌스 구현 ◈ [실천] 연결과 순환의 자원봉사 생태계 조성

3대 정책영역 14개 정책과제 33개 세부과제

정책 영역 및 정책 과제		
	제1영역 자원봉사 문화와 참여	1-1. 시민성(citizenship) 가치 확장 1-2. 문제해결형.일상적 자원봉사 확대 1-3. 자원봉사 지원방식 다원화 1-4. 자원봉사 홍보 활성화 1–5. 세계시민성 기반 국제 자원봉사 활성화
	제2영역 자원봉사 인프라 및 관리	2-1. 자원봉사 관련 법·제도 개선 2-2. 자원봉사 지원 및 재정 안정화 2-3. 자원봉사 관리자 및 자원봉사자 역량 강화 2–4. 자원봉사 협력적 거버넌스 강화 2–5. 자원봉사 정보시스템 고도화 2–6. 자원봉사 연구·평가 체계화 및 활성화
	제3영역 자원봉사 특성화 및 전략사업	3-1. 디지털 기반 자원봉사 활성화 3-2. 생애별·사회계층별 맞춤형 자원봉사 3-3. 대한민국 자원봉사 캠페인/브랜드화

[그림 3–1] **4차 국가기본계획 기본 방향**

2. 자원봉사센터와 관련 조직: 행정지원체계

정부부문의 자원봉사센터 행정지원조직은 국무총리실, 행정안전부, 보건복지부, 여성가족부, 교육과학기술부에 의해 지원되고 있다. 정부의 자원봉사업무 추진체계도는 [그림 3–2]와 같다.

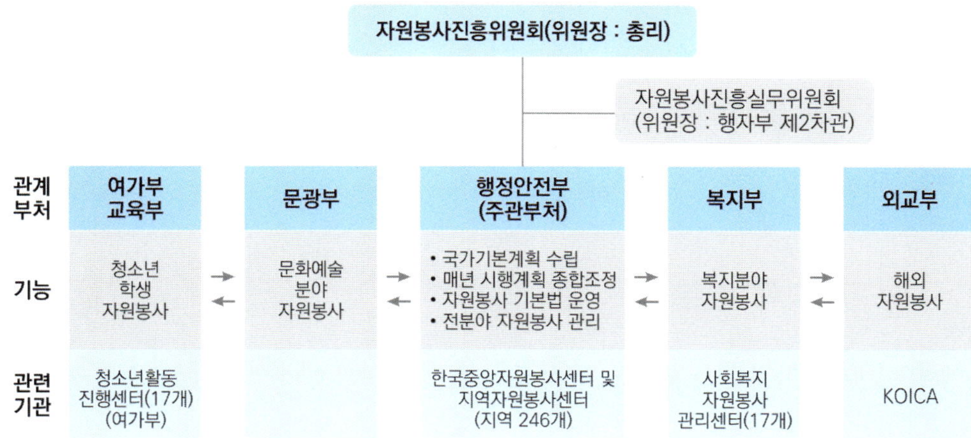

[그림 3-2] 정부의 자원봉사 업무 추진체계도

출처: 정진경 외(2017).

1) 국무총리실

국무총리실 산하 자원봉사진흥위원회를 설치하고 총리가 위원장이 되어 「자원봉사활동 기본법」과 시행령에 근거하여 자원봉사국가기본계획을 심의한다.

2) 행정안전부

자원봉사활동의 주무부서로서 지방행정국의 민간협력과에서 업무를 담당한다. 자원봉사 국가기본계획을 수립하고 매년 시행 계획을 종합 조정하며, 전분야 자원봉사를 관리한다. 또한 자원봉사제도의 개선 운영 및 자원봉사센터의 활성화를 지원한다.

3) 보건복지부

보건복지부 직제에 근거하여 사회서비스자원과에서 사회복지분야 자원봉사활동 지원을 육성한다. 전국의 사회복지 자원봉사관리센터를 관리 운영한다.

4) 여성가족부

「여성발전기본법 시행령」에 의거 청소년, 학생의 자원봉사를 기획 운영하며, 청소년활동진흥센터를 설치하여 운영한다.

5) 교육과학기술부

학생봉사활동 정보안내센터와 한국대학사회봉사협의회 등을 통해 학생봉사활동에 대한 정보제공 및 담당교사 연수 및 지도, 프로그램 개발 및 보급 등의 사업을 주관한다. 한편 주요국의 자원봉사 정부 주무부서와 전국적 기구는 〈표 3-2〉와 같다.

〈표 3-2〉 주요국의 자원봉사 정부 주무부서와 전국적 기구

국가	정부의 주무부서	전국적 기구
오스트리아	연방사회 / 소비자보호부(BMSK)	오스트리아자원봉사위원회
벨기에	연방사회보장서비스부	자원봉사고위위원회
덴마크	주무부서 없음: 일부 부처들이 독자적 정책 추진, 문화부 내부와 사회부, 교육부	전국자원봉사센터: 자원봉사위원회(Volunteer Council)
핀란드	주무부서 없음: 일부 부처들이 독자적 정책 추진. 교육부, 법무부, 외교부, 사회보건부, 지정부, 고용부	3대 전국적 오락협회, 시민포럼, 교육협회
프랑스	보건청년스포츠부(2008년까지), 청소년고등위원회, 12개 부처	자원봉사정보자원센터(CRIB), 전국협회생활위원회(CNVA), 전국자원봉사센터(France Benevolat)
독일	연방 가족/노인/여성/청소년부	광역 청소년가족위원회, 연방시민참여네트워크(BBE), 전국자원봉사단체협회(BAGFA)
영국	수상실의 제3섹터부(OTS)	Volunteering England
미국	국가지역사회봉사단(CNCS)	촛불재단(PLI), Hands-On 인디펜던트섹터(Independent Sector)
캐나다		볼런티어 캐나다(Volunteer Canada)

국가	정부의 주무부서	전국적 기구
한국	행정안전부, 보건복지부, 여성가족부, 문화관광부, 법무부, 외교통상부, 환경부 등 여러 부처들이 독자적인 조직과 프로그램 추진	한국자원봉사협의회, 전국자원봉사센터 중앙회
일본	후생성, 내무성, 소방청, 환경청 등 여러 부처들이 정책 추진	사회복지협의회의 자원봉사센터

출처: 유럽 GHK(2010: 95-96); 주성수(2013: 274)에서 재인용[6].

3. 자원봉사 조직과 단체: 민간지원체계

1) 자원봉사단체

자원봉사단체란 「자원봉사활동 기본법」 제3조 제3항에 근거하여 자원봉사활동을 주된 사업으로 하거나 이를 지원하기 위해 설립된 비영리법인 또는 단체를 말한다. 국가는 「자원봉사활동 기본법」 등 각종 법령에 따라 단체에 대한 지원을 수행하고 있다.

(1) 자원봉사단체에 대한 지원

자원봉사단체는 국가 및 지방자치단체로부터 활동에 필요한 행정적 지원 및 사업비를 지원받을 수 있다(「비영리민간단체 지원법」 제2조, 「자원봉사활동 기본법」 제18조, 서울특별시 자원봉사활동 지원조례 제10조의2 제1항).

(2) 비영리민간단체 지원법에 따른 비영리민간단체에 대한 정의

비영리단체란 영리가 아닌 공익활동을 수행하는 것을 주된 목적으로 하는 민간단체로서 다음의 요건을 갖춘 단체를 말한다(「비영리민간단체 지원법」 제2조).

6) 주성수(2013: 274)의 <표 9-1> 중 저자가 일부 국가만 발췌하여 수록함.

- 사업의 직접 수혜자가 불특정 다수일 것
- 구성원 상호 간에 이익분배를 하지 않을 것
- 사실상 특정 정당 또는 선출직 후보를 지지·지원 또는 반대할 것을 주된 목적으로 하거나, 특정 종교의 교리전파를 주된 목적으로 설립·운영되지 않을 것
- 상시 구성원이 100명 이상일 것
- 최근 1년 이상 공익활동실적이 있을 것
- 법인이 아닌 단체일 경우에는 대표자 또는 관리인이 있을 것

(3) 정치활동 등 금지의무

「자원봉사활동 기본법」에 따라 지원을 받는 자원봉사단체는 그 명의 또는 그 대표의 명의로 특정 정당 또는 특정인의 선거운동을 해서는 안된다(「자원봉사활동 기본법」 제5조 제1항). 이를 위반할 경우 3년 이하의 징역 또는 600만 원 이하의 벌금에 처하도록 규정하고 있다(「자원봉사활동 기본법」 제5조, 제20조, 「공직선거법」 제255조 제1항 제11호)[7].

2) 자원봉사센터

(1) 자원봉사센터 개요

자원봉사센터란 자원봉사활동의 개발·장려·연계·협력 등의 사업을 수행하기 위해 법령과 조례 등에 따라 설치된 기관·법인·단체 등을 말한다(「자원봉사활동 기본법」 제3조 제4호). 자원봉사센터 설치와 관련한 근거 법령과 조례는 다음과 같다.

7) 선거운동이란 당선 또는 낙선(落選)을 위한 행위를 말한다. 다만, 다음의 어느 하나에 해당하는 행위는 선거운동으로 보지 않는다(「자원봉사활동 기본법」 제5조 제2항 및 「공직선거법」 제58조 제1항). 즉, ① 선거에 관한 단순한 의견개진 및 의사표시, ② 입후보와 선거운동을 위한 준비행위, ③ 정당의 후보자 추천에 관한 단순한 지지·반대의 의견개진 및 의사표시, ④ 통상적인 정당 활동, ⑤ 설날·추석 등 명절 및 석가탄신일·기독탄신일 등에 하는 의례적인 인사말을 문자메시지로 전송하는 행위

- 「자원봉사활동 기본법」
- 시・도 및 자치구 자원봉사활동 지원조례
- 「노인복지법」 제23조 제2항
- 「사회복지사업법」 제9조
- 「청소년기본법」 제53조 제3항
- 「청소년활동 진흥법」 제65조

(2) 자원봉사센터의 설치

국가기관 및 지방자치단체는 자원봉사센터를 설치할 수 있으며, 국가기관 및 지방자치단체는 자원봉사센터를 설치하는 경우 자원봉사센터를 법인(法人)으로 하여 운영하거나 비영리법인(非營利法人)에 위탁(委託)하여 운영해야 한다(「자원봉사활동 기본법」 제19조 제1항). 그럼에도 자원봉사활동을 효율적으로 추진하기 위해 필요하다고 인정될 때에는 국가기관 및 지방자치단체가 자원봉사센터를 직접 운영할 수 있다(「자원봉사활동 기본법」 제19조 제2항).

(3) 자원봉사센터에 대한 지원

국가는 자원봉사센터의 설치・운영이 활성화될 수 있도록 노력하며, 지방자치단체는 자원봉사센터의 운영에 필요한 경비를 지원할 수 있다(「자원봉사활동 기본법」 제19조 제3항).

(4) 자원봉사센터의 종류

자원봉사센터는 시・도 및 시・군・자치구 자원봉사센터, 사회복지 자원봉사센터, 한국청소년진흥센터, 여성자원활동센터 및 노인지역봉사기관 등이 있으며, 각 부처별 자원봉사센터와 근거법령 및 업무는 <표 3-3>과 같다.

〈표 3-3〉 각 부처별 자원봉사센터와 근거 법령

관련부처	센터명	근거법령	업무
행정안전부	자원봉사센터	지침 및 조례	지역 자원봉사활성화
보건복지부	사회복지 자원봉사센터	「사회복지사업법」 제9조	사회복지봉사활동 지원
	노인지역봉사기관	「노인복지법」 제23조 제2항	노인 지역봉사 활성화
여성가족부	한국청소년활동진흥원	「청소년활동 진흥법」 제6조	청소년활동 진흥

① 행정안전부 소속 각 시·도 및 시·군·자치구 자원봉사센터

행정안전부 산하 각 특별시·광역시·도 자원봉사센터는 2019년 11월 현재 전국 246개[8] 가 자원봉사활동의 활성화를 위해 설치·운영되고 있다(「자원봉사활동 기본법 시행령」 제15조 제4항). 특별시·광역시·도 지역 및 시·군·자치구 자원봉사센터의 업무는 다음과 같다.

㉠ 특별시·광역시·도 지역 자원봉사센터의 역할

- 특별시·광역시·도 지역 기관·단체들과의 상시협력체계 구축
- 자원봉사 관리자 및 지도자의 교육훈련
- 자원봉사 프로그램의 개발 및 보급
- 자원봉사 조사 및 연구
- 자원봉사 정보자료실 운영
- 시·군·자치구 자원봉사센터 간의 정보 및 사업의 협력·조정·지원
- 그 밖에 특별시·광역시·도 지역의 자원봉사 진흥에 기여할 수 있는 사업

㉡ 시·군·자치구 자원봉사센터의 역할

- 시·군·자치구 지역의 기관·단체들과의 상시협력체계 구축

8) 자원봉사센터 현황은 한국자원봉사센터협회(http://www.kfvc.or.kr/contents/main/) 자료실 참조

- 자원봉사자의 모집 · 배치 및 교육 · 홍보
- 지역 자원봉사 프로그램의 개발 · 보급을 위한 사업
- 자원봉사 관련 정보의 수집 및 제공
- 그 밖에 지역사회 자원봉사 진흥에 기여할 수 있는 사업

② 사회복지 자원봉사센터

「사회복지사업법」에서는, 국가와 지방자치단체는 사회복지 자원봉사활동을 지원 · 육성하기 위하여 자원봉사활동의 홍보 및 교육, 자원봉사활동 프로그램의 개발 · 보급, 자원봉사활동 중의 재해에 대비한 시책의 개발, 그 밖에 자원봉사활동의 지원에 필요한 사항을 실시하여야 한다고 명시하고 있다(「사회복지사업법」 제9조). 또한 이를 효율적으로 수행하기 위해 사회복지법인이나 그 밖의 비영리법인 · 단체에 이를 위탁할 수 있도록 규정하고 있다.

더불어 사회복지 봉사활동 인증을 위해 사회복지봉사활동 인증센터를 운영하고 있다[9]. 사회복지봉사활동 인증센터에서는 사회봉사에 관한 인증관리업무를 수행하기 위해 자원봉사자의 모집 및 봉사활동지도와 봉사실적 등을 한국사회복지협의회 및 시 · 도사회복지협의회의 감독을 받아 관리한다.

③ 한국청소년활동진흥원

여성가족부는 「청소년활동진흥법」에 근거하여 청소년자원봉사활동의 활성화 사업을 위하여 한국청소년활동진흥원[10]을 설치. 운영하고 있으며, 자원봉사와 관련 청소년자원봉사활동 및 참여 · 권리증진 활동의 활성화 지원 사업을 수행하고 있다(「청소년활동진흥법」 제6조 제1항 제4호).

9) 사회복지봉사활동 인증센터: https://www.vms.or.kr/main.do

10) 한국청소년활동진흥원: https://www.kywa.or.kr/

volunteerism | chapter

04 자원봉사관리

[학습목표]

1. 자원봉사관리자의 역할을 이해하고, 자원봉사관리자에게 요구되는 윤리적 내용을 이해한다.
2. 자원봉사관리의 의의를 이해한다.
3. 자원봉사관리의 과정을 이해한다.

volunteerism | chapter 04

자원봉사관리

1. 자원봉사관리자의 역할과 윤리

1) 자원봉사관리자의 역할

최근 우리나라에도 자원봉사에 대한 사회적 필요성과 자원봉사를 하고자 하는 사람들의 자발적 의식이 증대되면서 자원봉사 수요와 자원봉사의 공급이 늘어나고 있는 추세이다. 자원봉사관리란 수많은 자원봉사 수요와 자원봉사 공급을 이어주는 매개 역할을 하는 것으로, 자원봉사관리자는 전문적으로 자원봉사 조직과 프로그램을 책임지는 사람이다.

자원봉사관리자는 자원봉사자 홍보·모집에서부터 선발·교육·배치·평가에 이르는 일련의 과정을 수행하는 사람, 자원봉사자들이 맡은 바 봉사활동을 잘 수행하도록 하여 지역사회에 변화를 가져오도록 도와주는 사람, 잠재적으로 자원봉사자가 되려는 사람 또는 현재 활동 중인 자원봉사자가 겪고 있는 문제들을 상담할 수 있는 사람이며, 자원봉사관리자는 전문성에 따라 전문가, 준전문가, 조언자로 구분할 수 있다.

① 전문가

자원봉사 전문가는 자원봉사 전반에 대한 전문적인 교육을 받은 사람들로 자원봉사자 홍보・모집에서부터 선발・교육・배치・평가에 이르는 일련의 과정을 수행하는 사람이며, 그 역할에 따라 관리자(supervisor), 조정자(coordinator), 감독자(director)로 구분할 수 있다.

관리자는 자원봉사자 교육이나 사례관리에 중점을 두며, 조정자는 자원봉사자 자원을 자원봉사가 필요한 곳에 효과적으로 수급하는 역할이 중점이고, 감독자는 자원봉사기관의 행정에 중점을 둔다. 하지만 실제 현장에서는 관리자에 대한 명칭이 명확히 세분화되어 구분되는 것이 아니라, 기관이나 시설에 따라 그 명칭과 역할이 조금씩 다르며 관리자이면서 조정자이거나 관리자이면서 조정자, 감독자 역할을 모두 하는 등 한 사람이 여러 역할을 동시에 수행하기도 한다.

② 준전문가

자원봉사 준전문가는 자원봉사자들이 맡은 바 봉사활동을 잘 수행하도록 하여 지역사회에 변화를 가져오도록 도와주는 사람으로 자원봉사관리자의 역할을 하지만 자신의 고유 업무가 별도로 있는 사람들이다. 자원봉사자관리가 주된 업무가 아니기에 자원봉사전문가보다는 전문성이나 업무범위가 제한적일 수 밖에 없다. 일반적으로 사회복지사나 종교인, 교사 등이 여기에 속한다. 자원봉사 준전문가는 자원봉사관리자 만큼의 전문성을 갖추기가 어렵지만 자원봉사관리자가 가지기 힘든 인적 네트워크를 가지고 있어 자원봉사자 자원을 확보하는 데 큰 역할을 하고 있다.

③ 조언자

자원봉사 조언자는 잠재적으로 자원봉사자가 되려는 사람 또는 현재 활동 중인 자원봉사자가 겪고 있는 문제들을 상담할 수 있는 사람이다. 자원봉사활동을 하고 싶은 사람이나 활동을 하고 있는 사람에게 상담이나 조언을 해 주고, 필요시 자원봉사 전문가나 준전문가에게 소개를 시켜 줄 수 있는 역할을 한다. 자원봉사 조언자는 그 자신이 자원봉사자이면서 자원봉사자나 자원봉사 희망자의 동료나 선배, 친구로서 자원봉사활동에 대한 동기를 유발하고 자원봉사활동을 옆에서 지지함으로 보다 지속적인 자원봉사활동이 이루어지도록 하는 등 기초적이면서도 매우 중요한 역할을 하고 있다.

2) 자원봉사관리자의 요구능력

자원봉사관리자는 소속된 자원봉사기관의 목표와 사업에 대한 이해능력이 필요하다. 자원봉사기관의 특성에 따라 목표하는 가치와 사업의 방향이 다르기 때문에 이를 잘 이해하고 있어야 자원봉사조직이 하나의 일관된 방향으로 나아갈 수 있다. 또한 자원봉사에 대한 기초지식이 있어야 한다. 자원봉사도 하나의 전문적인 직업이기에 자원봉사에 대한 전문적인 지식이 없다면 성공적인 자원봉사관리자로서 역할을 할 수 없다. 자원봉사관리자는 지역사회나 자원봉사 대상기관의 욕구에 대한 전반적인 지식을 갖추어야 한다. 자원봉사 대상에 대한 충분한 이해와 그들의 욕구를 알아야 효율적인 자원봉사 서비스를 제공할 수 있다. 자원봉사관리자는 대화와 상담기술을 갖추고 있어야 하는데, 자원봉사는 사람을 상대하는 일이기에 자원봉사관리자는 사람을 편하게 하는 대화기술과 상담기술을 갖추고 있어야 한다. 심리학이나 인간가치에 대한 이해가 더해진다면 매우 훌륭한 자원봉사관리자로서의 자격 요건이 갖추어진 것이다. 여기에 더하여 최근에는 기술적인 부분에 대한 능력도 요구된다. 자원봉사 프로그램을 수립하고 홍보하기 위해서는 기본적인 컴퓨팅 능력과 SNS 활용능력이 요구되기도 한다. 그러나 역시 무엇보다 중요한 것은 본인 스스로가 훌륭한 자원봉사

관리자가 되기 위한 학습의지와 전략이 중요할 것이다.

3) 자원봉사관리자의 윤리

자원봉사관리자는 자원봉사과정에서 수많은 개인정보와 자원봉사대상의 내부사정에 노출될 가능성이 많기에 윤리적·도덕적 가치관을 명확히 수립하고 있어야 한다. 기본적으로 인간존엄에 대한 믿음이 있어야 한다. 또한 자원봉사의 가치에 대한 믿음도 있어야 한다. 이러한 신념이 바탕이 되어야 지속적으로 자원봉사관리자로서의 역할을 다할 수 있다. 자원봉사관리자는 자원봉사 중에 습득하게 되는 자원봉사 대상과 자원봉사자의 사생활과 개인 비밀을 존중하고 지켜 줘야 한다. 자원봉사관리자는 자원봉사자에 대해 동등한 기회를 보장하고 문화적 다양성을 인정하여야 한다. 자원봉사자의 잠재적 능력을 확신하고 이를 지지해 주어야 한다. 자원봉사 프로그램을 효과적으로 수행하려는 의지가 있어야 하며, 자원봉사자들의 권리옹호를 위해 앞장서야 한다. 무엇보다 자원봉사자를 이해하고 이들과 함께하려는 태도를 적극적으로 드러내야 한다. 자원봉사의 특성상 일반적인 사회관계보다 관계하는 순간이 짧기 때문에 자원봉사관리자 스스로가 봉사하고 함께하려는 태도를 적극적으로 드러내지 않는다면 자원봉사자가 자원봉사관리자의 의도를 쉽게 이해하기 어려울 것이다.

2. 자원봉사관리의 의의

1) 자원봉사관리과정의 개념

자원봉사관리과정이란 일반적으로 자원봉사를 하려는 자원봉사자의 욕구와 자원봉사자의 도움을 받으려는 봉사대상자의 욕구를 연결하고, 자원봉사의 목적과 구체적 업무, 책임성에 대한 교육, 활동내용에 대한 피드백 과정을 통해 자원봉사가 효과적으로 이루어지게 하는 일련의 절차와 방법을 강구하는 모든 과정으로 정의된다(류기덕 외, 2017).

자원봉사활동 중 자원봉사관리과정은 가장 전문적이어야 한다. 자원봉사자의 기대를 충족하고 자원봉사자를 효과적으로 활용하기 위해서는 전문적인 관리과정을 통해 자원봉사활동이 이루어져야 한다. 최근 자원봉사에 대한 관심이 증가함에 따라 효율적인 자원봉사자 관리과정에 대한 관심도 증가하고 있다. 자원봉사과정은 관리준비, 관리진행, 관리지원, 관리평가의 단계로 구분할 수 있으며 각 단계를 전문적으로 준비하고 서로를 유기적으로 연결하는 것이 필요하다. 일반적인 자원봉사관리과정은 자원봉사자 모집과 홍보, 면접과 선발, 교육・훈련, 배치, 지도・감독 그리고 인정 및 평가 등 일련의 과정으로 구성된다(김동배 외, 2009).

2) 자원봉사관리과정의 역할

자원봉사관리과정은 성공적인 자원봉사를 위한 효율적인 자원분배, 지속적인 자원봉사자 확보 및 자원봉사의 욕구와 능력을 증대시키는 역할을 한다.

'구슬은 꿰어야 보배' 라는 속담이 있듯이 아무리 훌륭한 자원봉사자 자원이 있어도 이를 통합적이고 효율적으로 배치하고 관리하지 않는다면 만족스러운 자원봉사 결과를 얻을 수 없다. 자원봉사관리과정을 통해 체계적으로 자원봉사자를 모집하고, 봉사대상자를 선정하며, 분석된 자원봉사자와 봉사대상자의 특성을 활용해 서로를 매칭하여 자원봉사의 시너지효과를 높일 수 있다.

또한 아무리 자원봉사를 하고자 하는 자원이 많아도 이를 체계적으로 관리하지 않는다면 필요한 시간, 필요한 장소에 필요한 만큼 자원봉사자를 공급할 수 없을 것이다. 자원봉사관리자는 체계적이고 과학적인 자원봉사관리과정을 활용해 필요한 시기에 자원봉사자를 공급할 수 있도록 자원봉사자 인력풀을 운영할 수 있다.

자원봉사자의 참여동기와 욕구는 자원봉사활동에 전반적인 영향을 주는 요소이다

(조휘일, 1998). 자원봉사자의 참여동기와 욕구는 교육이나 동아리활동, 네트워크, 보상 등 여러 가지 자원봉사관리 프로그램을 통해 지속적으로 유지되거나 증대될 수 있으므로 자원봉사관리과정은 현대 자원봉사활동에 있어 필수적인 요소로 자리 잡고 있다.

3. 자원봉사관리의 과정

1) 자원봉사관리의 과정

자원봉사관리는 관리준비 → 관리진행 → 관리지원 → 관리평가의 순서로 이루어진다[그림 4-1].

자원봉사관리자 직무의 첫 번째 단계는 자원봉사관리를 준비하는 단계로 자원봉사 기획, 자원봉사 프로그램개발, 자원봉사 수요처개발, 자원봉사자 직무개발 업무를 수행하게 된다.

다음 단계는 자원봉사관리를 진행하는 단계로 자원봉사자를 홍보하여 모집하고 자원봉사자를 면접 · 선발하며 선발된 자원봉사자를 교육하고 배치하는 업무를 수행한다.

다음은 관리지원 단계로 자원봉사를 지도감독하고 동기부여하며 정보제공을 하는 지원업무단계와 자원봉사 학습동아리와 자원봉사 네트워크를 조직 · 운영하는 단계로 이루어진다.

마지막으로 관리평가 단계에서는 자원봉사 프로그램평가, 자원봉사 평가를 수행하고, 자원봉사자를 인정하고 보상하는 단계이다.

관리준비에서 관리평가까지 모든 직무단계는 별개의 것이 아니라 서로 유기적으로 연결되어야 하며 다음단계가 자연스럽게 연결되도록 준비하여야 할 것이다.

[그림 4-1] 자원봉사관리 과정

출처: 한국교육개발원(2002).

2) 자원봉사관리의 내용

자원봉사관리자의 직무와 역할의 세부내용은 다음과 같다.

(1) 자원봉사기획

자원봉사관리자는 자원봉사기관의 사업과 관련하여 자원봉사기관이 무엇을 어떻게 해야 할 것인가를 결정하여야 한다. 자원봉사기관의 사업 목적과 목표를 세우고, 자원봉사사업을 위한 운영위원회 · 자문위원회를 조직한다.

(2) 자원봉사 프로그램개발

자원봉사기관이 설립목적에 부합한 자원봉사의 필요성을 파악하며 자원봉사자들의 자원봉사활동에 대한 욕구를 분석하여, 기관의 목적에도 맞고 자원봉사자들의 욕구도 충족하는 다양한 자원봉사 프로그램을 개발한다.

(3) 자원봉사 수요처개발

효과적인 자원봉사 수요처개발을 위해서는 수요처 개발전략을 수립하여야 한다. 지역사회의 다양한 기관, 또는 자원봉사기관의 설립목적과 관련된 단체로부터 자원봉사에 대한 관심을 유발하여야 한다. 이를 위해서 현재 자원봉사가 가능한 곳을 파악하고, 미래에 자원봉사가 가능한 곳을 예측·개발하여야 한다.

(4) 자원봉사자 직무설계

자원봉사관리자는 자원봉사자 직무설계의 체계적인 틀을 구성하고 자원봉사자가 수행해야 할 봉사활동 업무를 설계하여야 한다. 명확한 직무설계를 하여 자원봉사자가 활동내용을 정확히 이해할 수 있도록 하여야 하며, 이를 위해 자원봉사자 직무지침서를 개발한다.

(5) 자원봉사자 홍보·모집

원활한 자원봉사활동을 위해 효과적인 홍보·모집 전략을 수립하여야 한다. 자원봉사기관이 목표하는 자원봉사의 내용과 가치에 대해 홍보하며, 자원봉사기관의 성격에 맞고 자원봉사의 내용을 충분히 이해하는 자원봉사자를 모집한다.

(6) 자원봉사자 면접·선발

자원봉사자 선발에서 많은 시간과 비용이 든다. 효율적인 자원봉사자 선발과정을 위해 효과적인 면접·선발 전략을 수립하여야 한다. 면접에 적합한 시간과 장소를 설정하고, 면접 시 자원봉사자의 태도를 잘 파악한다. 만약, 자원봉사자 선발기준에 적합하지 않은 자원봉사 지망자라면 정중히 거절하여야 한다.

(7) 자원봉사자 교육

자원봉사 관리자는 자원봉사자 교육을 위해 자원봉사자를 위한 교육프로그램을 개발해야 한다. 자원봉사자가 모집되면 자원봉사자를 위해 오리엔테이션을 실시하고, 자원봉사자 교육을 실시하여야 한다. 지속적인 교육내용의 개선을 위해 자원봉사자 교육이 끝나면 교육을 받은 자원봉사자를 대상으로 자원봉사자 교육을 평가하며, 자원봉사자들과 학습상담도 실시한다.

(8) 자원봉사자 배치

성공적인 자원봉사가 이루어지기 위해서 자원봉사 관리자는 효과적인 자원봉사자 배치 전략을 수립하여야 한다. 자원봉사 대상의 특성을 파악하여야 하며 자원봉사자 개인의 특성을 이해하기 위해 자원봉사 배치를 위한 면접을 실시한다. 이러한 자원봉사대상과 자원봉사자에 대한 이해를 바탕으로 자원봉사자를 배치한다.

(9) 자원봉사 지도 · 감독

효과적인 자원봉사가 이루어지도록 지도감독 전략을 수립한다. 이때 자원봉사자를 상급자로서 지도 · 감독한다기보다는 동료로서 협력하는 자세를 갖도록 한다. 자원봉사 지도감독 과정과 결과를 잘 정리하여 다음 지도감독에 활용하도록 한다. 자원봉사 지도감독 시에 서로 오해나 불필요한 일이 생기지 않도록 자원봉사관리자와 자원봉사자 사이의 의사전달이 정확히 이루어지도록 한다.

(10) 자원봉사 동기부여

자원봉사 관리자는 효과적인 동기부여 전략을 수립하여 자원봉사 정신을 고취시키도록 하여야 한다. 자원봉사 지망자가 자원봉사자가 되고자 하는 동기부여 요인들을 탐색하여 이를 적극 활용함으로 자원봉사대상과 자원봉사자 모두 만족하는 자원봉사가 되도록 한다. 이렇게 선발되어 활동했던 자원봉사자가 지속적으로 자원봉사에 참여하도록 하기 위해서는 자원봉사자가 봉사활동 시 겪는 다양한 문제를 상담하고 해결해 주어야 한다. 이 때 자원봉사자의 다양한 사례를 제시하여 추가적인 동기부여

요인으로 활용할 수 있다.

(11) 자원봉사 정보구축 · 제공

자원봉사 정보를 구축하고 정보제공의 전략을 수립한다. 이를 위해 자원봉사 관련 정보를 수집, 기록하고 유지한다. 자원봉사자와 지역사회에 수집된 자원봉사 관련 정보를 메시지, SNS, 홈페이지 등 여러 가지 방법으로 제공하도록 한다.

(12) 자원봉사 학습동아리 조직 · 운영

지속적인 자원봉사 활동 및 자원봉사자 자원 확보를 위해 학교나 기업에서 자원봉사 학습동아리를 조직하고 운영할 수 있도록 자원봉사 학습동아리 조직 · 운영 전략을 수립한다. 자원봉사 학습동아리 리더를 선발하여 교육 및 지원할 수 있도록 한다. 자원봉사 학습동아리 운영 시 발생하는 여러 문제점을 상담하고 해결하도록 도와주고, 자원봉사 학습동아리의 사례발표, 토의방법, 평가 등을 지도 · 지원하도록 한다.

(13) 자원봉사 네트워크 조직 · 운영

보다 발전된 자원봉사를 이루어 내기 위해서는 자원봉사 동아리 등 자원봉사 조직 간의 네트워크를 구축하여야 한다. 이를 위해서 자원봉사관리자는 효과적인 자원봉사 네트워크를 조직하고 운영 전략을 수립하여야 한다. 우선 지역사회 내에서 네트워크를 조직할 수 있는 대상 기관들을 탐색하고, 이들 간의 연결고리를 찾아내어 자원봉사와 관련된 지역사회의 다양한 기관들이 서로 네트워크가 형성되도록 한다. 또한 네트워크로 연결된 자원봉사기관들이 함께할 수 있는 사업을 모색한다.

(14) 자원봉사 프로그램 평가

자원봉사 프로그램이 보완 · 발전되기 위해서는 효과적인 자원봉사 프로그램 평가 전략을 수립하여 자원봉사 프로그램이 종료되는 시점에 프로그램에 대한 적절한 평가가 이루어지도록 하여야 한다. 효율적인 프로그램 평가를 위해서 자원봉사 프로그램 평가의 대상, 내용, 주체를 미리 결정한다. 이를 바탕으로 만든 평가지를 활용해 자원봉사 프로그램을 평가하도록 한다. 평가된 결과를 적극적으로 받아들여 다음 번 자원봉사 프로그램에 반드시 반영되도록 한다.

(15) 자원봉사 평가

자원봉사 프로그램에 대한 평가와 함께 자원봉사 자체에 대한 평가도 이루어져야 한다. 실행된 자원봉사가 과연 가치가 있는 것이었는지, 자원봉사기관의 설립 목적에 부합한 것이었는지, 보다 중요한 자원봉사 요청이 있었는지, 자원봉사 시기와 방법이 적절한 것이었는지 자원봉사자를 대상으로 평가를 받아 다음 자원봉사 대상을 선정하는 데 기준으로 삼아야 한다(한국교육개발원, 2002).

(16) 자원봉사자 인정 · 보상

자원봉사자에 대한 다양하고 공정한 인정 · 보상 계획을 세워야 한다. 자원봉사기관에서 자원봉사자의 노고를 적절한 방법으로 인정하고 보상할 수 있는 방법을 강구하여야 한다. 자원봉사자를 인정하고 보상할 수 있는 방법에는 여러 가지가 있는데, 기본적으로 교통비, 식비 등 자원봉사를 위한 실비 지급을 고려하여야 한다. 자원봉사자관리자와 자원봉사기관은 금전적인 기부와 자원봉사는 분리하여 생각하여야 한다. 사회적으로 자원봉사 시간을 요구하는 자원봉사자들이 많으므로 사회복지 자원봉사인증관리 시스템을 활용해 자원봉사 시간이 누락되지 않도록 관리하여야 한다. 이를 통해 자원봉사 인증서가 발급되도록 자원봉사관리자가 지원하여야 한다. 이러한 공식적 인정 외에 비공식적 인정도 있으며, 인정과 보상에 관한 보다 자세한 내용은 11장을 참고하기 바란다.

3) 자원봉사관리자 직무능력 진단

자원봉사관리자는 다음의 자가능력 진단 체크리스트를 통해 자원봉사관리자로서 직무능력을 평가해 볼 수 있다〈표 4-1〉.

〈표 4-1〉 자원봉사관리자의 자기능력 진단 체크리스트

	평생교육 자원봉사관리자의 직무내용	전혀 알지 못함	알지 못함	보통	잘 알고 있음	매우 잘 알고 있음
1	자원봉사 기획					
2	자원봉사 프로그램개발					
3	자원봉사 수요처개발					
4	자원봉사자 직무설계					
5	자원봉사자 홍보·모집					
6	자원봉사자 면접·선발					
7	자원봉사자 교육					
8	자원봉사자 배치					
9	자원봉사 지도감독					
10	자원봉사 동기부여					
11	자원봉사 정보구축·제공					
12	자원봉사 학습동아리 조직·운영					
13	자원봉사 네트워크 조직·운영					
14	자원봉사 프로그램 평가					
15	자원봉사 평가					
16	자원봉사자 인정·보상					

출처: 한국교육개발원(2002).

volunteerism | chapter

05

자원봉사 프로그램의 개발

[학습목표]

1. 자원봉사 프로그램의 개발과정을 이해한다.
2. 자원봉사 프로그램의 목적과 목표를 설정할 수 있다.
3. 자원봉사 프로그램을 기획할 수 있다.

volunteerism | chapter 05

자원봉사 프로그램의 개발

1. 자원봉사 프로그램 개발과정

1) 자원봉사 프로그램이란

사회복지 자원봉사 현장에서 프로그램의 사전적 의미는 순서, 진행 또는 예정 계획을 말하며, "하나의 목적을 이루기 위한 일련의 집합적인 행동들"로 정의할 수 있다. 이는 사회복지 조직에서 자원봉사 활동을 위한 업무와 관련하여 기획하고 계획하는 과정에서 조직의 목적과 목표를 포함한 제반 업무의 수행 방법 또는 지침으로서, 일련의 조직화된 체계이다. 또한, 자원봉사 프로그램이란 문제를 인식하고 그것을 해결하기 위한 계획을 수립하며 그 계획의 목표를 효과적으로 달성하기 위해 실천하는 구체적이고도 총체적인 자원봉사 활동을 의미한다.

사회복지 자원봉사 프로그램은 사회구성원에 대한 원조를 제공함으로써 사회의 욕구를 충족시킴과 동시에 자원봉사자에게는 성취감과 만족감을 주는 수단이 되기도 한다.

그러므로 자원봉사 프로그램은 자원봉사자에게 잠재력이 있고 시간이 지남에 따라 성장과 변화를 성취할 수 있다는 것을 고려하여 설계되어야 한다. 프로그램에 참여한 모든 개인은 가치와 존엄성이 있으며, 다른 사람과의 관계 속에서 프로그램을 통해 학습되고 개발될 수 있는 능력이 있음을 기본전제로 하여야 한다. 특히 참여자의 욕구, 문제, 관심, 장・단점을 프로그램에 어떻게 포함시킬 것인지에 대한 구체적인 계획이 있어야 한다. 모든 프로그램 참여자가 서로에게 기여하고 우애적 관계와 변화를 기뻐할 수 있는 방법이 모색되어야 한다(류기덕 외, 2017).

자원봉사 프로그램 개발이란 보다 효과적인 자원봉사 프로그램 운영을 위하여 프로그램을 기획하고 실행하며, 평가하는 전과정을 고안하는 작업을 의미한다. 자원봉사 프로그램 개발은 미시적인 단위별 교육활동을 고안하는 작업이라기보다는 거시적인 차원에서의 교육활동사업을 고안해 나가는 과정이다. 프로그램 개발과 의사결정에는 다양한 활동이 포함되며, 일련의 단계를 거친다. 프로그램 개발은 우연의 산물이기보다는 논리적 과정의 산물이다.

2) 프로그램 개발 단계

자원봉사 프로그램의 개발은 왜 그 활동을 해야 하는지에 대한 문제제기부터 시작되는데, 문제제기는 흔히 그 지역사회가 안고 있는 사회문제나 주민이 바라는 복지욕구에서 출발하며, 그 문제의 해결과 욕구를 충족시키기 위해 자원봉사를 어떻게 준비할 것인가, 구체적으로 어떤 활동을 할 것인가와 평가로 이어진다.

즉, 자원봉사 프로그램 개발은 문제/욕구 확인, 프로그램 설계/계획, 프로그램 실행, 프로그램 평가의 단계로 이루어진다. 각 단계들은 독립적으로 분리되어 존재하는 직선적인 관계가 아니라 서로 밀접하게 연관되어 규제하면서 주기적으로 반복되는 순환적 과정이다. 전 단계가 다음 단계를 통제하는 일관성의 관계만이 아니라, 각 단계 간의 영향을 주고받는 쌍방적/상호작용적 관계이다[그림 5-1].

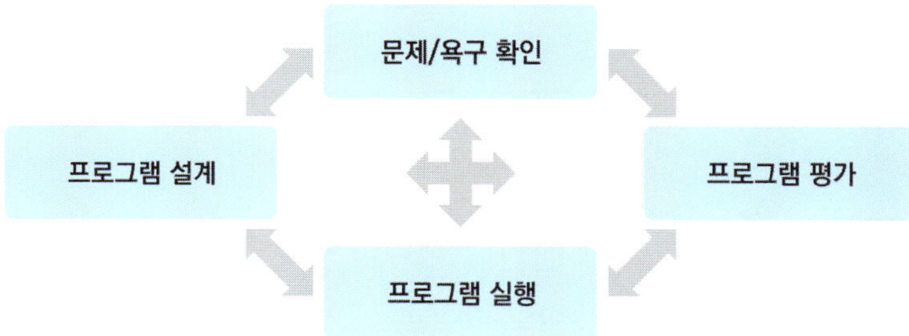

[그림 5-1] 프로그램 개발 단계와 관계도

출처: 한국교육개발원(2002).

프로그램 개발 단계는 위에 언급한 네 가지 단계 외에도 〈표 5-1〉과 같이 많은 학자들이 여러 연구를 통해 여러 가지 단계로 제시하고 있다.

〈표 5-1〉 여러 가지 프로그램 개발 단계

	Lauffer(1978)	York(1979)	Meenaghan(1982)	Skidmore(1995)
1	문제의 정의와 개념화	행동범위의 설정	문제 서술/윤곽	구체적 목표의 설정
2	인간관계의 구조와 네트워크의 수립	문제의 분석	정책/목표 형성	관련정보수집 및 가용자원 검토
3	정책 형성과 대안전략의 서술	욕구의 사정	자원 분석	목표달성을 위한 대안적 방법 모색
4	계획안 및 프로그램 설계감독	목적 및 효과목적	목표의 선택	대안의 실시조건 및 기대효과 평가
5	환류 및 평가	우선순위 수립	프로그램 대안 설정	최종안의 선택
6		대안의 확인	수행을 위한 프로그램 선택	구체적 실행계획 수립
7		대안의 선택	평가	

	Lauffer(1978)	York(1979)	Meenaghan(1982)	Skidmore(1995)
8		자원요구의 확인 및 결과목표의 정의		
9		집행		
10		평가		

출처: 한국교육개발원(2002)

이렇듯 프로그램 개발에는 여러 가지 프로그램 개발 단계가 제시되어 있는데, 그 중 6단계와 3단계 두 가지의 구체적인 내용을 소개해 보고자 한다.

3) 프로그램 개발 과정 1: 6단계

프로그램 개발과정을 문제의 정의 및 욕구확인 - 관련정보의 확보 - 해결대안의 개발 및 사정 - 최선의 대안 선택 - 대안의 실행 - 환류의 6단계로 구분한 안이다.

(1) 1단계: 문제의 정의 및 욕구 확인

전체 의사결정 과정의 방향을 재설정하는 단계로, 문제와 욕구를 규정하는 목적은 합리적이고 한정된 시간과 자원을 가지고 성취하기를 바라는 활동을 규정하는 것이다.

(2) 2단계: 관련정보의 확보

조직 또는 기관 내외의 관련정보를 획득하기 위하여 조사활동을 하는 단계이다.

과거에 이루어졌던 결정에 관한 지식, 현재 상태와 목표에 대한 자료, 유사한 타 조직에 관한 정보 및 기록의 활용을 통하여 대안 수립과 평가의 근거가 될 수 있는 관련정보를 수집하여야 한다.

(3) 3단계: 해결대안의 개발 및 사정

목표 및 잠정적이고 현실적 제약사항을 고려하여 일련의 대안적 행동방침을 개발하고, 비교 가능한 방식으로 대안을 영역별로 분류해야 한다. 각 대안에 대한 객관적 분석이 이루어져야 하며, 각 대안의 장·단점을 파악하고, 각 대안의 성공 가능성을 예측하여야 한다.

(4) 4단계: 최선의 대안 선택

문제 해결을 위한 가장 적합한 대안을 선택하는 단계이다. 대안적 행동방침을 수집하고, 명확한 기준에 따른 대안의 상대적 장·단점을 평가하며, 대안적 행동방침의 성공 가능성에 대한 합리적 예측에 근거를 두어야 한다. 실용 측면 뿐만 아니라 윤리적 측면까지 선택과정에서 고려되어야 한다.

(5) 5단계: 대안의 실행

각 단계의 상황을 바탕으로 실행하는 단계이다. 이용 가능한 자원의 배분, 자원의 조직화, 성공적 해결에 필요한 활동 등 다양한 요인들이 대안의 실행과 최선의 해결에 영향을 미친다.

(6) 6단계: 환류(feedback)

검색과 평가 단계로 구성된다. 자원을 가장 효율적이고 효과적으로 사용하기 위해서 지속적으로 사정(assessment)하며 선택된 행동방침이 목적 달성에 어느 정도 적절하였는가를 평가한다.

4) 프로그램 개발 과정 2: 3단계

준비/계획 - 실행 - 평가의 3단계로 구분한 안으로 구체적인 내용은 다음과 같다

〈표 5-2〉 프로그램 개발 과정(3단계)

준비/계획	⇨	실행	⇨	평가
• 예비조사 • 문제 확인/욕구 측정 • 목표 설정/수립 • 개입 전략수립		• 프로그램 실행 • 진행과정 점검		• 과정/형성평가 • 결과/총괄평가

(1) 1단계: 준비 / 계획 단계

준비/계획 단계는 예비조사와 문제 확인/욕구 측정, 목적 · 목표 설정, 개입전략 설계단계로 이루어진다.

① 예비조사: 지역사회 또는 이용자의 상황과 조건들을 파악하고, 프로그램 개발의 정당성과 필요성 등을 증명해 줄 수 있는 기초자료들을 수집한다.

- 요원 확보, 조직관리에 관한 결정
- 공적 / 사적사업 및 기획기관(자)과의 협동, 참여
- 사업정보 수집 및 분석방법 개발

② 문제 확인/욕구 측정: 프로그램 개발의 필요성과 타당성이 누구에게나 객관적으로 이해될 수 있게 문제/욕구의 식별, 규모, 심각성, 경향 등을 제기한다. 대안의 선택과 실행계획을 위한 기초작업을 수행한다.

- 문제 및 욕구 식별
- 이용 가능한 프로그램 또는 서비스와 자료의 목록 작성

- 현존 서비스들의 부족, 중복 또는 결함 상태 파악
- 서비스 활동의 필요성/욕구 측정 등

③ 목적 · 목표 설정: 파악된 문제를 해결하기 위한 실현 가능한 목표를 설정한다. 언제까지, 얼마나 등 구체적으로 설정한다.

④ 개입전략(대안의 선택, 프로그램) 설계: 구체적 목표들을 단계별로 달성하기 위해 적절한 해결방안/대안을 선정한다. 실천활동 계획표를 만들어 누가 책임을 지고 해당되는 일을 추진할 것인지를 결정해야 한다.

- 정책개발: 욕구 측정에서 파악된 문제와 욕구를 해결/충족하기 위한 정책을 개발, 사회적, 경제적, 환경적 및 물리적 요인들의 상호관계 분석, 목표, 정책 및 작업목표를 설정한다.
- 꼭 필요한 활동의 제시: 프로그램을 전개하는 과정에서 꼭 필요하다고 생각되어지는 활동들은 이용자의 의견을 수렴하여 제시되어야 한다.
- 활동상의 문제점 나열: 제시된 활동을 전개할 때에 당면하게 될 문제를 나열하는 것으로서 여러 사람들의 공통적 문제들을 우선순위로 나열하여 이를 해결하면 필요한 활동을 용이하게 전개할 수 있다.
- 문제의 원인을 해결하기 위한 해결책들의 제시: 나열된 문제들이 생성된 이유와 원인을 생각하고 그 원인을 제거할 수 있는 문제의 해결책들을 제시하여야 한다.
- 활동 및 해결책의 우선순위 결정: 한꺼번에 해결할 수 없기 때문에 우선순위를 결정하여 추진해야 한다.
- 자원의 결정 및 동원계획: 필요한 예산, 인적/물적 자원을 결정하고, 수급계획을 수립한다.
- 관리정보계획 수립: 프로그램 운영과 관련된 이용자, 자원 등의 정보관리 계획을 수립한다.

• 평가계획 수립: 언제, 누가, 무엇을, 왜, 어떤 도구와 방법으로 평가할 것인가를 계획한다.

(2) 2단계: 프로그램 실천 / 실행 단계

행동이 취해지는 때이며, 서비스의 전달 뿐만 아니라 행정구역의 현존 법규를 개정하고, 공적/사적 기관과 함께 문제해결을 하며, 행정적 영향력을 행사하게 된다.

• 서비스의 직접적 제공
• 계약기관을 통한 서비스 제공
• 예산할당
• 규제권의 발동

(3) 3단계: 평가 단계

설정한 목표가 얼마나 달성되었는가? 해결하려고 하는 문제가 얼마나 해결되었는지를 평가계획에 따라 평가한다.

• 수단적으로 평가할 수 있는 목표의 식별
• 월별, 연도별 업무수행상황 점검
• 부족, 결함상황 분석
• 평가 결과를 지속적으로 산출하여 그 정보를 상기 2단계로 환류

2. 자원봉사 프로그램의 목적과 목표 설정

1) 프로그램 개발에 영향을 미치는 요소

(1) 사회복지기관 외부에서 오는 것이다.

정부의 법적·행정적 발의(發意)를 통해 권한을 부여받아 이루어진다.

(2) 사회복지기관의 지도자들의 결정에 의해 창출된다.

지역사회의 욕구에 대한 인식, 기관의 성장이나 발전을 위한 기금 확보, 기관의 방향성 또는 목표를 수정, 서비스의 혁신이나 기술을 시험해 보려고 할 때 이루어진다.

(3) 기관 내 실무자에 의해 제의된다.

현장의 욕구를 인식하고 아이디어를 내어 시도된다.

2) 프로그램 설계과정에서 고려할 기준과 원칙

(1) 고려해야 할 기준

- 가치: 참여자들이 받아들일 수 있는 가치가 반영되어 있는가?
- 실현 가능성: 실행할 만한 정치적 승인과 경제적 자원을 동원할 수 있는가?
- 준비성: 주관 기관이나 조직이 제안되는 프로그램을 진행할 만한 준비가 되어 있는가?
- 합리성: 객관적 사실에 근거하여 준비되고 있는가?

(2) 고려해야 할 원칙

- 이 프로그램이 객관적 사실에 근거하여 합리적으로 계획되어 있는가?

- 실제로 지역사회 및 그 구성원들에게 실제적인 도움이 되겠는가?
- 프로그램 관계자들이 받아들일 수 있는 가치가 반영되어 있는가?
- 지역사회가 가진 긴급한 교육욕구에 대응하는 프로그램인가?
- 프로그램의 비용효과성이 높은가?
- 프로그램에 대한 접근이 참신한가?
- 지역사회에 존재하는 기존 교육자원을 충분히 활용할 수 있는가?
- 지역사회 내 다른 기관 및 단체들과 상호협력 할 수 있는가?
- 이 프로그램의 실행이 다른 기관에 긍정적인 영향을 미치는가?
- 같은 지역사회 내에 유사한 교육 서비스 프로그램이 중복 실행되고 있지 않은가?
- 이 프로그램을 수행할 교육인력은 충분한가?
- 이 프로그램에 동원할 수 있는 인적 물적 자원들에 대하여 충분히 조사하였는가?

3) 자원봉사 프로그램의 구성요소

(1) 사회문제

자원봉사 프로그램과 같은 사회복지 프로그램은 해결하고자 하는 지역사회 내 사회문제의 존재를 기본적으로 필요로 한다. 사회문제는 문제의 성격과 대상 클라이언트에 대한 이해에 기초한 욕구의 형태로 나타나게 된다.

(2) 사회복지적 목적 및 목표

사회복지 프로그램은 다른 목적의 프로그램과는 달리 공공복지적 목적과 하위목표들을 가지고 있어야 한다. 명확한 목적 및 목표 확립은 프로그램을 실행함에 있어 프로그램의 적절성과 타당성을 높이게 되며 프로그램의 관리지침으로 유용하게 사용된다.

(3) 참가자

사회복지 프로그램은 개입대상인 클라이언트 없이 존재할 수 없다. 프로그램의 참가자에 대한 나이, 성별, 가족, 직업, 유사 프로그램의 참가 유무 등이 파악되어야 한다. 또한 클라이언트 집단의 명확화와 규모, 속성을 체계적으로 분석하여 대상집단의 욕구 조사결과를 첨부하는 것도 좋다.

(4) 제공 전문인력

프로그램이 실행되기 위해서는 실행주체인 전문인력을 갖추어야 한다. 프로그램을 진행하기 위해서는 일정 수준을 갖춘 운영 및 관리인력이 필수적으로 요구된다. 프로그램의 전문인력은 프로그램이 처한 상황과 조건에 따라 담당자의 배치와 역할 분담을 정하고 프로그램의 목적을 원만하게 달성할 수 있도록 장소를 섭외하여야 하며 장비와 도구를 배치해야 한다.

(5) 활동계획 및 세부내용

프로그램은 상세한 계획 및 활동내용들을 포함한다. 프로그램을 효과적으로 실시하기 위해서는 제공되는 내용의 질과 양에 대한 적절성, 지도자 및 참가자의 경험 및 능력에 대한 적합성이 고려되어야 한다. 특히 프로그램의 활동내용은 사전에 철저히 준비되고 계획되어야 하지만 운용하는 방법과 절차도 사전에 다각적으로 검토되고 준비되어야 한다. 프로그램 참여의 효과를 높이기 위해서는 둘 이상의 관리기법의 혼용 가능성, 개인 지도방법과 집단 지도방법의 상호 보완적 사용 여부를 고려하여야 한다. 또한 기관의 목표 및 시행방침, 활동의 연속성 및 발전성, 양과 질 등을 고려하여 내용의 우선순위를 결정하고 상세하고 체계적인 활동내용에 기초한 장소 및 장비/도구의 편성이 이루어져야 한다. 프로그램의 활동계획과 세부내용에 대한 준비의 정도에 따라 프로그램의 가치가 결정될 정도로 계획성은 무척 중요하다.

(6) 예산(비용)

개별 프로그램은 운영에 필요한 예산을 갖추고 있어야 한다. 사회복지기관에서는 자원 봉사자를 적절히 활용함으로써 예산지출을 줄일 수 있으나 프로그램 실행에 이용되는 장소나 장비/도구에 지출되는 대여비나 물품에 관련된 감가상각비는 고정적으로 지출되는 비용으로 안정적인 기금 확보는 프로그램 운영에 필수적이다.

(7) 프로그램의 체계화

프로그램의 성격에 따라 체계가 느슨하거나 표준화되기 어려운 프로그램이 있을 수 있으나 원칙적으로 프로그램은 최대한 체계화, 구조화되어야 한다. 프로그램의 내용 구성과 운영절차를 설정함에 있어 구조성과 체계성을 강화하여 프로그램의 목적과 상이한 사항을 배제하고 약간의 지식과 경험밖에 없더라도 쉽게 프로그램을 실시할 수 있도록 프로그램의 표준화가 이루어져야 한다. 프로그램의 내용 선정과 조직, 그리고 운영절차 등을 표준화, 체계화함으로써 프로그램의 실용성과 유용성은 높아진다.

(8) 효과성/효율성

프로그램이 실행된 결과로 인하여 소망되는 개인적·사회적인 변화가 이루어져야 한다. 만약 프로그램의 평가결과 프로그램이 아무런 변화를 나타내지 못한 것이 입증된다면 해당 프로그램은 존립을 위한 필수적인 구성요소를 충족시키지 못한다고 할 수 있다(지식오아시스, 2019).

3. 자원봉사 프로그램의 기획

1) 프로그램 기획의 정의

계획(plan)이 어떤 일을 하기 위해 방법, 순서, 규모 등을 구체적으로 생각하여 세운 내용을 의미한다면, 기획(planning)은 계획 이전의 단계로 미래 지향적이며 구체적이지는 않지만 계획단계로 나아가기 위해 목표와 수단을 설정해 가는 과정을 말한다.

자원봉사활동에서 프로그램 기획이란 프로그램을 왜 개발해야 하는가 하는 프로그램 개발의 필요성을 확인하고, 프로그램 개발을 통해서 지역사회에 어떤 교육 서비스를 제공할 것인지 자원봉사 프로그램의 구체적인 형태를 결정하는 것을 의미한다.

2) 프로그램 기획의 필요성

자원봉사조직 등 사회복지 조직이 프로그램 기획을 해야 하는 필요성은 다음과 같다.

- 사회복지 조직은 복지향상을 위하여 양질의 서비스를 제공하여야 한다는 사회적 위임을 받았다.
- 사회문제나 욕구를 해결하기 위한 사회복지 프로그램은 일련의 프로그램 기획과정을 거쳐 조직화된 대응이 필요하다.
- 사회복지 조직은 사회로부터 제공받은 재원(사회적 서비스 또는 재화)을 전달할 사명이 있다.
- 사회복지 조직은 프로그램 기획으로 외부자원에 대한 프로그램의 효율성과 효과성을 가시화(可視化)할 책임이 있다.

3) 프로그램 기획 과정

(1) 프로그램 개발의 필요성 확인

지역사회 내에 어떠한 문제와 교육 욕구들이 존재하며, 이들을 해결하는 데 어떤 교육서비스 프로그램이 필요한지를 확인하는 작업을 통하여, 실시하고자 하는 교육서비스 프로그램의 주제와 필요성, 목적을 명료화시킨다. 현재 어떤 문제가 얼마나 심각한지, 그리고 그 문제를 겪고 있는 사람과 조직은 누구이며, 어떤 형태로 문제가 진행되고 있는지를 파악하고 이를 토대로 객관적이고도 구체적인 자료들을 작성, 제시한다.

(2) 수요처 조사

평생교육 자원봉사 프로그램의 기획단계에서 가장 중요한 역할은 평생교육 자원봉사 활동에 참여하고자 하는 개인이나 조직이 활동할 수 있는 수요처 및 활동거리에 대한 정확한 정보를 수집하여 제공해 주고, 나아가 교육 서비스를 필요로 하는 지역사회의 기관이나 단체에 적절한 평생교육 자원봉사자를 배치하는 일이다. 이처럼 수요처의 개발 및 관리는 매우 중요하여 장기간에 걸쳐 지속적으로 이루어져야 할 작업이다.

정보의 수집이 끝나면, 지역평생교육정보센터 내 자원봉사센터는 각 기관이 자원봉사자를 배치받기 위해 지켜 주어야 할 사항들에 대해 알리고 그에 대한 동의를 구하도록 한다. 아울러 지역평생교육정보센터가 담당하는 영역에 대해서도 명확히 한다.

① 자원봉사 수요처 개발 과정(사례)

자원봉사 수요처를 개발하는 방법은 여러 가지가 있다. 다음은 수요처 일반현황 조사서를 활용한 수요처 개발 과정 사례이다.

[활동 1] 조사대상 순위를 정하고 조사양식을 발송하라.

〈표 5-3〉 자원봉사자 수요처 일반현황 조사서(예시)

<table>
<tr><td colspan="5">자원봉사자 수요처 일반현황 조사서

OOO센터에서는 지역사회 활성화를 위하여 자원봉사 사업을 실시하고 있습니다.
귀 기관에서 OOO센터의 도움을 필요로 하는지를 파악하기 위하여 다음의 질문을 드리겠습니다.</td></tr>
<tr><td>기관 및 단 체 명</td><td colspan="4"></td></tr>
<tr><td>주소 및 전화번호</td><td colspan="4"></td></tr>
<tr><td rowspan="2">자원봉사 관리자</td><td>이름</td><td colspan="2">직함</td><td>전화번호</td></tr>
<tr><td></td><td colspan="2"></td><td></td></tr>
<tr><td colspan="4">현재 귀 기관의 서비스 전달에 자원봉사자가 참여하고 있습니까?</td><td>예 / 아니오</td></tr>
<tr><td colspan="4">내년 혹은 올해 추가로 자원봉사자를 모집할 계획이 있습니까?</td><td>예 / 아니오</td></tr>
<tr><td colspan="2">기관의 목적과 주요사업
(간략히 서술하세요)</td><td colspan="3"></td></tr>
<tr><td colspan="2">기관의 서비스 대상</td><td colspan="3"></td></tr>
<tr><td colspan="2">기관이 서비스하는 지리적 영역</td><td colspan="3"></td></tr>
<tr><td colspan="2" rowspan="2">직원 및 자원봉사자 현황</td><td colspan="2">유급직원</td><td>명</td></tr>
<tr><td colspan="2">자원봉사자</td><td>명</td></tr>
<tr><td colspan="2">자원봉사자가 참여하게 될 프로그램
혹은 사업소개</td><td colspan="3"></td></tr>
<tr><td colspan="2">업무내용
(자원봉사자가 할 일을 구체적으로 기술)</td><td colspan="3"></td></tr>
<tr><td colspan="2">자원봉사 활동기간 및 시간
(요일이나 시간대 명시)</td><td colspan="3"></td></tr>
</table>

출처: 한국교육개발원(2002)

[활동 2] OOO센터 내 자원봉사센터와 수요처가 서로 협의하라.

② **수요처 관리 및 지원을 위한 활동**

수요처를 정기적으로 방문 및 조사하여 자원봉사자 관리현황을 파악하고, 의견을 공유한다.

자원봉사자 배치 시 수요처 담당자와 협조사항을 합의하여야 하며, 수요처에 자원봉사활동 관련정보와 자료를 제공한다.

모범적인 자원봉사 수요처를 선정하여 감사패 수여 등 포상활동을 하고, 성공적인 자원봉사자는 관리 사례집을 발간하여 배포하도록 한다.

(3) 유사 프로그램과의 차별성 찾기

타 기관에서 이루어지고 있는 유사 프로그램의 특성을 분석하여 프로그램의 불필요한 중복 실행을 피하도록 한다. 유사 프로그램 분석을 통해 타 기관에서 이루어지고 있는 유사 프로그램과의 차별성을 찾고, 동시에 프로그램 진행 시 예상될 수 있는 장애요소들을 미리 찾아서 극복할 수 있다.

타 기관 유사 프로그램 분석은 실시 대상 및 홍보방법, 시간, 강사의 특성, 그리고 프로그램 실시상의 문제점과 보완점 등을 중심으로 이루어지도록 한다.

〈표 5-4〉 유사프로그램 분석 예시

기관	OO 우체국	OO 초등학교
대상	지역주민	지역주민
홍보	지역신문, 지역소식지, 유선방송	가정통신문, 지역신문
시간	오전반, 오후반 각 2시간	방학기간 주 4회(15:00-16:00)
과정명	SNS 활용, 엑셀기초반, 한글기초반	컴퓨터의 기본구조와 역사, 마우스 사용법, 한영타자기법 문서작성 윈도우 사용법, 인터넷사용법, 스프레드시트기초 등

기관	OO 우체국	OO 초등학교
강사	우체국 선임 직원	지역 자원봉사자
문제점	• 프로그램전공자가 아닌 직원이 교육진행을 하고 있음 • 교육까지 병행함으로써 강의전반에 대한 시간 할애 부족 • 요구조사나 사후평가가 전혀 이루어지지 않음	• 생업에 따른 잦은 결석으로 개인별 능력차이가 생기면서 중도탈락자가 발생 • 컴퓨터 보유자가 적어 개별학습과 과제물 부여가 어려움
보완점	• 요구조사 및 사후평가까지 담당할 수 있는 프로그램전공자 선임 • 강의에만 전념할 수 있는 강사 섭외	• 중도탈락자에 대한 개인면담 실시 • 담당교사 및 이해도가 빠른 특기 적성 교육아동으로부터 개별지도를 받도록 조치
효과	• 장소의 편리함 • 강의내용을 통한 기초적인 지식 습득 • 소외계층의 컴퓨터 기초교육 참여기회 제공 • 정보화 사회에 필요한 능력 함양 • 여가 시간의 활용	• 학교시설을 지역주민에게 개방함으로써 지역사회의 학습센터 역할 • 수강생 상호 간에 정보교환 유대관계 강화 • 삶의 질 향상 • 경제적인 어려움으로 교육의 혜택을 받지 못하는 주민에게 기회 제공
교육비	무료	무료

출처: 한국교육개발원(2002).

(4) 프로그램의 우선순위 및 목표 설정

우선순위 결정이란 상황분석과 수요처 조사를 통하여 얻게 되는 수많은 아이디어(요구)들을 교육 서비스 실시기관의 한정된 자원(자원봉사자 수, 시간, 예산 등)과 여건을 고려하여 일정한 기준에 따라 그 순위를 결정하는 것을 의미한다.

교육 서비스 실시 기관의 활용자원과 역량, 예산이 어떤 수준인가에 따라, 수많은 아이디어 중에서 우선적으로 개발해야 할 것을 위계화시켜 순차적으로 결정해 나가는 작업이 이루어지게 된다.

우선순위 결정을 위한 과정 우선순위 결정에 참여할 사람을 누구로 할 것인지를 결정한다.

우선순위 결정을 위한 평가 준거를 개발, 결정한다.

〈표 5-5〉 우선순위 결정을 위한 준거 개발 사례

중요한 준거	준거의 의미
평생교육 자원봉사 인력	제시된 아이디어에 대해 지식이나 기술을 제공할 사람은 얼마나 충분한가?
목표에 대한 기여도	제시된 아이디어가 조직의 목표 달성에 얼마나 기여하는가?
긴급성	각 프로그램의 아이디어가 지역사회 내에서 어느 정도로 긴급하게 요구되는가?
파급효과	다른 아이디어에 미치는 긍정적 부정적 영향력에 대한 정도
자원의 지원 가능성	프로그램 수행을 위해 필요한 인적, 물적 자원과 재정적 지원의 가능성 정도

출처: 한국교육개발원(2002)

우선순위 차트에 평가준거에 따라 아이디어를 기록하고, 각각의 아이디어에 대한 우선순위의 점수를 합산하여 그 중에서 가장 높은 점수대의 아이디어를 채택하게 한다.

〈표 5-6〉 평생교육 자원봉사 프로그램 우선순위 결정 양식(사례)

프로그램 아이디어	자원봉사 인력	목표에 대한 기여도	긴급성	자원의 지원 가능성	합계
학습부진아 프로그램	4	4	4	4	16
유적지 및 박물관 안내 프로그램	4	2	3	3	12
전통문화 전승 프로그램	4	4	2	1	11
민원상담 프로그램	1	1	1	2	5

출처: 한국교육개발원(2002)

(5) 프로그램 기획서 작성

프로그램 개발을 위한 수요처 조사, 기관 상황분석, 우선순위 설정 등이 완료되면, 이를 종합 정리하여 하나의 프로그램 기획서로 자료화한다. 이러한 작업은 프로그램 기획단계에서 해야 할 업무들을 정리해 주고, 누락된 것들을 확인해 주는 역할을 하기도 하며, 나아가서는 본 프로그램의 개발이 왜, 누구를 위하여, 무엇을, 어떻게, 어디에서, 누가 할 것인지를 명확하게 제시해 준다. 프로그램 기획서 작성 시 포함되어야 할 내용들을 정리하면 다음과 같다.

〈표 5-7〉 프로그램 기획서 내용(예시)

- 프로그램 개발과 실행의 주체
- 프로그램 개발의 의도와 목적
- 기획하고자 하는 프로그램의 영역과 내용
  교양교육 / 직업기술교육 / 지역사회참여활동 / 시민정치교육 / 자연체험활동교육 / 전통문화 전승 교육 / 자아계발 교육
- 본 프로그램의 기대효과
- 프로그램의 대상
- 본 프로그램에 대한 요구가 존재하다고 보는 근거
- 그 요구의 상대적 중요성 정도
- 우리기관의 상황(장/단점)
- 필요한 인적 물적 자원
- 실제 동원 가능한 자원의 종류와 수
- 구체적인 프로그램 개발의 기본 방침
  목적 · 목표 수립 / 일시 및 장소 / 내용 / 예산 / 월별, 주별, 일별, 시간대별 기획 실무 추진 계획표

출처: 한국교육개발원(2002)

(6) 구체적인 활동내용 설계(자원봉사 업무 개발)

이 단계에서는 프로그램의 목적과 목표를 달성하는 데 필요한 활동과 절차를 구체적으로 설정하는 작업이 이루어진다. 이때 관련 영역에서의 전문가, 실무자를 중심으로 한 자문위원회와 자원봉사단의 지도자, 교육기관의 관리자들이 함께 참여해 아이디어 회의를 실시하고, 이를 토대로 구체적인 업무계획을 세우는 것이 바람직하다. 또한 자문위원회를 중심으로 한 업무개발 회의를 통해 활동 내용이 설계될 수도 있다.

〈표 5-8〉 회의 결과록 양식(예시)

<table>
<tr><td>회의명</td><td colspan="2"></td><td>날자</td><td colspan="2">20 . .</td></tr>
<tr><td colspan="3">주제</td><td colspan="3">회의결과</td></tr>
<tr><td colspan="3"></td><td colspan="3"></td></tr>
<tr><td colspan="2">하위활동</td><td colspan="2">역할분담</td><td colspan="2">일정</td></tr>
<tr><td colspan="2"></td><td colspan="2"></td><td colspan="2"></td></tr>
</table>

〈표 5-9〉 자원봉사자 업무 설명서(예시)

<table>
<tr><th colspan="4">자원봉사자 업무 설명서</th></tr>
<tr><td>직책명</td><td colspan="3">노인교육 강사</td></tr>
<tr><td>목적</td><td colspan="3">노인교육강사의 부족으로 인해 침체되어 있는 지역 노인교육기관에 강사(자원봉사)를 공급해 줌으로써 지역사회의 노인교육 운영활성화를 도모한다.</td></tr>
<tr><td>활동내용</td><td colspan="3">노인교육기관(노인복지관, 사회복지관, 노인학교, 노인대학, 노인정)에서 강사로 활동</td></tr>
<tr><td>자격</td><td colspan="3">노인교육 강사양성과정 수료자</td></tr>
<tr><td>관리체계</td><td colspan="3">△△지역평생교육정보센터 평생교육봉사단 담당자 ○○○</td></tr>
<tr><td>훈련제공</td><td colspan="3">노인교육 강사에 필요한 교수기법, 매체활용법, 학습자 상담론 등을 교육</td></tr>
<tr><td>혜택</td><td colspan="3">강사 은행에 등록, 타 지역 노인교육 기관에 강사로 활약할 수 있음</td></tr>
<tr><td>소요시간</td><td colspan="3">1시간</td></tr>
<tr><td>활동시간</td><td colspan="3"></td></tr>
<tr><td>해고조건</td><td colspan="3">강의 불성실, 무단 결강</td></tr>
<tr><td>평가</td><td colspan="3">교수자의 자질(인성), 수업준비도, 학습자 만족도, 전문성, 수업에 대한 열의</td></tr>
<tr><td>담당자</td><td></td><td>담당자 연락처</td><td></td></tr>
</table>

출처: 한국교육개발원(2002)

(7) 프로그램 실행

이 단계에서는 지역평생교육정보센터 내 자원봉사센터와 평생교육 자원봉사활동에 대한 기초적인 오리엔테이션을 포함한 직무 교육을 실시한 후, 실제 활동에 들어가게 된다. 이때 관리자는 자원봉사자들의 원활한 활동을 돕는 제반사항을 준비하고, 자원봉사 활동 중에 발생하는 문제와 욕구들에 적절히 대처하며, 자원봉사자들을 지도 감독하고 격려해 주는 등의 역할을 수행해야 한다.

(8) 프로그램 평가

프로그램 평가란 평생교육 자원봉사 프로그램이 초기에 계획한 대로 운영되어 그 목표를 효과적으로 잘 성취하였는지, 그리고 자원봉사자와 자원봉사 대상자가 이 프로그램을 어떻게 평가하는지, 프로그램의 질과 적합성을 판단하고 분석하고 종합하는 과정이다(한국교육개발원, 2002).

volunteerism | chapter

06

자원봉사 직무설계

{학습목표}

1. 자원봉사 직무설계의 개념과 방법을 이해한다.
2. 프로그램에 적합한 자원봉사 직무설계를 할 수 있다.
3. 자원봉사 직무명세서의 구성요소에 맞게 직무명세서를 작성할 수 있다.

volunteerism | chapter 06

자원봉사 직무설계

1. 자원봉사 직무설계

1) 직무설계의 개념

자원봉사 프로그램을 기획하고 개발하고 나면 자원봉사자가 수행하여야 할 업무를 정해야 한다. 책임 있는 자원봉사활동을 위해서 뿐만 아니라 이후에 진행될 자원봉사자의 모집과 선발, 배치와 교육을 위해서는 자원봉사자의 직무를 명확히 할 필요가 있다.

자원봉사 직무개발(job development)이란 자원봉사 조직의 관련 구성원들(사회복지사, 자원봉사자, 대상자 등)의 욕구를 충족시켜 주는 적절한 직무 배정을 통해 개개인이 만족하도록 실행체계를 구성하는 과정을 의미한다(김범수 외, 2010: 99). 즉, 자원봉사자를 위해 특수한 직무를 설계하고 이와 관련된 업무를 개발하는 것을 의미한다.

직무설계(job design)는, 자원봉사자에게는 의미와 만족을 부여하고 대상자에게는 질 높은 서비스를 제공하는 것을 목적으로 자원봉사자를 모집하기 전에 자원봉사자가 왜 필요한지, 하게 될 자원봉사 업무가 무엇인지를 명확하게 기술하는 것을 말하며 업무설계라고도 한다. 자원봉사 직무개발과 직무설계는 자원봉사활동을 효과적으로 관리하기 위해서 매우 중요한 요소이기에 프로그램에 대한 전체적인 기획을 기초로 해서 자원봉사자의 구체적인 직무를 설계하게 된다.

직무설계란 직무를 어떻게 분할 내지 통합시키느냐, 즉 직무를 어떻게 엮느냐 하는 문제를 다루는 것이다. 데이비스(L. E. Davis, 1966)는 기술・조직 측면의 요청과 업무를 수행하는 인간 측면의 조건을 조화시킬 수 있도록 직무내용면이나 업무방법을 규정화하는 것을 직무설계라고 규정한다. 다시 말하면 직무설계란 몇 개의 과업을 묶어서 1인의 직무를 구성하기 위한 설계를 의미한다(박연호, 2003).

2) 자원봉사 직무설계의 의의

우리 주변에서 자원봉사 신청자 중에서 선발거절을 당하는 경우는 찾아보기가 힘들다. 자원봉사 직무설계를 하지 않고 자원봉사자를 모집하거나 자원봉사자에게 단순 업무만 부여하는 경우에는 더 그렇다. 자원봉사자들이 의미 있는 자원봉사를 하도록 하기 위해서는 자원봉사를 위한 직무를 설계하고 이와 관련된 업무 내용을 개발하여 자원봉사자가 수행할 직무명세서를 작성하여야 한다. 프로그램에 대한 전체적인 기획을 기초로 해서 자원봉사자의 구체적인 직무를 설계하는 과정은 자원봉사활동을 효과적으로 진행하기 위해서 매우 중요하다.

우리는 자원봉사 직무설계를 함에 있어서 "자원봉사자들에게 있어서 직무는 어떤 의미를 갖고 있는가?"를 먼저 생각해 보아야 한다. 자원봉사 직무는 자원봉사자에게는 자신들의 사회적 기여에 대한 유일한 그리고 최상의 보상이지만, 많은 자원봉사자들이 기대하는 직무를 찾지 못하고 있다(이성록, 2005). 자원봉사자들이 기대하는 직무를 얻지 못한다는 것은 아무 것도 얻을 것이 없다는 말이 된다.

자원봉사 직무설계는 다음의 세 가지 차원에서 의미를 찾아볼 수 있다.

첫째, 자원봉사자 인력관리 측면에서 인력수급의 예측을 위해 직무설계는 중요한 자료가 된다. 직무를 어떻게 설계하느냐에 따라서 특정작업을 수행하는 데 소요되는 인원의 질과 양이 상이하기 때문이다.

둘째, 자원봉사자에게 보다 흥미 있고 도전감을 줄 수 있는 직무를 설계하는 것이 그들의 동기부여에 매우 중요하므로, 자원봉사 관리 측면에서 직무설계는 동기부여의 주요방안이 된다.

셋째, 직무설계는 또한 자원봉사활동에서의 인간성 회복이라는 측면에서 강조되고 있다. 직무가 단순 반복적인 업무에서 벗어나 다양하고 책임감 있는 일인 경우 자원봉사자에게 더 의미가 있을 것이기 때문이다.

이성록(2005)은 직무설계의 기본원리를 다음의 세 가지로 나누어 제시한 바 있다.

① 의미와 가치가 있는 일인가?

- 클라이언트에게 의미 있는 일인가?
- 팀과 프로그램에 있어서 가치 있는 일인가?
- 팀 구성원에게 보람 있고 흥미 있는 일인가?

② 팀 구성원이 수행가능한 일인가?

- 시간: 저녁 · 주말 또는 파트타임으로 가능한 일인가?
- 기술: 구성원의 능력에 적절한 일인가?
- 거리: 지리적으로 접근이 용이한 일인가?

③ 상호 협력체계가 갖추어질 수 있는가?

- 함께 일할 다른 팀원의 역할을 이해하고 있는가?
- 구성원 상호 지원 · 조정이 가능한 일인가?
- 업무적응 및 향상을 위한 외부 협력자가 있는가?

3) 자원봉사 직무설계의 필요성

자원봉사 직무설계의 필요성은 다음과 같이 요약할 수 있다(김범수 외, 2010: 100).

- 자원봉사자의 의무에 대한 설명을 통해 직원과 자원봉사자의 역할을 명확히 하여 서로 간의 역할 이해를 돕는다.
- 업무가 어떤 자격과 기술, 책임, 활동 시간을 필요로 하며, 그 직무에 배치된 사람이 어떤 자격요건을 갖추어야 하는지를 알려 준다.
- 업무의 명확한 제시로 자원봉사자가 맡게 될 업무가 자신의 동기에 적합한 일인가를 판단할 수 있게 한다.
- 누가, 무엇을, 누구에게, 언제까지, 얼마 동안 해야 하는지를 명확하게 함으로써 자원봉사자 지도감독 활동의 기초가 된다.

자원봉사 활동에 있어서 최선의 직무는 정교하고 복잡한 것이 아니라 정확하고 간결한 것이며 프로그램 전체 구조에 잘 융화되어야 하고, 동시에 자원봉사 직무는 팀 구성원에게 동기부여 차원에서 설계되어야 한다(이성록, 2005: 243). 대체로 자원봉사 직무는 일상적이며 단순한 것이 많지만 고도의 과업수행 기술을 요구하는 직무도 있다. 따라서 자원봉사자에게 선호 직무와 기피 직무가 있게 마련이다.

직무설계를 할 때에는 우선 대상자에 대한 종합적인 이해를 한 다음, 다음과 같은 사항을 만족시켜야 한다(유성호, 1997).

- 자원봉사 서비스를 제공받을 인구의 특성, 인원수와 그들의 욕구는 무엇인가?
- 프로그램을 통해 효과적으로 봉사하기 위하여 자원봉사자가 갖추어야 할 조건은 무엇인가?
- 서비스를 제공받을 대상자는 유급 직원과 자원봉사자 중 누구에게서 서비스가 제공되기를 바라고 있는가?

- 자원봉사자의 직무는 기관의 전체적인 사명과 어떻게 관련되어 있는가?

자원봉사자의 직무개발 시에 고려해야 할 사항들을 정리해 보면 다음과 같다.

① 자원봉사자들에게 맡길 업무는 의미 있고 그들이 할 수 있는 일인가?
② 저녁과 주말에 하거나 파트타임으로도 가능한 일인가?
③ 필요한 기술이 자원봉사자들에게서 쉽게 얻을 수 있는 것인가? 혹은 필요한 지식과 배경의 이해 면에서 쉽게 훈련받을 수 있는가?
④ 그 일에 적합한 기술을 가진 자원봉사자들을 파악하고 있는가?
⑤ 직원들은 그 일을 자원봉사자들에게 맡기기를 원하는가? 자원봉사자들과 함께 일하는 직원들이 그들의 역할을 이해하고 있는가?
⑥ 자원봉사자들이 하는 일이 비용 면에서 효과적인가? 직원을 활용하는 것보다 더 많은 시간, 에너지, 돈을 자원봉사자 모집과 오리엔테이션, 교육에 투자하는 것이 아닌가?
⑦ 사람들이 정말 이 일을 자원봉사하고 싶어 할까? 업무가 자원봉사자들에게 보람 있고 재미있는 것인가? 또한 유급이든 무급이든 아무도 하고 싶어 하지 않는 일을 단순히 해치워 버리는 것이 아닌가?

중요한 것은 자원봉사자의 활동에도 다양한 직무가 있다는 사실과, 어떠한 직무이든 사람이 수행하는 직무에는 만족과 불만족이 발생하게 된다는 점이며, 직무 만족도는 태도에 영향을 미치게 된다는 사실이다.

셰이어(Scheier, 1980)는 자원봉사자 직무설계 시 유급 직원, 자원봉사자, 대상자 등 3인의 동시 참여를 주장한다. 유급 직원에게 그들이 하고 싶지 않은 업무와 하고 싶지만 수행할 수 없는 업무들을 작성하도록 권장한다. 그런 다음, 자원봉사관리자와 적어도 한 명 이상의 자원봉사자 그리고 유급 직원 대표가 모여서 자원봉사자가 수행할 업무와 활동을 파악하는 데 공동으로 노력한다. 또한 셰이어는 직무설계 과정에서 자원봉사자가 수행할 업무가 매우 매력적이어야 한다고 주장한다. 자원봉사 업무가 조직의 사명과 관련 있고 의미 있고 호감 가는 활동을 많이 포함할 때 자원봉사자가 그 업무에 대해 매력을 느끼게 된다는 것이다. 따라서 자원봉사자가 수행하는 개별 업무는 나름대로의 의미가 있어서 즐거운 경험을 제공할 수 있어야 한다. 이러한 것들이 직무설계에 표현되는 것이 바람직하다.

〈표 6-1〉 청소년 공부방 학습활동 지도 직무

구분	내용
개요	• 학업환경이 열악한 지역에 거주하는 청소년들에게 건전한 학습공간을 제공함과 동시에 자원봉사자를 통한 학습지원의 기회를 제공하는 활동이다.
목표	• 저소득층 지역대상 청소년의 학업능력을 향상한다. • 저소득층 지역대상 청소년의 올바른 가치관 정립에 도움을 제공한다.
사전준비	• 가르칠 내용에 대한 교재를 확보하여 충분하게 준비한다. • 대상청소년이 경험할 문화·체험활동의 내용을 준비한다.
활동방법	• 청소년 공부방을 이용하는 청소년과 친밀한 관계를 형성한다. • 공부할 내용과 교재를 제시하고, 대상청소년의 학습진도를 파악하며, 학습지도 활동을 실천한다. • 공부방에서 학습한 내용에 대해 예습과 복습을 실시하도록 권유하고 확인한다. • 봉사활동 전후에는 항상 사전준비와 활동에 대한 평가의 시간을 가지며, 활동을 철저하게 기록한다.
유의사항	• 청소년의 특성과 발달과업에 유의한다. • 정해진 활동시간을 정확하게 준수한다. • 대상청소년의 학습능력 수준을 정확히 파악한다. • 대상청소년의 학습의욕 고취를 격려한다.
평가방법	• 학습지도를 받은 청소년은 학습내용을 어느 정도 이해하였는가? • 대상청소년은 또래 청소년과 비슷한 학습능력을 가지고 있는가? • 자원봉사자가 자신의 봉사활동에 어느 정도 만족하고 있는가?

출처: 권중돈, 조학래, 김기수(2008: 202).

2. 자원봉사 직무명세서

1) 자원봉사 직무명세서의 의의

직무개발을 마친 후에는 자원봉사 직무명세서를 작성해야 한다. 자원봉사자의 직무명세서(job description)[11]는 자원봉사자 업무 내용으로 표현되기도 한다(김범수 외, 2010: 101). 직무명세서는 자원봉사자가 수행할 업무의 책임, 업무를 수행할 자원봉사자의 자격조건, 감독과 책임의 체계 그리고 업무의 업적을 평가하는 방법을 포함하게 된다. 또한 직무명세서에는 직위와 자원봉사활동 시간과 기간에 대한 설명이 포함되어 있다. 더불어 자원봉사활동으로 얻을 수 있는 유익한 점에 대한 설명도 중요한 부분이다. 자원봉사 직무명세서는 자원봉사 직무를 설계한 후 이를 구체적으로 명시한 것이며, 자원봉사 직무명세서는 자원봉사자의 활동기준이 되는 동시에 기관 측에서는 자원봉사활동을 지도하고 평가하는 도구로 활용될 수 있다.

직무명세서는 자원봉사자의 모집과 면접, 선발, 배치, 교육 등 전반적인 관리과정에 대한 중요한 정보를 포함하고 있다는 점에서 자원봉사 직무설계의 핵심이 된다. 자원봉사 직무명세서는 자원봉사활동의 결과로 무엇이 달성될 것인지, 어떠한 자원봉사 과업들이 수행되어야 하는지, 자원봉사 직무에 대한 상세한 실행내용 등이 제시되어 있는 자원봉사업무계획서이다(McCurley, 1994).

2) 자원봉사 직무명세서의 필요성

자원봉사 직무명세서는 자원봉사자뿐만 아니라 자원봉사 수요처, 직원 등을 위해서도 필요하다.

11) 직무를 설계한 후 이를 구체적으로 명시한 것이 직무명세서다. 자원봉사자는 이 직무명세서를 갖고 자원봉사 활동 기준으로 삼을 수 있다. 또한 직무명세서는 자원봉사활동을 지도하고 평가하는 도구로 활용될 수 있으며, 업무분장, 직무기술서, 직무지침서, 업무설명서라고도 한다.

① 자원봉사자는 직무명세서를 통하여 자신이 참여할 활동을 결정하는 데 필요한 정보를 제공받을 수 있다. 직무명세서를 통해 자원봉사자 스스로 자신의 직무가 중요함을 깨닫게 된다.

② 자원봉사 수요처 역시 자원봉사자의 직무를 중요하게 인식하게 되는 결과를 초래한다.

③ 자원봉사자를 필요로 하는 기관의 직원 측면에서는 자원봉사자와 직원 간의 최선의 관계를 유지하는 방법과 서로의 기대감에 의해 발생되는 혼란이나 갈등을 어떻게 피할 수 있는가를 명확하게 한다.

3) 자원봉사 직무명세서 작성 시 유의할 점

자원봉사관리자는 자원봉사자가 담당하는 직무명세서를 준비하기 위하여 현재 일하고 있는 자원봉사자에게서 업무의 책임과 자원봉사활동에서 얻는 혜택이 무엇인지를 알아볼 수 있다. 직무가 재조직되고 있거나 새로운 직무가 추가된 조직에서 직무명세서의 핵심은 특수한 업무와 관련되어 있는 행동에 대한 과업분석이다. 자격조건, 업무수행과 책임은 그러한 행동에 대한 과업 분석에 따라 달라진다(김범수 외, 2010; 102).

자원봉사활동이 자원봉사자에게 의미 있는 일이 되려면 직무확대(job enlargement)와 직무충실화(job enrichment)[12)]가 고려된 직무설계와 직무명세서 작성이 이루어져야 한다.

① 직무확대(job enlargement): 린치(Lynch, 1983)는 한 가지 과업을 반복적으로 하는(예: 편지봉투에 편지지만을 넣는 일) 자원봉사자는 다른 몇 개의 과업을 수행하는(예: 편지지를 정리하고, 철하고, 접고, 편지봉투에 넣고, 우표 붙이고, 분류하는 일) 자원봉사자보다 업무에 대한 만족도가 낮다는 것을 발견하였다.

12) 단순한 직무의 수평적 확대는 동기부여의 방법으로서 불충분하며, 오히려 '직무를 충실히 하는 것'이 바람직하다. 직무충실화는 직무확대가 직무의 수평적 확장인 것에 대하여 직무의 수직적 강화를 의미한다.

② 직무충실화(job enrichment): 자원봉사자는 직무에 대한 생각뿐만 아니라 그 직무를 수행하는 데에서 기회와 권한을 가지고 있다는 사실을 확인시키는 일이다. 여기서 말하는 생각이란 계획, 조직, 결정 및 평가를 말한다. 전형적인 관리업무에서 일반적으로 감독자는 계획, 조직과 결정에 대한 책임을 지고 부하직원은 그 계획에 따라 실천만 한다. 이러한 방식의 관리업무는 일부 유급 직원에게만 적합할 수 있고 신임 자원봉사자에게만 필요하다고 볼 수 있다. 그러나 자원봉사활동 경험이 풍부한 자원봉사자는 계획과정에 직접 참여하여 계획을 수립하는 데 기여하기를 바랄 수도 있다.

③ 직무명세서에 기록된 활동 내용을 단순히 실행하는 것이 아니라 기관의 사명과 목표달성 결과에 대한 직접적인 책임이 있음을 확인시켜 주는 일이다. 여기서 결과에 대한 책임이란 자원봉사활동 자체보다는 자원봉사활동 결과에 주목하여 자원봉사자로 하여금 목적을 달성하도록 고무시키는 일이다.

④ 직무명세서는 자원봉사자의 업적 향상을 위한 상담을 할 때 사용할 수 있는 측정도구를 가지고 있어야 한다.

자원봉사자는 간혹 직무명세서에 있는 과업의 책임을 이행할 수 없음을 발견하게 된다. 이러한 경우 자원봉사관리자와의 개인적 접촉을 통해 직무명세서를 재검토하여야 한다. 세이어(1980)는 융통성이 결여된 자원봉사자 직무명세서는 귀중한 자원봉사자의 참여를 방해할 수 있다고 경고한다. 즉, 직무명세서의 내용은 자원봉사관리자가 자원봉사자의 흥미, 선호도 및 능력에 따라 그것을 변경할 수 있도록 충분한 융통성을 가지고 있어야 한다. 이러한 직무명세서의 내용 변경은 일상적이거나 임시적인 일, 사람과 직접적인 관계가 있는 일이거나 없는 일, 직접적인 서비스 제공이나 자문 또는 공식적·비공식적 관계에서 자원봉사자 개인이나 집단에 의한 업무의 수행을 포함한다.

자원봉사 조직이 달성하려는 목표에 관련된 자원봉사자의 과업과 내용이 분명하게 묘사된 직무명세서는 자원봉사자에게 긍정적 영향을 미친다. 이럴 경우 자원봉사자는 자원봉사 조직이 목표달성을 위해 유급 직원의 업무를 중요하게 여기는 것과 마찬가지로 자원봉사자의 업무도 중요시한다는 생각을 갖게 된다. 그리고 자원봉사자의 역할로 자원봉사 조직이 추구하는 목표의 달성을 강조할 때 자원봉사자의 모든 활동은 조직의 사명에 영향을 미치게 된다(유성호, 1997).

3. 자원봉사 직무명세서의 구성요소

자원봉사자의 참여동기를 높일 수 있게 고려한 직무설계는 직무명세서(job description)를 통해서 구체화된다. 이러한 직무명세서는 자원봉사자를 모집하기 전에 마련되어야 하며 필요에 따라 수정되어야 한다(유성호, 1997). 이는 자원봉사자와 조직의 욕구를 충족시켜 주기 위함이다. 자원봉사관리자가 업무와 자원봉사자를 연결할 때, 자원봉사자는 일을 시작한 후 더 나은 업무수행을 위해 직무명세서의 수정을 원할 수도 있다. 자원봉사관리자는 자원봉사자가 원하는 대로 업무를 조정할 필요가 있으며, 또 그들이 원하는 업무를 설계할 필요가 있다.

일반적으로 자원봉사 직무명세서는 직무 명칭, 목적과 목표, 책임, 자격, 활동 시간 및 장소, 지도 감독자, 혜택, 훈련과 감독, 평가, 준수 사항, 해고 조건 등의 요소로 이루어져 있다(김범수 외, 2010: 104).

① 직무 명칭: 자원봉사자의 직무를 나타내는 이름으로 보통 사업명과 일치하는 경향이 있다.

② 직책: 자원봉사자의 지위를 표현하는 것으로 단순히 '○○자원봉사자'라고 하기보다는 가급적 재미있는 표현을 사용하는 것이 좋다. 자원봉사 경험을 자신의 경력에 포함시키기를 원하는 이들을 위해서는 정중한 용어를 사용하는 것이 보통이다.

③ 기관명: 자원봉사 프로그램을 기획하고 활용하는 곳을 말하며, 수요처와 일치하는 경우가 많다.

④ 목적: 그 직무를 수행함으로써 성취하고자 하는 것을 명시한다. 직무가 기관과 대상자에게 왜 중요하고 필요한가를 인식시킬 수 있어야 하며, 활동을 통해 지역사회를 어떻게 변화시킬 수 있는지를 강조하는 것이 좋다.

⑤ 목표: 목적을 달성하기 위해 설정하는 구체적인 개념으로서 실현 가능하며 측정 가능하여야 한다. 즉, 직무수행을 통한 성취결과가 반드시 현실적으로 측정할 수 있는 성취 측정의 척도로 표현되어야 하며, 이해하기 쉽고 간결한 표현으로 기술되어야 한다.

⑥ 책임(활동 내용): 목적을 달성하기 위해 자원봉사자가 수행해야 할 과업을 구체적으로 서술하며, 누구와 함께하게 되는가를 명확히 설명한다.

⑦ 자격: 자원봉사 신청자가 그 직무를 성공적으로 수행하는 데 필요한 지식, 기술, 태도, 성별이나 연령 등을 기술한다.

⑧ 활동시간: 그 직무를 수행하는 데 필요한 시간(주 몇 회, 1회당 몇 시간)을 구체적으로 밝힌다. 가급적 활동기간 중 활동시간의 조정 가능 여부도 밝혀 준다.

⑨ 활동기간: 일회성 직무나 단기간에 종결되는 직무에는 필요한 전체 기간을 명확히 표시하고, 장기간 지속되는 직무에는 자원봉사자가 최소한 얼마 동안 활동해 주기를 원하는지를 명시한다. 또한 일정 기간 후에 직무를 바꾸거나 활동을 종료할 수 있음을 명시하여 자원봉사관리자가 무리 없이 조정할 수 있는 장치를 마련해 두는 것이 좋다.

⑩ 활동장소: 자원봉사 직무를 하게 될 장소를 밝힌다. 여러 곳을 경유하는 경우도 있으므로 상세히 기술하도록 하고, 필요시 약도와 연락처, 교통수단을 명시한다.

⑪ 지도감독자: 직무를 수행하면서 긴급한 일이 발생하였을 경우 누구에게 알려야 하는지, 어떻게 해야 할 것인가에 대한 정보를 누구와 상의해야 할지를 정한다. 단체에 소속되어 활동하는 경우 1차적인 지도감독자는 조장이나 단체의 장이 된다.

⑫ 혜택: 자원봉사자가 직무를 통해 무엇을 얻게 되는가를 나타내는 것이다. 혜택은 새로운 누군가를 만나는 것일 수도 있고, 새로운 정보나 기술을 제공받게 되는 것일 수도 있다. 또한 자원봉사 직무가 원활히 이루어지도록 기관이 무엇을 제공하는가를 나타내는 것이다.

⑬ 훈련과 감독: 자원봉사자가 그 직무를 감당하는 데 필요한 준비를 갖추도록 오리엔테이션이나 기초교육, 보수교육의 형태로 제공된다. 직무교육이 없을 때에는 필요에 따라 정기적인 모임이나 개인면담을 요청할 수도 있다.

⑭ 평가: 자원봉사활동에 대한 중간 점검, 동료 및 대상자에 대한 만족감 정도 점검, 또는 직무수행에 따른 결과를 측정할 수 있는 기준이 있다면 서술한다.

⑮ 준수 사항: 기타 자원봉사자가 지켜야 할 기관의 정책이나 규정을 명시하여 자원봉사자가 맡는 직무의 중요성을 분명히 인식시킨다.

⑯ 해고 조건: 자원봉사자가 반드시 지켜야 할 기관의 정책이나 규정을 명시하여 자원봉사자가 맡는 직무의 중요성을 분명히 인식시킨다.

⑰ 담당자: 자원봉사관리자의 직급과 이름을 기록한다. 부재중일 때를 대비하여 부담당자를 미리 정해 놓는다.

⑱ 연락처: 자원봉사관리자의 사무실 주소 및 전화번호, 핸드폰, 전자우편 주소 등을 기록한다.

〈표 6-2〉 직무명세서 사례 1: 청소년 공부방 학습활동 지도

직무 명칭	• 청소년 공부방 학습활동 지도
직책	• ○○학습활동 지도자
기관명	• ○○지역아동센터
목적	• 저소득층 청소년의 학업능력을 향상한다.
목표	• 저소득 청소년의 학습을 지도한다. / 주 2회 • 저소득층 청소년의 올바른 가치관 정립에 도움을 제공한다. / 월 1회 면담 주선
책임 (활동 내용)	• 사전에 계약한 날짜에 계획된 학습활동을 지도한다. • 주 2회 교과목 예 · 복습을 지도한다.

	• 월 1회 이상 센터 담당자 또는 두 사람과 함께 개인면담을 한다.
자격	• 남녀 대학생 • 청소년과 편안하게 대화할 수 있고 어려운 이웃을 돌보는 데 관심이 있는 사람 • 청소년 학습활동 지도 경험이 있는 학생 우대
활동시간	• 최소한 주 2회씩 월요일이나 목요일 16:00시부터 18:00시까지 활동한다. • 청소년의 통학 시간을 고려하여 여유로운 시간대를 선택한다.
활동기간	• 최소 6개월 이상 활동하여야 한다. • 6개월 활동 후 계약을 갱신할 수 있다.
활동장소	• ○○지역아동센터 프로그램실에서 활동한다. • 개인면담은 ○○지역아동센터 상담실을 활용한다.
지도감독자	• ○○지역아동센터장(☏ ×××-××××)
혜택	• 자원봉사 시간 인정 • 학습지도 능력향상
훈련과 감독	• 활동 신청 후 1주일 이내에 ○○지역아동센터와 프로그램에 관해 2시간의 오리엔테이션이 제공된다. • 매월 마지막 주 목요일 오후 18:00시부터 1시간 일정으로 자원봉사이론 기초 교육을 실시한다. • 6개월 이상 활동한 사람에게는 청소년의 발달, 청소년의 욕구, 의사소통기술과 같은 주제로 분기마다 보수교육을 실시한다. • 연간 3회 이상 다른 자원봉사자들과의 간담회에 참석한다. • 월 1회 정기적인 모임을 갖는다. • 필요한 경우 개인면담을 실시한다.
평가	• 자원봉사자와 청소년, 동료 간의 관계에 대한 공식적인 평가가 6개월마다 실시된다. • 정기모임에서 활동 점검(평가)에 대한 재검토가 면접의 일환으로 실시된다. • 총 봉사활동 시간과 모임 참석 횟수가 평가에 반영된다.
준수 사항	• 자원봉사자는 최소 6개월 동안 매주 2회씩 정해진 시간에 활동해야 한다. • 청소년이나 동료에게 불편함이 초래되더라도 활동 후 6개월이 지난 후 그만두거나 대상자를 바꿀 수 있다. • 일 년 동안 다른 자원봉사자를 3회 이상 만나 경험을 공유하는 시간을 갖는다. • 봉사활동 시간을 엄수하고 학습지도에 최선을 다하도록 한다. • 긴급한 일이 발생하였을 경우 ○○지역아동센터장에게 연락하고 조정 및 지시에 따른다.
해고조건	• 위의 명시된 자격조건을 상실한 경우 • 청소년의 사생활에 대한 비밀을 누설하거나 비방하는 경우 • 기관 또는 담당자의 방침이나 지시를 고의로 행하지 않는 경우
담당자	• ○○지역아동센터 생활복지사 ○○○ (부담당자 ○○○)
연락처	• ☏ ×××-×××× / 핸드폰 ×××-××××-×××× • E-MAIL: ××××@××××.net • ○○남도 ○○시 ○○○○로 ○○-○번지

volunteerism | chapter

07

자원봉사자의 모집과 선발

[학습목표]

1. 자원봉사자의 모집과 모집과정을 이해한다.
2. 자원봉사자의 모집 계획의 평가와 모집의 기본 원칙을 설명한다.
3. 자원봉사자의 선발과 면접을 실천할 수 있는 역량을 배운다.

volunteerism | chapter 07

자원봉사자의 모집과 선발

1. 모집

자원봉사자들을 모집하려면 언제 어디서 어떻게 그 영역을 발견하고 자원봉사 참여를 홍보하고 업무에 투입해야 하는가를 충분히 고찰하여야 한다.

1) 자원봉사자 모집 방법

자원봉사자 모집은 지역사회의 문제를 효과적으로 해결하기 위하여 잠재되어 있는 유용한 인적 자원을 사회에 참여시키는 활동이다. 그리고 자원봉사자 모집은 자원봉사자와 업무에 도움을 필요로 하는 기관 혹은 수혜자의 욕구(needs)와 만나는 과정이다.

자원봉사자 모집은 자원봉사를 하고자 하는 사람들에게 동기를 부여하고 기관이나 시설에서 제공하는 일거리와 만나도록 주선하는 것이라고 할 수 있다(박태영, 2015). 자원봉사자 모집은 선발을 위해 조직의 목표를 달성할 수 있는 자격과 능력을 갖춘 지원자를 발굴하는 것이고, 기관과 조직으로 연결하는 일련의 과정선발을 위한 예비 행위이다. 선발과 모집의 차이점은 모집은 채용 예정 직무에서의 응시자를 증가시킬 목적으로 수행하는 적극적 행위이고, 선발은 적합한 사람을 가려내는 소극적 행위이다(이만식 외, 2017).

자원봉사 모집 전 충분히 고려해야 할 사항은 자원봉사자가 하고 싶은 일을 개발하고 모집하여야 한다는 점이다.

그리고 자원봉사자의 욕구를 어떻게 파악할 것인가도 중요한 과제라고 본다. 잠재적인 자원봉사자들은 여러 특징이 있다고 할 수 있다. 즉, 자원봉사자들은 자신의 귀한 시간을 투입하여 실질적인 보람과 만족감을 얻으려 한다. 따라서 이러한 구체적인 목표와 욕구들은 연령과 성별 그리고 직업유무별 등 개인적 특성들에 따라 모두 다르다고 할 수 있다.

(1) 모집 전 준비단계

모집 전 준비단계로는 업무설계, 업무분장, 기관 내 자원봉사자 이해, 잠재적 자원봉사자의 동기파악, 지역네크워크(network) 및 정보망 구축 등을 들 수 있다. 그리고 자원봉사자가 하고 싶은 일을 개발하고 모집하여야 하며, 지원자가 너무 적을 경우 개발한 프로그램의 효과성을 담보할 수 없게 되고, 또는 자원봉사 지원자가 너무 많아 돌려보낼 경우 관리무능을 의심받게 된다. 지원자가 하고 싶은 일과 기관이 원하는 일이 서로 잘 맞아야 한다.

준비사항으로는 자원봉사자가 준비 활용할 수 있는 공간, 비품, 명찰, 자원봉사일지, 출근부, 자원봉사 시간표, 자원봉사 신청서, 자원봉사자가 할 수 있는 프로그램 등을 준비하면 된다.

(2) 모집에 있어서 고려사항

자원봉사 프로그램 관리자가 모집에 있어서 준비하여야 할 가장 중요한 사항은 업무를 확실히 규정해 놓고 여기에 합당한 자원봉사자들을 모집할 수 있는 대상을 선정하고, 기관에서 모집하려는 사람들이 어떤 욕구 및 동기를 가지고 있는지를 확인하고, 지원자에게는 의미 있는 업무를 약속하는 것이다. 따라서 모집에 있어서는 일반적인 모집보다는 구체적인 모집을 하며 일 년 연중 동원할 수 있는 자원봉사자를 확보하기 위한 모집계획을 세워야 하며, 다양한 모집 기술을 활용하고, 다양한 자원 및 시장을 물색하는 다양한 모집 활동을 전개하는 노력이 필요하다.

자원봉사자 모집은 조직의 성공적인 운영을 위해 필수적이며, 최근에는 다양한 전략이 활용되고 있다.

① 모집 방법의 유형

- 다수모집(Warm Body Recruitment): 특별한 기술이 필요하지 않은 활동에 다수의 자원봉사자를 모집하는 방법이다. 대중매체, 온라인 플랫폼, 지역사회 단체 등을 통해 광범위하게 홍보하여 많은 사람들의 참여를 유도한다.
- 표적모집(Target Recruitment): 특정 기술이나 경험을 가진 자원봉사자를 대상으로 하는 모집 방법이다. 해당 분야의 전문가나 관심 있는 집단을 대상으로 직접적인 홍보를 진행한다.
- 동심원 모집(Concentric Recruitment): 현재 조직과 연관된 사람들, 예를 들어 현 자원봉사자, 그들의 친구나 가족 등을 중심으로 모집하는 방법이다. 조직에 호의적인 잠재적 자원봉사자를 효율적으로 모집할 수 있다.
- 연계성 모집(Ambient Recruitment): 특정 집단이나 커뮤니티의 연계성을 활용하여 자원봉사자를 모집하는 방법이다. 해당 집단의 특성과 네트워크를 고려하여 접근한다.

② 온라인 플랫폼 활용

디지털 시대에 온라인 플랫폼을 통한 자원봉사자 모집이 중요해지고 있다. 소셜 미디어, 자원봉사 매칭 사이트 등을 활용하여 다양한 연령층과 배경을 가진 사람들에게 접근할 수 있다(김범수, 2024).

③ 지역사회와의 협력

지역사회 단체, 학교, 기업 등과의 협력을 통해 자원봉사자를 모집하는 방법이다. 지역주민들의 참여를 유도하고, 지역 내 네트워크를 활용하여 모집 효과를 높일 수 있다.

④ 인센티브 제공

자원봉사자들에게 인증서 발급, 교육 기회 제공, 소정의 보상 등을 통해 참여 동기를 부여하는 방법이다. 이는 자원봉사자의 지속적인 참여와 만족도를 높이는 데 도움이 된다(다나카 유, 2024).

2. 자원봉사자 모집 과정

1) 자원봉사자 모집의 어려움

자원봉사자 모집에서의 어려움은 충분한 수의 자원봉사자를 확보하지 못하는 어려움이다. 또는 기관에 적합한 자원봉사자 확보 부족과 맞지 않은 자원봉사자 과잉 확보라고 볼 수 있다.

기관이 필요한 자원봉사 업무와 자원봉사자들의 욕구 간의 균형을 맞추어 나가는 과정에서 기관에 필요한 사람을 그렇지 못한 사람과 분리해 나가는 균형 있는 역할이 필요하다.

2) 일반적인 모집

일반적인 모집에 있어서 전문적인 것이 아닌 누구나 가능한 자원봉사활동을 위한 모집 시 효과적인 방법은 가능한 한 광범위하게 자원봉사자가 필요하다는 사실을 공지하고 기관의 소책자, 전단, 포스터를 배포하고 대중매체 이용, 지역사회 내 소집단 활용, 구전 등 광범위한 지역에 홍보하는 것이다. 기관의 홍보도 가능하면 하지만 경비가 많이 소요되는 점이 있다.

3) 자원봉사자 모집유형

(1) 다수 모집자

자원봉사를 위해 특별한 기술이 필요하지 않거나 제한된 시간 내에 배울 수 있는 봉사활동으로서 대부분의 사람에 의해서 수행될 수 있는 활동이다. 단기간에 단순한 일을 하는 많은 자원봉사자를 모집하기 위한 메시지를 되도록 많은 사람이 알 수 있게 공지하여야 한다.

미디어 활용이 가장 대표적으로 신문, 라디오, TV, 인터넷을 통해 모집하고, 브로슈어와 포스터를 사람들이 많이 모이는 곳에도 배포하여야 한다. 반상회나 부녀회 그리고 로터리클럽 같은 지역사회단체 등과도 네트워크(network) 하여야 한다.

(2) 표적모집

자원봉사자 모집을 위해 표적모집으로 기술을 가진 자원봉사자를 모집하고, 누가 업무를 수행하였으면 좋을지를 구체적으로 결정하여 대상자를 찾은 방법이 필요하다고 본다. 자원봉사자와의 욕구, 배경 등을 비교하고 공통요소를 찾아내고 특별한 업무를 강조하는 것이 초점이다.

표적대상에 따라 십 대는 학교 앞에서 홍보지를 배포하고, 특정 지역에 살 경우에는 집집마다 방문하고 대중매체를 사용할 경우에는 연설이 필요하다.

(3) 동심원 모집

동심원 모집은 동심원 이론에 근거하고 있다. 동심원 이론(Concentric Zone Theory)은 미국의 도시생태학자 어니스트 W. 버제스(Ernest W. Burgess)가 1925년 시카고를 사례로 연구한 『도시의 성장(The growth of the city)』에서 제안한 모델로, 도시내부 구조에 대한 최초의 체계적인 이론이며 생태학적 원리를 도시에 적용하였다. 버제스는 시카고를 대상으로 도시성장은 사회 계층의 공간적인 분화로 인해 5개의 폭이 일정하지 않은 동심원형으로 구성되어 있다고 하였다.

동심원 원리 적용은 기관과 관계 맺고 있는 사람을 시작으로 밖으로 확산하며 자원봉사자를 모집하는 것이다. 이미 기관(조직)에 호의적일 가능성이 높아 긍정적인 반응이 예측 가능하며 간단하고 효율적이다. 동심원을 형성할 이상적인 집단은 자원봉사자나 자원봉사자의 친구나 친척 그리고 자원봉사 대상자 및 그들의 친구와 직원 그리고 후원자와 지역사회주민 등으로 이루어진다.

(4) 연계성 모집

자아정체감과 연계성이 강한 사람과 집단으로 이루어진 닫힌 체계에서의 모집이다. 학교, 회사, 전문 직업, 교회, 이웃, 군사기지 등으로 이루어진다.

(5) 3단계 캠페인

첫째는 참여가 집단의 중요한 가치임을 설명하는 참여문화형성 단계이다. 둘째는 그 가치공유에 대해 공동체나 집단구성원을 교육시키는 단계이다. 셋째는 지지집단을 형성하는 단계이다.

4) 8단계의 효과적인 표적모집 개발 과정

수행할 직무는 무엇인가? 그 직무에 관심이 있는 잠재적 자원봉사자는 누구인가? 잠재적 자원봉사자를 어디에서 찾을 수 있는가? 잠재적인 자원봉사자와 어떻게 대화를 시작할 것인가? 잠재적 자원봉사자들의 자원봉사활동 참여 동기 욕구는 무엇인가? 효과적인 모집 메시지의 개발하기 위하여 잠재적 자원봉사자에게 무슨 말을 해야 하는가? 누가 모집 업무를 담당할 것인가? 모집 담당자가 해야 할 일은 무엇인가? 8개의 단계를 살펴보고자 한다.

(1) 표적모집 개발 과정 1단계

수행할 직무는 무엇인가? 잠정적 자원봉사자가 관심을 가질 만한 '무엇'을 알려 주지 못하는 메시지를 사용하는 경우이다(이만식 외, 2017).

① 지역사회의 구성원들이 기관의 자원봉사활동이 무엇인지 잘 알고 있다고 가정하기 때문이다.

② 자원봉사자가 기관에서 할 일이 아주 다양하고 많을 경우에는 특수한 일부 집단을 표적집단으로 삼아야 한다.

(2) 표적모집 개발 과정 2단계

그 직무에 관심이 있는 잠재적 자원봉사자는 누구인가? 차별화된 모집 전략과 메시지로 모집 캠페인의 특화가 필요하다. 특정 연령층, 성별, 지역의 배경, 전문적 기술 등에 따른 모집대상 구체화이다. 특화된 모집 메시지로 해당 집단의 욕구에 직접적 호소가 가능하다(이만식 외, 2017).

모집계획 수립으로 어떤 분야에서 활동할 어떤 자원봉사자를 언제까지 몇 명을 모집하기를 원하는가를 확인하여야 한다.

(3) 표적모집 개발 과정 3단계

잠재적 자원봉사자를 어디에서 찾을 수 있는가? 잠재적 자원봉사자가 특수 지역에 살고 있다면, 직접 방문하여 요청할 수도 있다. 특정 집단에 직접 호소하는 것도 하나의 방법이다. 잠재적 자원봉사자들이 정보 취득의 선호 수단에 따라 신문 구독 선호층, 라디오 선호층, 컴퓨터 사용 선호층 등으로 나눌 수도 있다. 모집대상설정으로 어디에서 그들을 찾을 수 있고, 만날 수 있는가를 준비하여야 한다. 그리고 홍보 수단의 설정으로 선택한 모집방법이 기관에서 모집하고자 하는 대상층에게 설득력이 있겠는가를 준비하여야 한다.

(4) 표적모집 개발 과정 4단계

잠재적인 자원봉사자와 어떻게 대화를 시작할 것인가? 모집 메시지 전달방법은 양방향 대화방법이 가장 효과적, 대화의 상대자로는 현재 활동 중인 자원봉사자나 이사회의 이사들이다. 양방향 대화방법의 강점은 직무에 대한 질문, 기관 대표자의 답변, 지원자의 욕구나 기술에 관해 직접적 대화 등이 가능하다. 또한 양방향 대화방법의 특징으로는 '한 방향' 식보다 많은 노동력과 수고가 필요한 여러 사람의 참여로 이루어지는 모집과정이다(이만식 외, 2017).

(5) 표적모집 개발 과정 5단계

잠재적 자원봉사자들의 자원봉사활동 참여 동기 욕구는 무엇인가? 모집 메시지는 자원봉사자가 그 일을 하고자 하는 이유와 부합되어야 한다. 가치 있는 일의 당위성과 다양한 자원봉사 참여 동기 파악해야 한다. 예를 들면, 유명이사와 교제, 취업을 위한 실적, 새로운 분야 경험, 새로운 인맥, 새로운 기술 개발, 지역사회 문제 관련 지식 획득 등을 이루어야 한다. 목표 집단 설정 후, 그 집단에 속한 각 개인에게 가장 중요한 욕구(needs) 추정이 가능하다. 그 욕구에 직접적으로 호소하는 메시지를 전달하여야 한다. 홍보자료 제작으로 그들에게 무엇을 말해야 하는지 지역사회의 요구,

활동내용, 혜택 중 어떤 부분을 어떻게 강조하고 대상층별로 어떤 동기에 맞게 메시지를 전달할 것인가를 검토하여야 한다.

(6) 표적모집 개발 과정 6단계

효과적인 모집 메시지의 개발하기 위하여 잠재적인 자원봉사자에게 무슨 말을 해야 하는가?

① 자원봉사 참여 필요성과 당위성

기관 내부의 욕구가 아닌, 지역사회 모든 구성원이 공유하는 욕구 때문임을 강조하여야 한다. 문제 해결을 위해 그들이 어떤 도움을 줄 수 있는지 보여 주어야 한다. 자원봉사활동이 필요한 이유가 도움을 받는 이용자의 욕구와 일치하기도 한다. 기관의 중심업무와 직접적 관련이 없는 일을 위한 모집의 경우에는 직원들의 욕구가 지역사회의 욕구를 충족시키는 데 필요한 활동의 맥락임을 논의하여야 한다.

② 자원봉사자 업무와 규정의 설명

어떻게 문제해결을 위해 도움을 줄 수 있는지를 보여 준다. 업무 규정과 지침이나 욕구 해결의 당위성과 연결 지어 전달해야 한다. 객관적인 관점에서 구체적, 실제적으로 제시하여야 한다. 정직하고 솔직한 설명을 하여야 한다.

③ 개별적 동기의 탐색과 충족의 확신

자원봉사활동의 개별적 동기들이 봉사 경험 중 어떠한 방식으로 충족될 수 있는가를 언급하여야 한다. 효과적 방법은 잠재적 자원봉사자의 욕구가 무엇이든 기관이 충족시킬 수 있음을 각인하여야 한다. 양방향 대화법의 메시지는 개별적 욕구에 따른 맞춤식 급부의 제공이 가능하다.

자신의 능력과 직원이 허용하는 수준에서 어떤 급부가 자원봉사자에게 중요한지 파악하여야 한다. 그리고 자원봉사 업무 개발로 이어진다.

(7) 표적모집 개발 과정 7단계

누가 모집 업무를 담당할 것인가? 기존 자원봉사자나 기관의 이사들은 이 일을 잘 감당해 내기 위해 직원들에 의해 철저히 준비되고, 완벽하게 점검되어야 한다. 효과적인 모집 시스템은 지역사회를 구성하고 있는 다양한 집단 유형의 각각의 집단을 책임지는 자원봉사자 모집자들로 구성된 자원봉사자 네트워크를 활용하는 것이 필요하다.

시스템 구축의 방법은 직원, 이사, 기존의 타 자원봉사자들로 하여금 지역사회의 다양한 하위 집단별로 이 일을 할 수 있는 자원봉사자들을 모집하도록 독려하는 것이다. 모집된 사람들을 대상으로 자신이 속한 집단 내에서 상시적 자원봉사자 모집 업무를 할 수 있도록 훈련하여야 한다.

(8) 표적모집 개발 과정 8단계

모집 담당자가 하여야 할 일은 무엇인가? 모집 메시지를 전달할 사람들을 훈련하여야 한다. 기관과 관련이 있는 모든 사람을 훈련하여야 한다.

훈련 내용은 모집 과정에서의 역할이 무엇인지를 인지시켜 주어야 한다. 효과적이고 실제적인 습득이 가능한 교육방법 활용하여야 한다. 모집활동 수행이 있어서 어디서, 어떻게, 몇 번의 홍보활동을 할 것인가? 누가 모집을 해야 하나? 모집과정 각각에서 누가 어떤 역할을 담당할 것인가? 모집활동에 참가할 모든 사람들이 자신들의 역할을 이해하는가를 준비하여야 할 것이다. 그리고 마지막으로 평가 및 조정의 과정을 가져야 한다(박태영, 2015).

3. 모집 계획의 평가

1) 평가의 의미

자원봉사 프로그램을 실시한 후 처음 계획한 것이 얼마나 달성되었는지, 무엇이 달성되고 또 안 된 것은 무엇인지를 평가하는 것은 대단히 중요하다. 평가를 통해서 효과적이고 효율적인 프로그램을 계획할 수 있다. 평가하는 데 있어서는 반드시 기록에 의한 자료의 통계에 바탕을 두어야 한다.

2) 평가의 필요성

평가의 필요성은 다음과 같다.

㉠ 평가는 프로그램의 결과에 대한 실증적인 자료를 제공함으로써 프로그램의 현재와 미래 프로그램의 방향에 대한 결정을 내리게 한다.

㉡ 평가는 프로그램의 성과 측정방법 그리고 분석기법 등을 통해 서비스질과 효과와 효율성을 높인다.

㉢ 평가는 목표가 달성되었는가를 알아보는 것으로서 실시한 프로그램의 가치와 의미를 판단하게 한다.

㉣ 평가는 프로그램을 비판적으로 검토하게 한다.

㉤ 평가는 변화가 어디에 어떻게 얼마나 일어났는지 알 수 있게 한다.

3) 평가를 하여야 하는 이유

평가를 하여야 하는 이유는 다음과 같다.

㉠ 자원봉사자들이 그들 잠재력을 최고로 개발할 수 있게 돕게 된다.

㉡ 단체가 자원봉사자를 보다 잘 활용할 수 있게 한다.

㉢ 평가를 하지 않으면 자원봉사자들은 단체가 자기들의 활동에 별 관심이 없고 자신들을 중요하게 생각하지 않는다는 인상을 주게 된다.

4) 평가를 위한 준비

평가를 위한 준비는 다음과 같다.

㉠ 자원봉사자들이 수행한 일(활동)에 관한 정보를 정기적으로 수집해 둔다.

㉡ 수행한 일의 결과를 설정한 목적과 비교해 본다.

㉢ 충분한 정보를 바탕으로 평가한다.

㉣ 모든 자원봉사 평가를 기록한다.

㉤ 평가를 위한 설문지를 작성한다.

㉥ 평가 대상을 설정한다.

5) 평가하여야 할 대상

평가하여야 할 대상은 다음과 같다.

㉠ 자원봉사자들의 유형과 참가자 수

㉡ 자원봉사자들에 의해 제공된 시간

㉢ 자원봉사들에 의해 수행된 업무(활동) 혹은 서비스

㉣ 제공된 오리엔테이션 내용과 참가자들의 수

㉤ 실시한 교육·훈련 과목 및 강사

㉥ 탈락한 자원봉사자 수와 탈락사유

ⓢ 인정을 받은 수와 인정형태

ⓞ 지역사회에 대한 금전적 · 비금전적 기여도

ⓩ 총 자원봉사자의 활동시간을 금전적으로 환산한 액수(이것은 활동과 같은 일을 하는 유급 직원에게 지불되는 시간당 임금 아니면 최저임금을 기준으로 한다.) 자원봉사는 단지 금전적으로만 계산될 수 있는 것이 아니다. 그러나 참고로 자원봉사자들에게 제공한 활동의 금전적 가치를 알려주게 되면 그들의 서비스의 가치를 확인할 수 있다.

6) 평가회의 개최

평가회의에는 자원봉사관리자, 직원, 자원봉사자 그리고 가능한 경우 서비스 대상자도 참석하는 것이 효과적이다. 평가회의는 쌍방적이어야 한다. 자원봉사 담당자가 자원봉사자들이 실시한 활동 결과를 칭찬하거나 더 잘할 수 있도록 자신의 의견을 말할 수 있는 기회이며, 그리고 자원봉사자들로서는 자신들의 업무(활동)를 어떻게 하면 보다 잘하게 할 수 있다는 것을 발표할 수 있는 기회가 된다. 또한 자원봉사자들이 자신들이 보다 하고 싶어 하는 일이 무엇인가를 말할 수 있는 기회가 된다.

7) 새로운 모집 캠페인 준비 시 명심해야 할 질문

새로운 모집 캠페인 준비 시 명심해야 할 질문은 다음과 같다.

㉠ 자원봉사자가 수행해야 할 일은 무엇인가?

㉡ 이 일을 하고 싶어 하는 잠재적 자원봉사자는 누구인가?

㉢ 그 사람들을 어디에서 찾을 수 있나?

㉣ 그들에게 어떠한 방식으로 접근하고, 대화를 나누어야 할 것인가?

㉤ 그 사람들의 개별적이고, 독자적인 자원봉사 동기는 무엇인가?

ⓗ 그들에게 무슨 말(모집 메시지)을 해야 하나?

ⓢ 누가 그들에게 말을 하는 것이 좋은가?

ⓞ 그들이 해야 할 일을 어떻게 알 수 있을까?

잠재적 자원봉사자의 참여 동기 및 욕구와 기관(지역사회)의 욕구와 문제에서, 기관과 자원봉사자의 공유영역을 정확히 파악하여 조화를 이루는 것이 바람직하다.

4. 자원봉사자 모집의 기본 원칙

자원봉사자 모집의 기본 원칙은 다음과 같다.

ⓖ 자원봉사자의 다양한 잠재적 활용 가능성에 대해서 유연성을 가지고 폭넓게 사고하여야 한다. 하지만 그러한 자원봉사자를 모집하기 위한 메시지와 방법에 대해서는 치밀하고 좁게 생각하여야 한다.

ⓝ 자원봉사자를 위한 좋은 업무를 준비하여야 한다. 하지만 이러한 업무를 수행하는 데 요구되는 구체적인 일과 일정은 항상 유연하게 해야 한다.

ⓓ 모집은 자원봉사 관리자와 자원봉사자 사이의 관계 전반에 있어 지속적으로 이루어지는 과정임을 기억하여야 한다.

5. 자원봉사자 모집방법

모집방법에 따라 대중적 모집, 개별적 모집, 자기모집, 비공식적 모집의 4가지로 나눌 수 있다. 그리고 대중적 모집과 자기모집의 경우에는 홍보매체인 TV, 라디오, 신문, 광고지, 인터넷 등과 같은 광고기술이 중요하며, 개별적 모집과 비공식적 모집은 직접방문이나 전화, 편지 그리고 기존 자원봉사자나 기관의 직원을 활용하는 것이 효과적이다.

1) 대중적 모집

대중적 모집은 여러 사람을 한 번에 모집하는 형태로 행사나 많은 일을 한꺼번에 할 수 있다.

2) 개별적 모집

개별적 모집은 특정대상과 범위를 정하여 모집하는 형태로 특정 업무나 특정계층 등 전문적인 서비스를 제공할 수 있다.

3) 자기모집

자기모집은 스스로 강한 동기를 갖고 직접 기관을 찾아가는 것이다.

4) 비공식적 모집

비공식적 모집은 기존의 자원봉사자나 기관의 직원을 통한 모집이다.

6. 선발과 면접

1) 선발과 면접의 중요성

기관과 자원봉사자의 첫 번째 대면 기회이며 비용절감 효과로서 향후의 발생하는 큰 비용(슈퍼비전 상의 추가 비용, 업무상의 분쟁조정 등) 발생을 예방할 수 있다(이만식 외, 2017)

(1) 선발의 목적

선발은 자원봉사를 원하는 지원자 중에서 현재의 여러 가지 상황들을 고려하여 선발기준에 부합되는 사람을 선택하는 과정이다. 자원봉사자의 현재 또는 과거의 직업과 적성, 연령, 성별, 종교, 학력수준 등의 요소가 충분히 고려되어야 한다(박태영, 2015).

① 선발

충원에 적합한 직무 자격을 소유하고 있는 인적자원을 선택하는 과정이며, 가장 적합한 지원자를 특정 직무에 짝지어 주는 과정으로, 모집의 다음 과정이다. 응모 자격과 직무 조건을 고려하여 직위에 맞게 안배하는 과정이며 최소의 비용과 시간을 투자하여 최적의 자원을 구하는 전략적 행위이다.

철저한 사전준비가 필요하며 가장 중요한 사항은 적재적소원칙의 실현이다(이만식 외, 2017).

② 자원봉사자와 기관의 협상 과정으로서의 선발

기관과 자원봉사자의 이해가 상호 부합하는지의 여부에 관해 자원봉사자와의 협상이 이루어진다. 선발과 면접의 과정 동안에 이루어지며 중요한 속성은 이해당사자 간의 협상이 전제되는 양방향 과정이다. 고압적 협상 태도는 바람직하지 않다.

(2) 선발 과정의 고려사항

① 적합성

적합성은 다음과 관련된다.

- 자원봉사자가 자원봉사에 깊은 관심을 갖고 있으며, 그 일을 수행하는 데 요구되는 자격을 어느 정도 갖고 있는가?
- 자원봉사자가 다른 일에는 어느 정도 관심을 갖고 있으며 그 다른 일을 수행하는

데 필요한 능력은 어느 정도 갖고 있는가?

- 자원봉사자가 특수한 업무 환경에서 원만하게 근무하는 데 필요한 '적절성'은 어느 정도 되는가?

② 면접

면접의 목적은 자원봉사 지원자와 기관과의 상호 간의 적합성을 확인하는 것이며 자원봉사 지원자가 실제로 활동을 잘할 수 있도록 연결해 주는 것이다. 지원자는 의문, 염려 등을 갖고 올 수 있다. 면접을 통해 활동이 도움이 될 수 있다는 확신을 심어 주어야 한다. 봉사를 통해 얻을 수 있는 혜택이나 만족감에 대해서도 설명하는 것이 필요하다.

면접은 잠정적 자원봉사자들에 대해 의욕, 기술, 능력 및 기관 및 클라이언트의 욕구와 관련될 수 있는지 결정하는 것이다(박태영 외, 2015).

면접의 중요한 목적은 기관이 자원봉사자에게 무엇을 제공할 수 있고, 그들이 원하는 일을 어느 정도 감당해 줄 수 있을 것인지에 관해 자원봉사자가 신중하게 생각할 시간을 주는 것이다. 그리고 자신이 그 일에 적합한지, 왜 그 일이 중요하고 관심을 가질 만한 가치가 있는지에 대해 생각할 시간을 주는 것이다.

③ 마케팅

마케팅은 다음과 관련된다.

- 잠재적 자원봉사자가 어떻게 기관의 자원봉사활동에 대해 알게 되었는가?
- 잠재적 자원봉사자가 기관의 어떤 요소에 이끌려서 오게 되었는가?

이러한 질문을 통해, 현재의 모집 방법에 대한 검토와 평가가 가능하고, 향후 보다 효과적인 모집 방법의 개발을 위한 중요한 자료로 활용 가능하다.

(3) 면접 장소

개인에 대한 존중과 편안함을 느낄 수 있는 장소이어야 한다. 개인의 배경이나 관심사항에 관한 깊은 정보를 얻을 수 있는 환경이어야 한다. 전화면접보다는 직접적 면접이 바람직하다. 전화면접은 자원봉사자의 거주지가 너무 멀거나, 자원봉사자의 수가 너무 많을 경우에 진행하며 자원봉사자에게 부탁하는 봉사시간, 책임의 정도, 수행하여야 할 일의 민감성 정도에 따라 전화 면접의 적절성을 판단한다.

(4) 면접 시 유의할 점

면접 시 유의할 점은 다음과 같다(이만식 외, 2017).

㉠ 면접관은 지원자의 개인적 성격과 존엄성을 존중하여야 한다.
㉡ 면접관은 지원자에게 제시할 면접 내용을 사전에 준비하여야 한다.
㉢ 질문 내용은 지원자가 쉽게 이해할 수 있도록 간단명료하여야 한다.
㉣ 지원자가 편안한 마음을 갖도록 격려하면서 진실을 말하도록 하여야 한다.
㉤ 면접 내용은 체계적이고 논리적이어야 한다.
㉥ 지원자의 결점을 지적하거나 비판해서는 안 된다.
㉦ 면접 중에 지원자의 자존심을 지켜 주어야 한다.
㉧ 면접관과 지원자 간에 비밀이 유지되어야 하며 면접 내용을 선발 이외의 용도로 사용해서는 안 된다.

(5) 면접 과정

① 면접 전 준비단계

지원자에 대하여 기본적인 자격 요건을 확인하는 과정이다. 두 가지 영역에 대한 질문 준비를 하여야 한다. 개방형 질문은 개인적 관심이나 동기에 관한 정보를 수집하기 위한 질문이며, 특별한 업무 수행에 필요한 기술이나 자격 요건에 관한 질문이 필요하다고 본다.

면접 준비를 위하여 면접 장소를 마련하고 적절한 시간을 계획하고 1인당 30분 정도가 적당하다. 자원봉사 지원자의 면접을 위한 질문 목록을 마련한다. 자원봉사 신청서를 작성하고 봉사활동 업무에 대한 정보를 제공한다.

② 면접

면접을 하면서 자원봉사 지원자가 편안하게 느끼고 친밀한 관계를 형성하도록 노력하며 방문해 준 것에 대해 감사를 표시하고 면접의 목적을 정확하게 설명한다.

기관에 대해 소개하고 궁금한 것은 질문하게 한다. 면접시간이 길지 않도록 미리 면접 계획을 세운다. 선발 과정에 대한 적절한 설명이 이루어지고, 자원봉사자가 봉사활동을 통해 기대하는 것이 충분하게 표현된 후에 면접을 시작한다. 면접은 쌍방적인 행위이다. 즉, 서로 의사를 교환하는 과정이자 협상 과정이다. 면접실행은 자원봉사 지원자의 취미, 관심, 싫어하는 것, 직업, 참여 동기 등에 대한 질문을 자연스럽게 한다. 자원봉사 활동할 수 있는 자원봉사 프로그램을 소개하며 각 업무의 목적과 활동내용을 소개한다. 각 업무에서 요구하고 있는 자격 및 책임에 대해서 알려 준다.

업무들이 기관이나 서비스 대상자에게 얼마나 필요하고 중요한 것인가를 이해하도록 설명한다. 면접을 통하여 얻어진 정보를 선택적으로 분류한다. 동일한 업무에 지원한 사람이 있을 경우, 가장 적절한 사람을 선정하기 위하여 개별적으로 핵심적인 질문을 해 보아야 한다.

③ 면접 후 업무

신규 자원봉사자의 배치와 업무의 수행을 위해 해당 직원들의 협조를 요청하고 자원봉사자가 제출한 서류를 재검토한다. 최대한 신속히 끝내는 것이 바람직하다. 면접 후 배치가 지연될 경우, 꾸준히 연락을 취한다. 그리고 면접 종결은 간결하면서 유쾌해야 하며, 면접을 통해 얻은 정보를 서로 요약할 필요가 있다.

선발의 경우는 근무시간이나 교육이수, 업무기록이나 비밀보장 등과 같은 업무조건에 대해 논의하며, 적합한 업무를 제안하며, 동의서, 신원보증 등의 서류를 참고한다.

선발하지 않은 경우 공손하게 맞는 업무가 없음을 알리고 다음 봉사모집이 어떻게 될지 알려 준다. 그리고 다른 맞는 기관을 소개한다.

면접에 대한 고려 사항은 전화나 온라인 신청만으로 배치하는 것은 바람직하지 않다. 모든 질문은 자원봉사 지원자 입장에서 해야 한다. 거절을 할 때는 명확하고 정확하게 하며 신중하게 해야 한다. 서비스 대상자의 안전을 고려하여야 한다.

(6) 자원봉사활동 합의서

자원봉사자가 실행하여야 할 일과 기관이 자원봉사자에게 제공할 급부, 지원 내용, 시간적 틀을 구체화하고 그 내용에 대해 상호 동의하는 것을 의미한다. 기관과 자원봉사자가 자원봉사활동을 매개로 공식적인 관계를 시작했다는 것의 중요성과 상징성을 강조한다(이만식 외, 2017).

자원봉사활동 합의서의 예는 다음과 같다.

자원봉사활동 합의서

이 합의서는 본 단체가 자원봉사자들을 함께 일하는 동료로서 대할 것을 확인하기 위한 것입니다. 자원봉사자 여러분의 자원봉사활동이 생산적이며 효과적인 활동이 되도록 본 단체가 할 수 있는 최선을 다할 것을 약속드립니다.

Ⅰ. 기관/단체

본 기관(기관명)은/는 (언제)부터 (자원봉사자 이름)의 자원봉사활동을 실행하는 데 동의합니다.

본 기관은 자원봉사활동을 위해 다음과 같은 사항을 보장합니다.

1. 자원봉사자들이 각 업무에 부여된 책임을 다하기 위해 필요한 정보와 훈련과 지원을 아끼지 않고 제공한다.
2. 자원봉사자들에게 필요한 성실한 지도를 보장하며 그들의 업무진행에 대한 평가를 제공한다.
3. 자원봉사자의 존엄성뿐만 아니라 개인적 기술과 필요성을 존중하며 자원봉사자의 개인적 필요조건을 충족시키기 위해 최선을 다한다.
4. 업무수행을 보다 효과적으로 하기 위해 자원봉사자는 어떠한 비판과 평가도 수용한다.
5. 본 기관은 자원봉사자를 기관의 실무자와 같이 동등한 파트너로 대우하며 기관의 사명(Mission)을 완수하기 위해 공동의 책임을 갖는다.

Ⅱ. 자원봉사자

나(자원봉사자 이름)은/는 귀 기관에서 (000) 봉사자로서 활동하는 것에 동의하며, 다음과 같은 사항을 준수하겠습니다.

1. 최대한의 능력을 발휘하여 자원봉사활동의 업무를 수행할 것을 보장한다.
2. 단체 활동의 비밀보장, 봉사대상에 대한 정보의 보장을 포함하여 귀 기관의 규율과 단체의 업무처리 과정을 준수한다.
3. 자원봉사활동시간을 지키고 책임과 의무를 준수한다. 또 원활한 업무 수행과 문제발생 예방을 위해 필요시 적절한 보고를 함으로써 기관이 상황에 대처할 수 있게 한다.
4. 언제나 전체 자원봉사 팀의 구성원으로서 활동하며 기관의 사명 완수에 책임을 준수한다.

Ⅲ. 합의 서명

자원봉사자: 날짜

기관실무자: 날짜

2) 자원봉사자의 선발과 모집의 전망

(1) 다양성 확대

자원봉사자 모집 대상이 청소년, 은퇴자, 대학생뿐만 아니라 전문직 종사자 및 디지털 세대로 확대될 전망이다.

다문화 사회로의 전환과 글로벌 이슈 증가에 따라 국적, 문화적 배경이 다양한 인력이 참여할 가능성 증가한다.

(2) 디지털 기술 활용

소셜 미디어, 온라인 플랫폼, AI 등을 활용한 효율적 모집과 매칭 시스템의 발전한다.

메타버스, VR 등을 활용해 비대면 자원봉사도 확산될 전망이다.

(3) 전문성 요구 증가

지속 가능한 사회를 위한 전문지식과 기술이 필요한 봉사활동(예: 환경보호, IT 지원, 심리상담 등)의 수요가 증가할 것으로 보인다.

따라서 선발 과정에서 역량 기반 심사와 전문교육 이수가 중요해질 것이다.

(4) 사회적 가치를 반영한 동기부여

사회공헌 활동에 참여하려는 개인과 기업이 늘어나면서 개인의 가치를 반영하고 성과를 공유할 수 있는 봉사활동 설계가 중요해진다..

(5) 커뮤니티 중심 모집

지역 공동체 기반의 참여와 협업이 강조되며, 소규모 지역 네트워크나 커뮤니티 중심의 모집이 활발해질 전망이다.

이는 기술 발전과 사회 변화에 따라 자원봉사 활동의 개념이 진화하면서 생긴 트렌드로, 지속적인 관리와 체계적인 계획이 중요하다.

volunteerism | chapter

08

자원봉사자의 배치와 교육

[학습목표]

1. 자원봉사자의 배치의 의미와 과정을 이해한다.
2. 자원봉사 교육의 의미와 과정을 이해한다.
3. 자원봉사자의 배치와 교육에서 자원봉사 관리자의 역할을 이해한다.

volunteerism | chapter 08

자원봉사자의 배치와 교육

1. 자원봉사자의 배치

1) 자원봉사자 배치의 의미

자원봉사자 배치는 자원봉사를 필요로 하는 수요처의 활동에 자원봉사자를 연결시키는 과정을 뜻한다. 배치는 사전적으로 사람이나 물자 따위를 일정한 자리에 나누어 두는 것을 의미한다(국립국어원 표준국어대사전). 이를 바탕으로 자원봉사자의 배치에 대한 개념을 정의하면 다음과 같다. 자원봉사자 배치란 자원봉사자의 모집과 선발 과정에서 확보하였던 정보를 바탕으로 자원봉사 수요처에서 필요로 하는 사무나 활동을 자원봉사자에게 정해 주는 것이다.

자원봉사자의 배치는 자원봉사자의 관심이나 욕구, 희망, 능력 등 정보와 자원봉사 수요처의 상황과 활동 내용 등을 적절히 맞추거나 조정하여 자원봉사 활동이 시행될 수 있도록 돕는 과정이라 할 수 있다. 자원봉사 수요처의 상황이나 자원봉사 활동의 종류에 따라 교육이 실시되기 전에 자원봉사자 배치가 이루어지기도 하고, 교육 실시 이후에 이루어지기도 한다. 자원봉사자 배치는 대체로 자원봉사 관리자가 수행한다.

2) 자원봉사자 배치의 필요성

자원봉사 수요처에서 필요로 하는 자원봉사자의 활동이나 사무는 대체로 한정적인 경우가 많다. 또한 자원봉사자에게 활동이나 사무를 맡길 수 있는 기간이나 일정도 제한되어 있는 경우가 대부분이다. 그렇기 때문에 자원봉사자의 희망이나 욕구를 그대로 반영하여 배치하기 어려운 상황이 발생하기도 한다.

자원봉사자들 중에는 자신이 희망하는 일정에 맞추어 활동이나 사무를 자원봉사 수요처에서 하고 싶어 하는 이들이 많다. 만일 자원봉사자의 희망이나 욕구를 자원봉사 수요처에서 모두 수용 가능하다면 큰 어려움이 없다. 자원봉사 수요처의 관리자는 자원봉사자의 욕구를 그대로 반영하여 그들이 희망하는 일정에 맞추어 희망하는 활동이나 사무를 할 수 있도록 하면 되기 때문이다. 그러나 그러한 것은 이상적인 상황이고 현실적으로는 자원봉사자의 욕구나 희망과 자원봉사 수요처의 필요나 상황 사이에는 차이가 있기 마련이다. 따라서 자원봉사자 배치라는 과정을 통해 그 차이를 조정하는 것이 필요하다.

자원봉사자를 수요처의 적재적소에 배치하게 되면 자원봉사 활동이나 사무의 효율성을 높일 수 있다. 그렇게 되면 수요처도 실질적인 도움을 얻을 수 있고 자원봉사자도 자신의 활동에 대한 보람이나 만족감, 활동을 지속할 수 있는 동기 등을 얻을 수 있게 된다. 따라서 자원봉사자를 적절히 배치하는 것은 매우 중요하다.

3) 자원봉사자 배치 시 고려 사항

자원봉사자의 배치 업무를 맡은 관리자에게 필요한 직무 능력은 모집되고 선발된 자원봉사자들의 참여 동기나 욕구, 경력이나 경험, 능력 등을 잘 파악하고 수요처의 상황을 고려하여 적재적소의 활동 분야나 사무를 정해 줄 수 있는 것이다. 이를 위해서는 관리자는 자원봉사자에 대해 잘 파악할 수 있어야 하고 수요처의 필요 업무와 일정 등에 대한 정보나 지식도 가지고 있어야 한다.

자원봉사 관리자는 신청이나 접수 단계에서 자원봉사자에 대한 정보를 면밀히 파악해야 한다. 자원봉사자와 충분히 소통하여 자원봉사 활동 신청 동기는 무엇인지, 희망하는 자원봉사 분야나 업무, 대상, 활동 가능한 일정 등에 대해 구체적으로 파악해 두면 배치에 큰 도움이 된다. 신청이나 접수 당시에 자신의 욕구를 충분히 이야기하는 이가 있는가 하면 어색하고 낯설어서 기본 정보 말고는 이야기를 잘 하지 않는 이도 있다. 그렇기 때문에 자원봉사 관리자는 자원봉사자의 유형별로 잘 대응해야 한다. 처음부터 자신의 욕구를 충분히 이야기하는 경우라면 자원봉사자의 이야기를 잘 경청만 해도 충분하지만 기본적인 정보 외에 다른 말을 하지 않는 경우라면 관리자가 충분히 질문을 하여 필요한 정보를 파악해야 한다. 자신에 대한 이야기를 충분히 하는 경우라도 경청하되 업무와 관련 없는 방향으로 나아가지 않도록 대화를 이끄는 것이 필요하다. 그러한 과정 없이 대화를 나눈다면 많은 시간을 소요하였음에도 실제 자원봉사 활동에 필요한 정보는 제대로 파악하지 못하는 오류를 범할 수 있기 때문이다.

자원봉사자에 대한 정보를 파악하는 과정에서 자원봉사 수요처에 대한 구체적인 정보를 자원봉사자에게 제공하는 것도 필요하다. 수요처와 자원봉사 필요 업무에 대한 충분한 정보가 제공되면 자원봉사자는 자신이 참여 가능한 활동을 좀 더 구체적으로 관리자에게 알려 줄 수도 있다. 또한 초기 면접이나 상담, 선발 과정에서 보인 자원봉사자의 성향이 배치 과정에서 중요한 고려 사항이 될 수 있다. 만일 자원봉사자가 이전에 수요처에서 자원봉사 활동 경험이 있다면 그 당시 관리자 업무를 맡았던 직원이나 그를 만나 보았던 이들을 통해 지금의 배치에 필요한 중요한 정보를 얻을 수도 있다.

자원봉사자 배치 업무를 담당하는 관리자는 자신의 고유한 업무 말고도 자원봉사자를 필요로 하는 부서의 해당 업무에 대해서도 어느 정도 이상의 수준으로 파악하고 있어야 한다. 자원봉사자를 필요로 하는 부서의 해당 업무를 모르는 상태에서는 필요로 하는 자원봉사자를 찾아 적절히 배치하는 것이 쉽지 않고 배치하더라도 서로 간의 기대나 필요가 맞지 않아 갈등을 일으킬 가능성도 있기 때문이다. 따라서 관리자는 필요로 하는 자원봉사자의 역할과 활동, 필요 기간과 일정 등에 대해 해당 부서와 소통을 하여 파악해 두어야 한다.

〈표 8-1〉 자원봉사자 배치 시 고려사항

구분	내용
자원봉사자에 대한 고려	• 자원봉사자가 희망하는 활동 내용 • 자원봉사자가 희망하는 활동 일정 • 자원봉사자의 경험과 능력 • 자원봉사자의 참여 동기 등
자원봉사 수요처에 대한 고려	• 수요처의 자원봉사 필요 업무와 내용 • 수요처의 자원봉사 필요 일정 • 수요처의 필요 자원봉사자 인력 규모 • 수요처에서 요청한 자원봉사자의 조건 등

4) 자원봉사자 배치의 과정

(1) 자원봉사자 수요 파악

자원봉사자가 필요한 업무가 갑자기 발생하여 자원봉사 관리자에게 도움을 요청하는 경우도 있지만 대부분의 경우 수요처에서 사전에 자원봉사자 수요를 파악하여 요청하는 경우가 많다. 자원봉사 수요처에서 필요하다고 해서 적절한 자원봉사자가 바로 나타나는 것은 아니기 때문이다. 업무 계획을 수립하면서 필요 여부를 파악하여 자원봉사자가 필요한 경우라면 자원봉사 관리자에게 사전에 신청을 한다. 신청을 할 때에는 필요로 하는 자원봉사자의 특성에 대해 구체적으로 요청을 하는 것이 좋다.

(2) 자원봉사자 배치 상황 발생

자원봉사자 배치 상황이 발생하게 되면 자원봉사 관리자는 자원봉사자의 욕구와 수요처의 필요에 대해 확인하고 검토해야 한다. 자원봉사자의 욕구와 수요처의 필요가 일치하는지 여부에 따라 관리자의 업무는 비교적 간단해질 수도, 복잡해질 수도 있다.

자원봉사자의 욕구나 희망사항들이 수요처의 필요와 일치된다면 비교적 수월하게 진행할 수 있다. 수요처의 필요에 맞추어 활동 내용과 일정, 유의사항 등을 자원봉사자에게 안내해 주고 활동을 시작할 수 있도록 하면 된다.

자원봉사자의 욕구와 희망사항들이 수요처의 필요와 일치하지 않으면 각각의 상황들을 고려하여 업무를 진행해야 한다. 그 차이가 크지 않거나 어느 한쪽에서 수용 가능한 정도의 일정이나 활동 내용의 차이라면 자원봉사자와 수요처 담당자와 소통하여 그 차이를 설명하고 조정할 수 있다. 만약 조정이 가능하지 않다면 자원봉사자에게 그 상황을 잘 설명하고 양해를 구하거나 다른 활동에 대해 제안하거나 연결하여야 한다.

(3) 자원봉사자 배치

자원봉사자의 욕구나 희망사항과 수요처의 필요가 맞으면 자원봉사자를 배치한다. 또한 차이가 어느 정도 나더라도 협의하는 과정을 통해 활동이 가능할 수 있을 만큼 조정이 되었다면 자원봉사자를 배치한다.

우선, 자원봉사 활동 신청서를 작성하지 않은 자원봉사자라면 이를 작성하도록 한다. 자원봉사 관리자를 찾아와서 대면하여 상담을 받은 적이 있거나 사전에 일정한 절차를 거쳐 선발된 자원봉사자라면 활동 신청서는 이미 작성되어 있을 수 있다. 하지만 문의나 상담을 하면서 연락처를 받아 둔 경우라면 배치하기 전에 자원봉사자 활동 신청서 작성 여부를 확인해야 한다. 신청서를 작성하면서 필요한 경우 추가 면접이나 상담을 할 수도 있고, 오리엔테이션이나 활동에 필요한 교육 일정을 협의할 수도 있다.

또한 자원봉사 활동에 필요한 각종 자료를 자원봉사자에게 제공한다. 수요처에 대해 파악할 수 있는 홍보물과 활동이나 사무를 이해하는 데 필요한 자료, 활동 지침이나 매뉴얼 등이 이에 해당한다.

수요처의 자원봉사 활동 관련 담당자에게 배치 상황에 대해 알려 주는 것도 필요하다. 배치되는 자원봉사자와 관련된 정보도 제공하여 업무에 참고할 수 있도록 해야 한다.

자원봉사자가 수요처에 배치가 되면 관리자는 배치 결과에 대해 정리해야 한다. 자원봉사자가 활동 신청서를 작성한 경우 이를 보관함에 보관하고 관리 명부 등에 자원봉사자를 등록하거나 변경된 내용을 반영해야 한다.

⑷ 이후 점검 및 관리

자원봉사 관리자는 자원봉사자가 배치가 되고 난 이후에는 활동 상황에 대해 점검하고 관리해야 한다. 배치되는 과정에서 안내되고 협의가 된 사항대로 활동이 진행되고 있는지, 수요처에서 자원봉사 활동에 대해 적절히 관리되는지 등에 대해 확인해야 한다.

자원봉사 활동이 제대로 되지 않고 있다면 그 상황을 확인하여 적절한 조치를 취한다. 자원봉사자가 활동하는 부서나 활동 내용을 바꾸고 싶어 하는 경우에는 상담을 통해 새로운 활동이나 부서로 재배치할 수 있다. 자원봉사자에게 활동을 하지 못할만한 사정이 생겼거나 수요처에서 자원봉사자의 필요가 사라지고 다른 필요 활동이 없는 경우에는 자원봉사자의 활동을 종결시키도록 한다.

〈표 8-2〉 자원봉사자 배치의 과정

과정	내용
수요 파악	• 수요처 업무 계획 수립 시 자원봉사자 필요 여부 파악 • 자원봉사 관리자에게 사전 자원봉사자 배치 신청
배치 상황 발생	• 자원봉사 관리자는 자원봉사자의 욕구와 수요처의 필요 비교 • 자원봉사자의 욕구와 수요처의 필요가 일치되는 경우 수요처의 필요에 맞추어 활동 내용과 일정, 유의사항 등을 자원봉사자에게 전달 • 자원봉사자의 욕구와 희망사항들이 수요처의 필요와 차이가 날 경우 자원봉사자와 수요처 담당자와 소통하여 조정(조정 가능하지 않다면 자원봉사자에게 양해를 구하거나 다른 활동 제안)
배치	• 자원봉사 활동 신청서 작성 여부 확인(하지 않은 경우 신청서 작성) • 신청서를 작성 시 필요한 경우 추가 면접이나 상담, 교육 일정 등 협의 • 자원봉사자에게 활동에 필요한 각종 자료 제공 • 자원봉사 활동 신청서 보관 • 자원봉사자 관리 명부 등록(혹은 정보 갱신)
이후 점검 및 관리	• 활동 상황에 대해 점검 • 안내되고 협의가 된 사항대로 활동이 진행되는지 확인 • 수요처에서 적절히 관리하는지 확인 • 자원봉사자가 활동하는 부서나 활동 내용을 바꾸고 싶어 하는 경우에는 재배치 • 자원봉사자에게 활동하지 못할 만한 사정이 생겼거나 수요처에서 자원봉사자의 필요가 사라졌을 경우에는 활동 종결

5) 효과적인 자원봉사자 배치

자원봉사자를 배치할 때는 자원봉사자의 욕구나 희망을 최대한 반영해야 활동을 오랫동안 지속할 가능성이 높다. 만약에 자원봉사자가 원하는 활동이 없고, 신청하거나 접수한 수요처에서 필요한 활동들 중에서 조정할 수 있을 만한 것도 없다면 자원봉사자가 희망하는 활동이 가능한 다른 기관이나 단체 등을 소개해야 한다. 수요처에 억지로 맞추어 활동을 시작하더라도 갈등이 일어나거나 지속되기 어려울 수 있기 때문이다.

자원봉사 활동 경험이 없거나 부족한 자원봉사자는 경험이 많은 이들과 함께 활동할 수 있도록 배치하는 것이 좋다. 이를 통해 활동에 필요한 지식이나 기술을 빨리 습득할 수 있다. 자원봉사자 단체가 있는 경우 이를 소개할 필요도 있다. 그러나 자원봉사자가 혼자서 활동하는 것을 희망하는 경우도 있기 때문에 강요해서는 안 된다. 업무에 지장이 생기는 경우가 아니라면 억지로 팀 활동을 강요해야 할 이유는 없다.

2. 자원봉사 교육

1) 자원봉사 교육의 의미

자원봉사 활동의 효과성을 높이기 위해서는 좋은 자원봉사자를 모집하고 적절히 배치하고 관리하는 것이 중요하다. 또한 그러한 과정이 잘 수행될 수 있도록 자원봉사자나 관리자의 역량을 높이는 것도 필요하다. 다시 말해 자원봉사 활동의 효과성을 높이기 위해서는 자원봉사자나 자원봉사 관리자의 역량을 높이는 적절한 교육 제공이 중요하다. 교육을 통해 자원봉사자와 자원봉사 관리자는 자신의 역할에 대해 확인하고 활동이나 업무를 효과적으로 수행할 수 있는 지식과 기술, 가치관 등을 습득할 수 있다.

자원봉사자와 자원봉사 관리자의 교육을 통칭하여 자원봉사 교육이라 한다. 자원봉사 교육은 자원봉사의 개념을 이해하고 가치관과 태도를 형성하고 활동에 필요한 지식과 기술을 습득하여 역할과 업무를 효과적으로 수행할 수 있도록 역량을 강화하는 과정을 의미한다(한국자원봉사관리협회, 2008).

자원봉사자는 활동을 시작하기 전에 자원봉사에 대한 가치를 이해하고, 자신이 활동하는 수요처에 대해 파악하며 자신의 활동에 대한 내용과 의미를 확인하게 되면 책임감이 커지게 되어 활동에 더 집중할 수 있다. 또한 동기가 강화되어 더 오래 지속적인 자원봉사 활동을 할 수 있도록 하는 계기가 되기도 한다.

자원봉사 관리자는 교육을 통해 관련 업무에 대한 이해도를 높이고 필요한 지식과 기술을 얻을 수 있다. 이를 통해 자원봉사 관리 업무 전반의 효율성과 효과성을 높여

성공적인 자원봉사 관리 업무를 수행할 수 있다.

2) 자원봉사 교육의 과정

자원봉사 교육은 자원봉사자나 자원봉사 관리자가 자신이 수행해야 할 역할을 이해하고 활동이나 업무를 효과적으로 수행할 수 있도록 구성해야 한다.

우선 교육 대상의 욕구와 활동 내용이나 업무, 교육 가능한 시기 등을 고려하여 교육 프로그램을 개발하고 계획을 수립한다. 교육 프로그램은 대상이나 인원, 기간이나 장소, 예산, 자원봉사자들의 관심분야 등을 고려하여 개발한다.

다음으로 장소, 강사, 교육 대상, 교재 및 기자재 등을 확보하고 점검하여 교육준비를 한다. 교육 대상이나 인원, 접근성 등을 고려하여 장소를 선정하고 확보하며, 교육목표나 내용을 고려하여 강사를 섭외한다. 또한 교육 대상의 참석여부를 확인하고 교육에 사용할 교재와 기자재 등을 준비한다.

홍보 및 교육 대상 모집은 계획 당시 참가자로 설정한 이들에게 맞는 적절한 방법으로 진행한다. 필요한 경우 관련 기관이나 조직에 공문을 보내어 협조를 구할 수도 있다.

교육 당일에는 좌석배치, 기자재 점검 등 교육 장소에 대해 미리 점검하고 필요한 것들을 보완한다. 접수 및 등록을 실시한 후 일정에 따른 교육을 실시하여 종료 시까지 강사와 교육생들이 교육에 집중할 수 있도록 한다.

교육 실시 후에는 준비 및 실행 과정과 결과에 대해 평가하여 차후 계획 수립에 반영한다. 참가자들의 직접적인 반응을 살피고 강의 평가서를 수거하는 방법으로 평가에 필요한 자료를 확보한다. 교육목표의 달성 여부, 교육방법 및 진행 등 결과에 대한 평가뿐만 아니라 교육준비 과정 전반과 교육환경, 향후 교육에 대한 의견 등에 대해서도 평가를 하여 이후 교육에 그 내용을 반영한다.

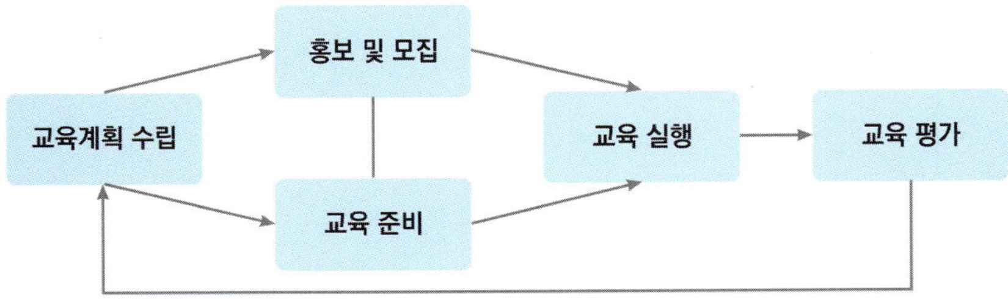

[그림 8-1] 자원봉사 교육의 과정

출처: 한국자원봉사관리협회(2008).

3) 자원봉사 교육의 유형

자원봉사 교육은 그 대상에 따라 크게 자원봉사자 교육과 자원봉사 관리자 교육으로 구분할 수 있다. 자원봉사자 교육의 대상은 자원봉사자 개인, 자원봉사자 단체, 자원봉사자 리더(지도자) 등이다. 자원봉사 관리자 교육의 대상은 수요처 자원봉사 관리자, 자원봉사센터 관리자, 자원봉사 코디네이터 등이다(한국자원봉사관리협회, 2008).

자원봉사자에게 제공되는 교육은 자원봉사 활동 개시 이전이나 활동 초기에 실시하여 자원봉사 활동처와 자원봉사 활동에 대한 이해를 돕는 오리엔테이션과 기본교육, 어느 정도 활동 경험이 있는 자원봉사자들에게 자신들의 활동을 점검해 볼 수 있도록 하는 보수교육, 활동과 관련한 전문성을 높일 수 있는 전문교육, 자원봉사 단체의 지도자들에게 제공되는 자원봉사 지도자교육 등이 있다. 자원봉사 관리자에게는 자원봉사 관리에 필요한 지식과 기술을 습득할 수 있는 교육이 제공된다.

〈표 8-3〉 자원봉사 교육 유형

구분	대상	교육 유형
자원봉사자	자원봉사자 개인	오리엔테이션, 기본교육, 재교육, 전문교육, 지도자교육
	자원봉사자 단체	
	자원봉사자 리더(지도자)	
자원봉사 관리자	수요처 자원봉사 관리자	자원봉사 관리자 교육
	자원봉사센터 관리자	
	자원봉사 코디네이터(상담가)	

4) 자원봉사자를 위한 교육

(1) 오리엔테이션 및 기본교육

자원봉사 활동을 처음 시작하는 자원봉사자라면 처음부터 자신의 역할이나 활동 내용을 완전하게 이해하고서 능숙하게 활동하기가 어렵다. 초보 자원봉사자의 경우 대체로 시행착오를 경험하는 과정을 겪으면서 역량이 커지기 마련이다. 또한 자원봉사 경험이 어느 정도 있는 이들이라고 하더라도 새로운 분야나 다른 활동처에서 활동을 하게 되면 낯설기 때문에 적응하는 데 어려움을 겪기도 한다. 따라서 자원봉사자를 필요로 하는 대부분의 조직에서는 자원봉사 활동 경험이 없거나 많지 않은 이들의 경우 활동에 배치되기 전이나 활동 초기에 오리엔테이션을 실시하여 그들의 적응을 돕고자 한다.

오리엔테이션은 자원봉사 관리자가 하는 것이 보통이지만 조직의 중간 관리자 등 다른 직원이 하는 경우도 있다. 일반적으로 사회복지 조직에서 제공하는 자원봉사자 오리엔테이션은 자원봉사자들이 활동처에 대해 전반적으로 이해할 수 있도록 하는 내용들로 구성된다. 오리엔테이션 담당자는 자원봉사자들에게 자신들이 활동하게 되는 조직의 기능과 목적, 업무와 대상, 지역사회 등에 대한 정보를 제공하고 그에 대해 설명하는 방식으로 진행하는 것이 보통이다. 오리엔테이션 내용은 자원봉사자 수요처에 따라 차이가 날 수 있지만 일반적으로 다음 표의 내용과 같은 사항들은 포함한다.

〈표 8-4〉 자원봉사자 오리엔테이션에 포함되어야 할 사항

자원봉사자 오리엔테이션에 포함되어야 할 내용
• 기관의 현황과 역사 • 기관의 프로그램과 이용자에 대한 설명 • 자원봉사 활동이 필요한 프로그램에 대한 설명 • 기관의 조직 구성에 대한 개요와 주요 직원들에 대한 소개 • 기관의 중요한 이벤트나 활동에 대한 설명과 일정 • 기관의 시설과 장비에 대한 소개 • 자원봉사 활동에 관한 절차(기록의무, 자원봉사 활동에 대한 대가, 교육, 슈퍼비전 등)

출처: 이만식 외(2010).

오리엔테이션 후에는 자원봉사 활동에 앞서 자원봉사의 의미와 활동 분야 등을 이해하고 활동에 대한 동기를 부여할 수 있는 기본교육을 실시한다. 기본교육도 자원봉사 활동에 배치되기 전에 실시하는 것이 보통이지만 경우에 따라서는 먼저 배치한 후에 실시하기도 한다. 또한 오리엔테이션과 함께 묶어서 실시할 수도 있다.

기본교육은 자원봉사 관리자가 실시하거나 활동처의 담당자가 실시한다. 자원봉사자들에게 실시하는 오리엔테이션과 기본교육은 일반적으로 다음과 같이 구성한다(한국자원봉사관리협회, 2008).

〈표 8-5〉 자원봉사자 오리엔테이션 구성(안)

구 분	내 용
교육목표	• 신규 자원봉사자의 기관, 업무, 프로그램 등에 대한 기본적인 정보 습득
교육일정	• 자원봉사 배치 이전이나 활동 개시 초기, 또는 봉사단 구성 초기 • 자원봉사 활동 신청 시 면접이나 기본교육과 함께 진행 가능 • 정례적으로 실시하는 것도 가능
교육대상	• 자원봉사에 관심 있는 일반인, 봉사경험은 있지만 기본교육을 이수하지 않은 봉사자, 센터에 자원봉사자로 가입하고자 하는 자원봉사단
교육내용	• 기관 및 기관의 사업 소개, 기관의 방침 및 업무 수행에 따른 지침, 자원봉사자에게 주어지는 혜택, 교육 및 활동 일정, 응급상황 시 필요한 절차 등
교육방법	• 시청각 자료 및 집단 활동을 활용

출처: 한국자원봉사관리협회(2008).

〈표 8-6〉 자원봉사자 기본교육 구성(안)

구 분	내 용
교육목표	• 자원봉사 활동에 앞서 자원봉사의 의미, 활동 분야 등의 교육을 통해 자원봉사에 대한 인식을 고양하고 동기를 강화
교육일정	• 매월 1회 2~3시간 정례적으로 실시 • 배치 전 교육을 원칙으로 하며 예외적으로 선배치 후 교육 가능
교육대상	• 자원봉사에 관심 있는 일반인, 봉사경험은 있지만 기본교육을 이수하지 않은 봉사자, 기관에 회원으로 가입하고자 하는 자원봉사단
교육내용	• 센터 소개 및 자원봉사의 가치, 필요성, 자원봉사자의 역할과 자세 등
교육방법	• 시청각 자료 및 집단 활동을 활용

출처: 한국자원봉사관리협회(2008).

(2) 재교육

재교육은 보수교육이라고도 한다. 재교육은 활동 중인 자원봉사자들을 대상으로 현재 하고 있는 활동에 대해 점검하고 향후 활동에 대한 계획을 수립할 수 있도록 하여 역량을 높이고 활동을 지속할 수 있는 동기 부여를 위해 실시한다. 재교육은 대체로 자원봉사 활동에 직접적으로 필요한 업무 처리 방법이나 문제 해결 능력 증진, 자기개발이나 자원봉사자 간의 관계 증진, 견학이나 교류 등의 내용들로 구성된다. 재교육은 자원봉사 관리자가 실시하는 경우도 있지만 외부의 전문강사를 섭외하여 실시하는 것이 일반적이다. 자원봉사자들에게 실시하는 재교육은 일반적으로 다음과 같이 구성한다(한국자원봉사관리협회, 2008).

〈표 8-7〉 자원봉사자 재교육(보수교육) 구성(안)

구 분	내 용
교육목표	• 활동 중인 자원봉사자들을 대상으로 기존 활동의 점검과 향후 활동계획 수립 등을 통해 자원봉사자의 기능을 강화하고 지속적으로 활동할 수 있는 동기 부여
교육일정	• 연 1회, 분기별 교육 등 각 기관의 계획에 따라 실시
교육대상	• 활동 중인 자원봉사자 개인 및 단체

구 분	내 용
교육내용	• 활동 중 발생하는 문제 해결 능력 증진, 자원봉사를 통한 자기발전, 자원봉사의 전문성 제고, 자원봉사 일감 처리 요령, 자원봉사자 간의 인간관계 훈련, 자원봉사 활동 수요처 견학 및 교류 등
교육방법	• 사례발표, 집단 활동을 활용
교육 강사	• 외부 전문강사 섭외

출처: 한국자원봉사관리협회(2008).

(3) 전문교육

전문교육은 활동 분야의 전문성을 높이는 데 관심이 있는 자원봉사자들을 대상으로 실시한다. 자원봉사 활동과 관련한 지식과 기술을 교육하여 자원봉사자의 전문성 강화와 성장을 돕고자 한다. 주로 상담이나 교육, 지도, 재난관리 등 전문교육이 필요한 분야를 선정하여 해당 분야의 외부 전문강사를 섭외해서 진행한다. 자원봉사자들에게 실시하는 전문교육은 일반적으로 다음과 같이 구성한다(한국자원봉사관리협회, 2008).

〈표 8-8〉 자원봉사자 전문교육 구성(안)

구 분	내 용
교육목표	• 자원봉사 활동과 관련한 기술과 내용 교육을 통해 자원봉사활동의 전문성을 강화하고 자원봉사자의 잠재능력 개발 및 성장 도모
교육대상	• 전문교육 분야에 관심 있는 자원봉사자
교육내용	• 상담, 환경, 재난관리, 청소년지도, 자원봉사 리더십 교육 등 전문교육이 필요한 분야 선정
교육 강사	• 외부 전문강사 섭외

출처: 한국자원봉사관리협회(2008).

(4) 지도자교육

지도자교육은 자원봉사 단체의 지도자들을 대상으로 실시한다. 지도자교육을 통해 해당 자원봉사 단체의 운영 능력을 강화하고 지도력을 발굴하거나 육성할 수 있도록 지원하고자 한다. 지도자교육은 주로 자원봉사 리더십이나 조직관리, 의사소통이나 갈등관리 등의 내용에 대해 해당 분야의 외부 전문강사를 섭외해서 진행한다. 자원봉사자들에게 실시하는 지도자교육은 일반적으로 다음과 같이 구성한다(한국자원봉사관리협회, 2008).

〈표 8-9〉 자원봉사자 지도자교육 구성(안)

구 분	내 용
교육목표	• 자원봉사 단체의 지도자들을 대상으로 해당 단체의 운영 능력을 강화하고 단체 간의 정보교류 촉진 • 자원봉사 단체의 차기 지도력을 발굴 및 육성할 수 있도록 지원
교육일정	• 연 1회, 분기별 교육 등 각 센터의 계획에 따라 실시
교육대상	• 활동 중인 자원봉사 단체의 지도자
교육내용	• 자원봉사 리더십, 자원봉사 단체의 조직관리, 자기 성찰, 의사소통 및 갈등관리 등
교육방법	• 강의, 사례발표, 집단 활동 활용
교육 강사	• 외부 전문강사 섭외

출처: 한국자원봉사관리협회(2008).

5) 자원봉사 관리자 교육

자원봉사 관리자 교육은 사회복지나 비영리 조직 등 자원봉사 수요처의 자원봉사 관리자나 자원봉사센터의 관리자 등을 대상으로 실시한다. 자원봉사 관리자 교육을 통해 자원봉사 관리에 필요한 지식과 기술을 이해하고 습득하여 자원봉사자들이 효과적이고 효율적으로 활동할 수 있도록 지원하거나 자원봉사 활동 활성화를 도모하고자 한다. 주로 자원봉사 관리 과정이나 자원봉사자에 대한 이해, 자원봉사 교육 및 관련 이슈 등의 내용에 대해 외부 전문강사를 섭외해서 진행하거나 외부기관에 위탁하여 교육한다. 자원봉사 관리자 교육은 일반적으로 다음과 같이 구성한다(한국자원봉사관리협회, 2008).

〈표 8-10〉 자원봉사 관리자 구성(안)

구 분	내 용
교육목표	• 자원봉사 관리체계 및 구체적인 기술을 이해하고 습득함으로서 자원봉사자들의 효과적이고 효율적인 활동 지원 및 자원봉사 활성화 도모
교육대상	• 자원봉사센터, 사회복지기관, 비영리단체 등에서 자원봉사자들과 함께하는 자원봉사 관리자
교육내용	• 자원봉사 관리 과정, 자원봉사 교육, 자원봉사자에 대한 이해, 자원봉사 관련 이슈 등
교육방법	• 수요처 간담회, 집단토론, 강의 등
교육 강사	• 자원봉사센터 직원 및 외부 전문강사 섭외 또는 외부기관의 교육 참가 및 위탁교육

출처: 한국자원봉사관리협회(2008).

volunteerism | chapter

09

자원봉사자에 대한 지도감독과 활동관리

[학습목표]

1. 자원봉사자에 대한 지도감독의 의미와 과정을 이해한다.
2. 자원봉사자의 활동관리에 필요한 기술과 과정을 이해한다.
3. 자원봉사자에 대한 지도감독과 활동관리에서 자원봉사 관리자의 역할을 이해한다.

volunteerism | chapter 09

자원봉사자에 대한 지도감독과 활동관리

1. 자원봉사자에 대한 지도감독

1) 자원봉사 지도감독의 의의

자원봉사 활동의 목적이 효과적으로 달성되기 위해서는 자원봉사자가 자신의 역량을 최대한 발휘하여 열정적인 활동을 할 수 있도록 해야 한다. 그러기 위해서는 자원봉사자의 활동에 대한 자원봉사 관리자의 지도감독이 중요하다. 자원봉사자들의 활동 수행과 관련하여 적절한 지도감독을 위한 체계가 마련된다면 효과적인 자원봉사 활동관리가 가능해진다. 그렇게 되면 자원봉사자는 개인적으로 의미 있는 활동을 통해 가치 실현을 할 수 있고, 활동처도 효과적인 과업 수행을 통해 성장하고 발전하는 데 도움이 된다.

자원봉사자에 대한 지도감독은 자원봉사자들이 자원봉사 활동을 제대로 수행할 수 있도록 관련된 정보와 피드백 및 필요한 도움을 제공하고, 목표한 성과를 내는 활동을 할 수 있도록 지원하는 것을 의미한다(한국자원봉사관리협회, 2008). 지도감독은 자원봉사자를 교육하거나 훈련할 때, 자원봉사자가 활동을 수행할 때, 자원봉사 활동에 대한 평가를 할 때 등과 같은 상황에서 효과성을 높이는 데 결정적인 작용을 한다(류기형 외, 2013).

자원봉사 관리자의 자원봉사자에 대한 지도감독은 사회복지조직에서 흔히 이루어지는 슈퍼비전(super vision)과 의미와 목적이 비슷하다. 사회복지조직에서 슈퍼비전은 일반적으로 경험과 지식이 풍부한 슈퍼바이저(supervisor)가 실무를 담당하는 슈퍼바이지(supervisee)에게 사회복지 서비스의 질적 향상을 목적으로 제공하는 전문적인 교육을 의미한다. 슈퍼바이지는 슈퍼비전을 통해 업무나 과업에 대해 구체적이고 체계적으로 교육과 지도를 받아 전문가로 성장할 수 있다(양옥경 외, 2010).

자원봉사자에 대한 지도감독은 자원봉사 활동의 목적 달성을 위해 지식과 경험이 풍부한 관리자가 필요한 정보와 피드백 등 도움을 주는 것을 의미한다. 관리자의 적절한 지도감독은 자원봉사자가 자신의 역할과 활동하는 분야에 대한 이해 수준을 높일 수 있어 원활한 활동 수행에 큰 도움이 되기도 한다.

사회복지조직에서 슈퍼비전은 상급자인 슈퍼바이저가 하급자인 슈퍼바이지에게 제공하는 것이 일반적이다. 그러나 자원봉사 관리자와 자원봉사자는 상급자와 하급자의 관계가 아닌 수평적인 관계이기 때문에 지도감독은 관리자의 일방적인 지도나 감독, 혹은 감시가 되어서는 안 된다. 자원봉사자들은 단순히 무급 노동력으로 취급당하여 일방적인 지시를 받는 것보다 전문적으로 관리되고 슈퍼비전이 제공되는 경우 좀 더 전문적으로 업무를 하려는 경향이 있다(윤갑수 외, 2011).

2) 효과적인 지도감독을 위한 유의사항

자원봉사 활동의 목적이 효과적으로 달성되기 위해서는 자원봉사자가 자신의 역량을 최대한 발휘할 수 있는 환경에서 활동해야 한다. 자원봉사자의 역량은 자원봉사 활동의 수준을 높여 궁극적으로는 활동처의 업무 효과성을 향상시키는 작용까지 할 수 있기 때문에 매우 중요하다. 따라서 자원봉사자의 역량을 높일 수 있도록 자원봉사 관리자는 지속적이고 효과적인 지도감독의 노력을 기울여야 한다. 그러한 과정을 통해 자원봉사자가 의미와 가치를 찾아 실현하고 성장할 수 있도록 도울 수 있다.

자원봉사 관리자는 자원봉사자를 효과적으로 지도감독하기 위하여 다음의 사항에 대해 유의해야 한다(윤갑수 외, 2011).

첫째, 자원봉사자에게 활동 내용을 전달할 때는 해석의 여지가 생기지 않도록 해야 한다. 내용 전달이 명확하지 않으면 의도와 다르게 전달될 수 있어 활동에 차질이 생길 수 있다.

둘째, 활동과 관련한 자원봉사자의 어떠한 질문에도 응답할 준비를 해야 한다. 활동과 관련한 질문에 적절한 응답을 하지 못하게 되면 경우에 따라 활동에 차질을 일으킬 수 있고 관리자의 전문성에 대한 신뢰에 금이 갈 수도 있다.

셋째, 자원봉사자의 활동에 대해 인정하고 감사를 표시해야 한다. 적절한 시점에 활동에 대해 인정하고 감사를 표시하게 되면 자원봉사자가 자신의 활동에 대해 만족하고 더욱 집중하고 지속할 수 있는 동기를 스스로 부여할 수도 있다.

넷째, 자원봉사자가 부적절한 행동을 할 경우 인지하고 바로잡을 수 있도록 돕는다. 자원봉사자를 놓치지 않기 위해 부적절한 행동에 대해 모른 척하고 넘어간다면 이후 감당할 수 없는 상황을 맞이하게 될 수도 있다. 따라서 부적절한 행동에는 바로 적절한 피드백을 제공하는 것이 필요하다.

다섯째, 융통성을 발휘하여 자원봉사자의 욕구를 충족시킨다. 자원봉사자의 욕구는 사람마다 매우 다양하게 나타날 수 있다. 따라서 상황에 따라 융통성을 발휘하여 적절히 대응하는 것이 필요하다.

3) 자원봉사 지도감독 체계 구축

효과적인 자원봉사 지도감독을 위해서는 먼저 자원봉사 활동 중 문제나 갈등, 의문 사항 같은 것들이 발생했을 때 이에 대해 자원봉사자와 슈퍼바이저인 관리자가 상담을 비롯하여 의사소통을 할 수 있는 체계를 마련해 두어야 한다. 자원봉사 활동을 시작하기 전이나 종료한 후를 비롯하여 필요한 경우 언제든 의사소통을 할 수 있어야 한다. 만약 사전에 슈퍼비전 제공 일정이 정해졌다면 응급상황 발생과 같이 특별한 경우가 아니라면 관리자와 자원봉사자 모두 반드시 지켜야 한다. 정해진 일정이 아니더라도 자원봉사자에게 슈퍼비전이 필요한 상황이 발생했을 경우에는 요청하여 협의 후 만날 수 있어야 슈퍼비전 체계라 할 수 있다.

자원봉사자와 관리자 사이의 의사소통 내용은 자원봉사 활동과 관련이 있는 어떠한 것들이라도 가능하다. 자원봉사 관리자는 자원봉사자와 대면 상담이나 전화나 문자, 이메일, 간담회, 온라인 커뮤니티, 평가 설문지 등 다양한 도구를 사용하는 방법으로 의사소통을 할 수 있다.

〈표 9-1〉 자원봉사자와의 의사소통 내용과 방법

의사소통 내용	의사소통 방법
• 현재 자원봉사 활동을 하고 있는지 여부 • 자원봉사 활동에 대한 만족 여부 • 자원봉사 활동과 관련한 문제점 및 갈등 발생 여부 • 자원봉사 활동 일정 및 휴식의 적절성 여부 • 자원봉사 활동처까지 이동 거리의 적절성 여부 • 자원봉사 활동 강도의 적절성 여부 • 자원봉사 활동 소요 물품 및 예산의 적합성 여부 • 자원봉사 활동처에서 적절한 지도 및 지원 받는지 여부 • 자원봉사 활동으로 인한 소진 여부 • 자원봉사 활동 목표 달성 여부 • 자원봉사 활동에 대한 인정 및 격려 • 결근한 자원봉자의 경우 결근 사유 파악 • 신규 자원봉사자에게 관심 표시	• 온라인 커뮤니티 • 자원봉사자 간담회 • 현장 점검 • 전화 상담 • 센터 방문 상담 • 이메일 또는 문자 메시지 • 활동일지(보고서) 작성 및 피드백 • 활동평가 설문 등

의사소통 내용	의사소통 방법
• 자원봉사 활동 재배치 필요성 여부	

출처: 한국자원봉사관리협회(2008).

4) 효과적인 위임

자원봉사 관리자의 업무 중에서 매우 중요한 것 중 하나는 권한과 책임의 위임이라 할 수 있다. 효과적인 자원봉사 활동 수행을 위해서 관리자는 자원봉사자에게 적절한 권한과 책임을 위임해야 한다. 자원봉사 활동에 필요한 자원과 도구를 사용할 수 있도록 하는 것은 권한 위임의 사례라 할 수 있다. 또한 자원봉사 활동에 대한 성과목표를 정하고 활동에 대한 체크리스트를 작성하도록 하는 것은 책임 위임의 사례라 할 수 있다.

자원봉사 활동에 대한 권한과 책임을 자원봉사자에게 위임하기 위해서는 자원봉사 활동처에 그와 관련한 규정이나 지침 등 근거가 반드시 있어야 한다. 공식적인 근거 없이 자원봉사 관리자가 임의로 위임을 하게 되면 예기치 못한 사고가 발생할 경우 자원봉사자와 관리자 모두 보호 받기 어려울 수 있기 때문이다.

자원봉사자에게 활동에 대한 권한과 책임을 위임하기 위해서는 다음과 같은 요소들이 관련 규정이나 지침에 반드시 포함되어야 한다(이만식 외, 2010).

〈표 9-2〉 자원봉사 업무 위임규정에 포함되어야 할 내용

요소	내용
명확한 결과에 근거한 업무의 배정	단순히 활동의 수준이 아닌, 무엇이 성취되어야 하는가의 관점에서 업무를 규정하고 위임하는 내용 명시
정확한 업무결정 권한의 명시	업무수행과 관련한 의사결정 시 자원봉사자들이 행사할 수 있는 결정 권한의 정도를 분명하게 명시
지침에 따른 의사소통방식	업무수행에 관련하여 이루어지는 관계형성 및 의사소통 시 따라야 할 지침과 제한점 명시

요소	내용
필요한 자원의 조달	자원봉사자가 업무의 목적을 성취하고 결과를 도출하는 데 요구되는 자원과 지지 제공에 관한 내용 명시
성공 여부의 판단 기준 결정	자원봉사자 업무성과의 성공 여부를 어떻게 판단할지에 관해 자원봉사자와 합의하는 내용 명시
점검 사항의 명시	정기적・비정기적 보고의 의무화와 보고서의 내용, 보고시점 등을 결정하는 내용 명시

출처: 이만식, 손신, 신효진(2010).

2. 자원봉사자 활동관리

1) 자원봉사자의 역량강화

의존적인 자원봉사자들에 비해 역량이 강화된 자원봉사자들이 좀 더 나은 성과를 내기 쉽다(이만식 외, 2010). 따라서 자원봉사 관리자는 자원봉사자들이 역량을 높일 수 있도록 도와야 한다.

자원봉사자들이 활동을 성공적으로 수행할 수 있도록 돕는 것은 자원봉사 관리자의 중요한 역할 중 하나이다. 이를 위해 자원봉사 관리자는 자원봉사자들에게 적절한 슈퍼비전을 제공하여 의도되고 계획된 결과를 얻을 수 있도록 이끈다. 그러나 자원봉사 관리자가 아무리 역량이 뛰어나다고 하더라도 자원봉사 활동을 직접 수행하는 것은 자원봉사 관리자가 아닌 자원봉사자이다. 따라서 자원봉사 관리자는 자원봉사자들의 활동 참여에 동기를 부여하고 활동 수행에 필요한 역량을 강화할 수 있도록 해야 한다. 자원봉사자의 욕구를 반영한 자원봉사 활동 프로그램을 개발하여 자원봉사자들이 원하는 활동을 수행할 수 있도록 하는 것도 도움이 된다.

자원봉사자들이 일정한 범위 안에서 자원봉사 활동과 관련한 업무 결정 권한을 가질 수 있도록 하는 것도 역량강화에 도움이 된다. 자신이 수행하는 자원봉사 활동에 대해 스스로 결정할 수 있도록 하는 높은 수준의 권한부터 자원봉사 관리자의 신뢰를 얻지 못하여 결정 권한이 전적으로 통제되는 단계까지 자원봉사자의 결정 권한은 다양하게 부여될 수 있다.

스스로 결정할 수 있는 높은 수준의 권한을 부여 받은 상황이 아니라면 자원봉사 관리자는 자원봉사자들의 활동 과정을 점검해야 한다. 이를 통해 자원봉사 활동이 제대로 진행되고 있는지에 대해 확인할 수 있다.

2) 갈등 관리

자원봉사자는 활동을 하는 동안 다양한 갈등 상황을 경험할 수도 있다. 특히 다양한 사람들과 빈번히 마주칠 수밖에 없는 사회복지조직에서는 갈등을 일으키는 원인이 많을 수 있다. 만일 자원봉사자가 갈등 상황에 놓여 있게 되면 경우에 따라서는 자원봉사 활동을 지속하기 어려울 수도 있기 때문에 자원봉사 관리자는 갈등관리에 힘써야 한다.

자원봉사 활동 중에 발생할 수 있는 갈등의 유형은 크게 자원봉사자와 자원봉사 관리자와의 갈등, 자원봉사자들 사이의 갈등, 자원봉사자와 활동의 수혜 대상이 되는 이들과의 갈등 등 세 가지로 구분할 수 있다. 갈등을 해결하기 위해서는 우선 갈등의 유형을 파악한 후 자신이나 자신이 속해 있는 조직이 갈등이나 문제를 해결할 수 있는 기술과 능력이 있는지 점검한다. 다음으로는 갈등이 조직에서 직접 해결할 수 있는 상황인지 외부에 위임해서 해결해야 할 상황인지 판단하여 해결 방법을 결정한다. 해결 방법이 결정되면 즉시 시행하여 개방적이고 공정한 의사소통을 통해 합의와 공감대 형성을 통해 해결한다.

갈등 단계에 따라 개입방법은 차이가 있는데, 구체적으로 살펴보면 다음의 표와 같다(한국자원봉사관리협회, 2008).

〈표 9-3〉 갈등단계별 개입방법

단계	설명	개입방법
1단계 불편한 느낌	정확히는 모르겠지만 뭔가 잘못되었다는 느낌	상황에 대한 충분한 정보 입수 자신의 걱정을 긍정적으로 표현
2단계 오해	원인 모를 문제에 대한 가정과 일에 대한 회피	면담 시간 마련 방어적인 태도가 되지 않도록 이해와 관심 표명
3단계 사건	상황의 악화에 따라 말이나 행동으로 상호 간에 상처를 주고 부정적인 이미지를 갖게 됨	일대일로 문제를 해결하는 과정 필요 시간을 정해 일대일 만남
4단계 긴장의 고조	상호 간의 적대적인 감정을 가지고 각자 동조자를 규합하여 편 가름	갈등 중재자에게 원활한 문제 해결을 위해 도움 요청
5단계 위기	갈등이 심각해지는 단계로 맞서 싸우거나 멀리하며 감정 격앙	숙련된 중재자의 도움을 통한 시도 많은 시간과 노력이 필요

출처: 한국자원봉사관리협회(2008).

3) 자원봉사 활동의 강제 종결

자원봉사 관리자는 자원봉사자들이 활동을 종결하는 상황을 종종 겪을 수밖에 없다. 정해진 자원봉사 활동 기간이 다 되어 원만히 종결이 되는 경우도 있고, 갑작스러운 사정이 생겨 갈등이나 혼란 상황에서 종결이 되는 경우도 있는 등 종결 상황은 다양할 수 있다.

자원봉사자의 활동 종결은 크게 자연적 종결과 강제적 종결로 구분할 수 있다. 자연적 종결은 약속된 자원봉사 활동 기간이 끝나서 종결하는 경우, 자원봉사자 개인 신상의 변화 때문에 활동을 지속하기 어려워진 경우, 자원봉사자의 욕구와 활동 내용이 맞지 않는 경우 등과 같이 자원봉사자로 인한 문제나 갈등이 주요한 사유가 아닌 종결을 의미한다. 강제적 종결은 자원봉사자가 활동 관련한 매우 중대한 규칙을 어겼거나 자원봉사 활동에 성실하게 임하지 않아 다른 자원봉사자들이나 활동처의 이용자들과 갈등을 일으키는 경우 등과 같이 자원봉사자로 인한 문제나 갈등이 주요한 사유가 되는 종결을 의미한다.

자원봉사 관리자는 활동 중인 자원봉사자를 강제로 종결시켜야 하는 상황을 겪기도 한다. 자원봉사 활동과 관련하여 고의적으로 타인이나 조직에 피해를 준 경우, 심각한 규칙 위반을 한 경우, 상습적으로 약속된 일정이나 활동 분량을 지키지 않는 경우, 역량 미달로 인해 활동처에 도움이 아닌 부담을 주는 경우 등이 그러한 사유에 해당한다.

문제 상황이 발생했다고 해서 무조건 강제 종결을 하는 것은 아니다. 문제나 갈등이 해결되지 않고 오히려 악화되는 경우 더 크게 악화되는 것을 막기 위해, 혹은 책임을 명확히 물어야 할 상황인 경우에는 심사숙고하여 종결 결정을 하기도 한다.

종결에 대한 결정을 하기 전에 가능한 대안들을 검토할 수 있다. 자원봉사 관리자가 검토해 볼 수 있는 대안들은 다음과 같은 것들이 있다(이만식 외, 2010)

첫째, 자원봉사자에게 슈퍼비전을 다시 제공한다. 심각하지 않는 규칙이나 규정 위반, 태업 등을 하는 경우에 이를 적용해 볼 수 있다. 반드시 지켜야 할 규정이나 절차 등을 알려 주고 주의를 주는 것으로도 문제가 어느 정도 해결되는 경우도 있다.

둘째, 자원봉사자를 재훈련시킨다. 충분히 교육이나 훈련을 받지 않은 상태에서 활동에 투입될 경우 과업 성취가 어려울 수 있다. 이럴 경우 활동 내용을 확인하여 필요한 교육이나 훈련을 다시 받을 수 있도록 하여 해결이나 개선을 기대할 수 있다.

셋째, 자원봉사자를 재동기화한다. 활동을 오래하여 자원봉사 활동에 대한 열정이 식었거나 지루해 하는 이들에게 적용해 볼 수 있다. 일정 기간 활동을 쉬면서 충전할 수 있도록 배려해 주거나 새롭게 도전할 만한 것을 제시하여 관심과 열정을 끌어낼 수 있다.

넷째, 자원봉사자를 재배치한다. 자원봉사 활동처의 직원이나 클라이언트, 혹은 함께 자원봉사를 하는 동료들과 갈등을 겪는 이들에게 적용해 볼 수 있다. 다른 이들과 일해 볼 수 있도록 자리나 부서를 재배치하거나 다른 적합한 활등을 찾아 재배치 할 수 있다.

다섯째, 다른 기관으로 자원봉사자를 의뢰한다. 현재 활동처에서 전반적으로 적응하지 못하는 경우라면 욕구나 희망사항 등을 고려하여 적합한 곳을 물색하여 자원봉사자를 의뢰하는 방법을 사용해 볼 수도 있다.

여섯째, 자원봉사자를 명예롭게 은퇴하게 한다. 활동처에서 장기간 열심히 활동한 자원봉사자라면 종결해야 할 상황이 되었을 경우 명예롭게 그만둘 수 있는 기회를 만들어 주는 것이 좋다.

4) 강제적 종결의 과정

대안을 검토하고 심사숙고했음에도 자원봉사자를 강제적으로 종결시킬 수밖에 없는 경우라면 종결을 결정하고 절차를 진행한다. 자원봉사자의 종결은 공식적인 체계에 따라 절차를 진행하는 것이 필요하다.

우선 자원봉사자를 종결시킬 수 있는 근거가 담긴 규정 등 문서화된 종결 정책이 수립되어 있어야 한다. 활동처의 관련 규정이나 지침 등에 자원봉사자의 징계나 강제 종결과 관련된 구체적인 내용이 반드시 있어야 한다. 공식적인 근거 없이 자원봉사 관리자가 임의로 종결을 하게 되면 나중에 더 큰 갈등의 원인이 될 수도 있다.

강제적 종결의 과정은 다음과 같다(이만식 외, 2010). 종결 사유가 발생하게 되면 상황에 따라 어느 과정이 생략되기도 한다.

우선, 공식적인 조사를 통해 문제 상황을 확인한다. 강제적 종결을 해야 할 수도 있는 상황이 생겼다면 객관적 사실을 파악하고 종결 사유가 되는 증거를 수집해야 이를 근거로 종결 여부를 결정할 수 있다. 공식적으로 진행하여 해당 자원봉사자의 입장까지 포함해서 충분히 조사를 해야 이후 결과에 대한 논란과 갈등을 줄일 수 있다.

당장 활동을 중지시키거나 종결을 결정해야 할 정도로 심각한 상황이 아니라면 먼저 낮은 단계의 징계를 진행한다. 이를 통해 해당 자원봉사자에게 기회를 주어 문제 행동이나 갈등 상황에 대한 개선을 시도한다.

문제 행동이나 갈등 상황이 해결되거나 개선되지 않으면 활동 종결을 위한 다음

절차를 진행한다. 이를 위해 해당 자원봉사자의 활동을 일정 기간 동안 정지시키고 종결에 필요한 사항들을 검토한다.

여러 상황들을 검토하고 확인하여 공식적인 의결을 거쳐 활동 종결을 결정한다. 해당 자원봉사자가 활동처에서 더 이상 활동을 할 수 없도록 조치를 취한다.

활동 종결이 결정되면 상황에 대한 소명 기회를 제공한다. 활동 종결 내용을 동료 자원봉사자들이 재검토하거나 필요한 경우 다시 심의할 수 있는 기회를 부여한다.

이상의 과정을 거쳤음에도 활동 종결을 취소할 만한 사유가 발생하지 않으면 활동 종결을 공식화한다. 종결된 자원봉사자는 더 이상 활동처와 아무런 관계가 없음을 기관 내부와 외부에 고지한다.

〈표 9-4〉 **자원봉사자 종결 체계**

요소	내용
문제 상황 확인	공식적인 조사를 통해 객관적 사실 파악 및 강제 종결 사유가 되는 증거 수집
낮은 단계의 징계를 통한 문제 상황 개선 요청	낮은 단계의 징계를 통해 갈등이나 문제 개선 시도
활동 종결 절차 진행	일정 기간 자원봉사자의 활동을 중지시키고 활동 종결을 위해 필요한 사항들에 대해 검토
활동 종결 결정	자원봉사자 활동 강제 종결을 결정
소명 및 재심의 기회 제공	활동 종결 내용을 동료 자원봉사자들에 의해 재검토하거나 재심의 할 수 있는 기회 부여
활동 종결 공식	종결된 자원봉사자는 더 이상 기관과 아무런 관계가 없음을 기관 내외부에 고지

volunteerism | chapter

10

자원봉사의 인정 보상과 평가

[학습목표]

1. 자원봉사 인정의 유형을 이해한다.
2. 다양한 측면에서의 인정 보상의 원칙과 방법에 대해 습득한다.
3. 자원봉사 프로그램의 평가에 대해 설명한다.

volunteerism | chapter 10

자원봉사의 인정 보상과 평가

1. 자원봉사 인정의 유형

자원봉사 프로그램에서 가장 중요한 과업은 자원봉사자들이 지속적으로 보람과 행복을 느끼면서 봉사활동을 꾸준히 할 수 있도록 하는 것이다. 이를 위해 표현하는 수단이 인정이며 이는 '훌륭한 일을 해 준 것에 대한 감사'라고 할 수 있다. 인정은 끊임없이 개인의 기여와 가치를 인정하는 것이며, 그들이 더 큰 활동을 하게 하거나 부수적인 책임을 지도록 격려하고, 더 많은 기회를 부여하여 자원봉사자들의 창의성을 이끌어낸다. 정기적으로 자원봉사관리자는 자원봉사자와 함께 자원봉사자들의 활동이 기관의 서비스를 향상시키고 있다는 점을 상기시킬 필요가 있다. 이를 통해 자원봉사자들은 그들의 활동이 기관에 가치 있는 일이라는 것을 알게 된다.

1) 공식적 인정체계

공식적 인정은 봉사자의 성과를 치하하고자 연례적으로 개최되는 행사, 리셉션, 저녁식사, 다과회 등을 통하여 이루어진다. 또한 이 외에도 증명서와 상패 및 자원봉사자 핀・배지 등을 제공하거나 자원봉사자의 날과 주간을 정하기도 한다.

공식적 인정행사는 자원봉사자들 간에 지역공동체 정신을 육성하고, 많은 사람들 앞에서 그들을 공개적으로 인정하며, 다른 이들이 봉사에 참여하도록 유인하는 등의 가치가 있다.

공식적 인정체계는 지역사회로부터 인정욕구를 가진 봉사자의 욕구를 만족시키는 데 주로 효과적이지만, 의뢰인을 돕는 것에 초점이 맞추어진 자원봉사자에게는 오히려 긍정적인 결과보다 부정적인 결과를 초래할 가능성이 있다. 이러한 자원봉사자들은 그들의 의뢰인의 업적에 자신의 기여를 인정해 주는 체계에 의해 더욱 더 동기부여 되고 영예롭게 생각한다.

2) 비공식적 인정체계

비공식적 인정은 이른바 "당신이 없으면 일이 안돼요."라는 말하기의 인정방법으로 자원봉사자들과 책임과 권위를 나누려는 존중감과 기꺼운 마음이다. 자원봉사자와 기관 간의 상호 교류과정에서 직원들이 봉사자들이 수행한 일에 대해 참된 감사를 표현하는 것이 가장 효과적인 자원봉사자 인정이다. "감사합니다."라고 말하기, 자신들에게 영향을 주는 의사결정과정에 참여하기, 자원봉사자 가족에 대해 질문하며 봉사 '밖'의 생활에 대해 관심을 보이기, 직원과 동등한 대우를 받고 있다고 확신하게 하기, 자원봉사자 가족에게 감사의 편지 보내기, 더 책임 있는 직무를 수행하도록 추천하기 등은 비공식적 인정의 좋은 예가 될 수 있다(승금희, 2005).

2. 자원봉사 인정 보상의 원칙과 방법

인정과 보상은 봉사자들이 시간과 노력을 들여 봉사활동을 한 것에 대해 감사함을 표현하는 수단으로 꼭 필요하다. 자원봉사자에게 잘 전달되고 의미 있는 인정과 보상은 앞으로 열심히 일할 자원봉사자들의 재능과 열정을 격려하고, 그들이 자원봉사를 통해 이루려고 하는 동기욕구를 만족시키는 봉사업무를 제공하면서 시작된다. 특히 동료 자원봉사자나 기관의 직원, 기관장의 인정은 자원봉사자의 동기나 열정을 유지시켜 주는 중요한 역할을 하며, 개개인의 욕구에 대응하는 인정과 보상은 그것을 받는 사람뿐 아니라 기관에게도 매우 긍정적인 효과가 있다. 자원봉사자의 인정과 보상의 방법은 자원봉사자의 활동 동기를 고려하여 창의적이고, 재미있어야 하며, 또한 기관의 문화 및 서비스 유형과 연관이 될 때 가장 좋은 방법이 될 수 있다(조휘일 외, 2009).

1) 자원봉사 인정 보상의 원칙

자원봉사자를 성공적으로 인정하는 원칙에 대해 김범수 외(2016)는 다음과 같이 설명하고 있다.

(1) 참여 동기, 재능과 가장 적합한 일에 배치

봉사자에게 있어 제일 큰 보상은 일에 대한 성취감에서 야기된다. 따라서 자원봉사자의 참여 동기와 재능에 가장 부합한 업무에 봉사자를 배치하는 것은 일의 생산성을 높이고, 이것은 자원봉사자 인정의 핵심이다.

(2) 인정의 개별화

인정은 반드시 받는 사람에게 의미가 있어야 한다. 또한 대부분의 사람들은 동기

욕구가 다르므로 그에 따른 인정방법이 달라야 한다. '성취 지향적 자원봉사자'는 대개 직무책임의 확대, 지역사회 지도자에게 받는 개인적인 인정, '최고'로 인정받는 시상 등을 선호한다. '친교 지향적 자원봉사자'는 다른 봉사자, 조직원, 관심 있는 지도자 혹은 관리자와의 우정을 발전시키는 것을 통해 보상을 느낀다. 마지막으로 '영향력 지향적 자원봉사자'는 권위나 정보에 접근할 수 있는 '승진'이나 '중요 인사'에게 받는 상장을 통해서 인정받음을 느낀다.

(3) 다양한 인정방법의 활용

자원봉사자들에게 무언인가 의미를 주기 위해서 다양한 인정방법을 활용하는 것이 이상적인 인정체계이다. 이를테면, 활동시간에 따라서 시상('장기근속상')하는 기관에서는 단기간이지만 열심히 활동한 자원봉사자가 불만족스러워할 것이다. 또한 바쁜 일정으로 인해 제한된 시간에만 활동할 수밖에 없는 사람은 활동시간의 양에 가치를 두는 유형의 시상에 만족하지 못할 것이다.

공식적인 포상은 형식적이지 않은 진지한 느낌이 들도록 하여야 하고, 봉사시간 수의 인정뿐만 아니라 활동의 파급효과도 인정하여야 한다.

(4) 적절한 시기의 인정

자원봉사자에게 하는 인정은 봉사활동 직후에 되도록 빨리 이루어져야 효과가 있다. 예를 들어, 여름에 한 봉사에 대한 인정을 겨울까지 미룬다면 자원봉사자는 이에 대해 실망과 분개하는 마음을 키울 수도 있다.

(5) 공정한 인정

인정은 일관성 있고 정직하게 이루어져야 한다. 또한 명백하고 확실한 포상기준을 설정하여 포상을 받을 자격이 있는 사람이 받았다고 느낄 수 있어야 한다.

(6) 자연발생적이고 비용이 발생하지 않는 인정

인정은 일상에서 자연발생적으로 일어나는 것으로 1년에 한두 번 있는 많은 비용이 드는 큰 행사가 아니다. 많은 비용이 드는 인정행사보다는 자원봉사자가 원하는 욕구를 바탕으로 비용이 안 드는 인정방법을 개발하여야 한다.

(7) 지속적이고 자주하는 인정

인정이란 자원봉사관리의 한 과정으로서 자원봉사자들이 스스로에게 그리고 기관에게 가치가 있고 도움이 된다고 느낄 수 있어야 한다. 이를 위해 자원봉사자가 자원봉사 등록을 한 때부터 활동을 종료하고 기관을 떠날 때까지, 사무실과 지역사회의 가능한 모든 곳에서 지속적인 인정이 이루어져야 한다.

(8) 활동기간에 따른 인정

자원봉사자들이 활동한 기간에 따라 인정이 달라져야 한다. 장기 자원봉사자는 대체로 큰 집단 내에서 인정받기를 좋아하는 것과 달리, 단기 자원봉사자는 상호작용하는 집단 단위의 수준에서 인정받는 것을 좋아한다. 장기 자원봉사자는 집단과 같이, 집단에 의해 인정받는 것을 좋아하고 권위를 가진 자에게 수여받는 것을 좋아한다. 반면에 단기 자원봉사자는 작업장이나 사회적 집단을 즉시 제공받는 것, '이동 가능한' 인정으로서 사진, 선물, 경험을 기억할 만한 것, 훈련이 끝났을 때 가져갈 수 있는 것 등을 선호한다.

(9) 새로우면서 창의적인 인정

인정은 역동적이고 늘 진행되는 과정이다. 자원봉사자가 지속적으로 동기부여 되려면 개인이나 기관의 특성에 기반을 둔 창의적이고 혁신적인 방안의 인정방법이 요구된다.

2) 자원봉사 인정 보상의 발전방안

자원봉사의 인정과 보상에 대한 발전방안은 다음과 같다.

첫째, 연례 보고서에 자원봉사자들의 봉사 시간에 대한 수치를 제공하여 그들의 기여도를 표시하는 것이다.

둘째, 자원봉사자들에게 배우고 개발할 수 있는 기회를 제공하여야 한다. 이것은 자원봉사자들이 봉사에 대한 지속적인 관심을 유지하고 장기적으로 조직에 이익을 주기 때문이다.

셋째, 의사결정에 자원봉사자를 참여시키는 것이다. 이것은 공식적으로 또는 비공식적으로 가능한 것으로 자원봉사자를 관련 실무 회의에 참여시켜 중요한 문제에 대해서 그들과 공동으로 상의하는 것이다.

넷째, 상급 직원이 자원봉사활동을 하도록 직접 장려하는 것이다. 대규모 기관에서는 상급 직원이 자원봉사자와 거의 접촉하지 않고 하루를 보낼 수 있다. 이것은 상급 직원이 자원봉사자를 거의 이해하지 못하게 하며, 그들의 기여를 인정하지 않는 것이기도 하다.

다섯째, 내부적이나 외부적으로 자원봉사자를 언급하는 것이다. 뉴스레터, 게시판, 웹 사이트 등을 통해 자원봉사자를 언급하거나, 보도 자료를 통해 자원봉사자가 수행할 주요 역할을 언급할 수 있다.

여섯째, 자원봉사자들에게 추가적인 책임을 부여하는 것이다. 이것은 그들이 가진 기술과 지식을 인식하는 방법이 될 수 있다. 숙련된 자원봉사자는 새로운 자원봉사자의 친구가 되는 좋은 역할을 할 수 있으며, 그들에게 봉사활동을 어떻게 해야 하는지 보여 줄 수 있다.

일곱째, 자원봉사자들에게 시간과 주의를 기울이는 것이다. 이것은 사회적으로 그리고 전문적으로 의견이나 질문 또는 불만을 신중하게 듣는 것을 의미한다.

여덟째, 자원봉사증명서를 발급해 주는 것이다. 이것은 그들이 특정 시간을 기여했거나, 장시간 봉사활동을 했다는 것을 인정하는 것이다.

아홉째, 자원봉사자들에게 계속해서 정보를 제공하는 것이다. 자원봉사자들이 조직의 변화나 활동에 대한 미래 계획 등을 듣지 못하면 존중받는 느낌을 갖지 못할 수도 있다.

열째, 자원봉사자들이 흥미 있어 하는 주제에 대해 전문가들을 초대해 그들이 참여할 수 있도록 하는 것이다.

열한째, 자원봉사자들에게 문제를 제기할 기회를 주는 것이다. 이것이 자원봉사 회의 등의 공식적인 수단이든 비공식 토론 문화이든, 자원봉사자들이 들을 수 있는 통로가 있는 것처럼 느껴져야 한다(Volunteer Centre Bexley, 2016).

또한 우즈(Woods, 1998)는 자원봉사자들을 인정하는 방법들에 대해 다음과 같이 제안하고 있다. 먼저, 그들이 자원봉사활동을 하며 발생하는 부대비용을 지원하고, 좋은 방향설정을 하고 그들에게 현장 훈련을 제공하고, 어린 아동의 부모들이 자원봉사를 할 수 있도록 보육시설을 제공하고 자원봉사자들이 책임을 지도록 장려하고, 문제를 해결할 때 자원봉사자들을 포함시키고, 자원봉사자들과 대화를 나누는 데 시간을 보내고, 관련 기관의 직원들이 자원봉사자들이 노력해 주는 것에 대해 고마움을 갖고 있다는 것을 생일날, 크리스마스, 기념일 등에 축하카드를 보내서 보여 주는 것이라고 하였다.

3. 자원봉사 프로그램에 대한 평가

자원봉사활동 프로그램이 종결되거나 일정기간이 경과되면 자원봉사실천과정의 최종 단계로 평가를 한다. 평가는 프로그램이 효율적이고 효과적으로 진행되었는지의 여부를 측정하는 것이고, 프로그램의 성공과 지속여부를 같은 시기에 판단하는 근거가 된다.

일정단계에서의 평가는 실천과정상의 문제를 발견하고, 계획된 프로그램을 수정,

변경, 중단의 기회를 갖는다. 즉, 평가는 프로그램의 중단, 축소, 유지, 확대 여부를 결정하는 데 필요한 정보를 제공하고 또한 프로그램의 내용을 수정하거나 보다 효율적인 운영에 필요한 정보도 제공해 준다(김영호 외, 2004).

1) 평가의 필요성

평가는 자원봉사 프로그램의 관리에 있어 중요한 수단이 된다. 특히 자원봉사활동 프로그램 진행 시 평가가 필요한 이유는 가장 먼저 스폰서와 후원자가 요구하고 있기 때문이다. 이들은 프로그램의 결과가 가시적으로 정당하게 증명되기를 바라고 있으며, 활동의 실천효과가 있다는 것을 알고 싶어 한다. 또한 평가는 기관의 직원과 자원봉사자의 사기에 중요한 영향을 미치고 자원봉사 담당 실무자나 다른 의사결정자들이 사람, 기금, 시간 등의 프로그램 자원의 배분을 결정하는 데도 도움을 준다.

2) 프로그램 평가의 요소

자원봉사 프로그램 진행 과정에서의 평가요소는 첫째, 자원봉사자의 과업 수행, 둘째, 직무 수행 시 능력과 기술, 직무에 대한 지침, 업무성과, 프로그램에 종사한 시간, 프로그램 만족도, 자원봉사자들이 기관에 머무는 정도, 자원봉사활동 유지 정도, 자원봉사자들에게 소요된 비용, 셋째, 자원봉사자 업무 할당 정도, 프로그램에 대한 관리와 조정, 관리과정의 적절성, 교육훈련의 효과성, 직원들의 수준과 예산지원의 가능성 여부, 예상되는 업적, 넷째, 의사전달과 책임체계 및 조직내부 갈등에 잠정적인 요인 등으로 구분할 수 있다.

3) 프로그램 평가 계획

프로그램 평가를 하기 전에 다음과 같은 계획을 세워야 한다.

첫째, 구조화된 피드백 과정을 세운다. 즉, 담당 실무자와 자원봉사자 간의 공식, 비공식의 정규회의를 갖고, 회의를 기록하는 양식과 특별한 일에 대한 토론의 시간을 갖는 것으로 담당 실무자가 쓴 서면의 평가양식을 자원봉사자와 공유하여 개인의 강점과 개선하여야 할 부분과 방법을 논의, 잘한 일과 못한 일의 사례를 포함시키기, 또한 자원봉사자가 쓴 평가양식으로 자신, 관리, 프로그램, 특별업무, 변화와 개선을 위한 제의 등의 내용을 포함한다.

둘째, 우선 프로그램의 목적과 목표를 평가한다. 프로그램의 목적은 프로그램에 대해 기대되는 영향력을 설명하도록 하고, 목표는 측정할 수 있는 결과를 기술하도록 한다.

셋째, 평가과정 시 수행할 과업과 활동에 대한 일정을 세운다. 평가보고가 완성되는 날짜를 고려하여 프로그램 평가 시 필요한 자료 확보가 가능한 날짜 알아보기, 수행하여야 할 과업의 수와 복잡한 문제에 관한 설명을 준비하는 일정 세우기, 평가 결과 보고가 가능한 날짜 등을 세운다.

넷째, 프로그램 평가 자료에 관해 설명한다. 평가를 위해 수집할 자료가 무엇인지에 대해 결정하고, 평가계획을 초기에 정하여 자료수집 과정상의 효율을 증대하고, 평가지표를 미리 결정하여 평가 시 발생하는 문제점을 줄인다. 그리고 평가에 필요한 자료가 무엇인가에 따라 자료를 어떻게 구할 것인지에 대해 결정한다.

다섯째, 평가를 관리감독하고 실행하는 사람은 누군가를 정한다. 프로그램 평가에 대한 책임은 주로 전반적인 계획과 평가에 대한 담당 실무자가 맡도록 한다.

여섯째, 평가유형을 선택하여 활용한다. 평가는 봉사자와 함께 개별 봉사자에 대한 기간별 평가를 실시할 수 있고, 자원봉사서비스를 이용한 대상자 또는 의뢰인의 평가, 직원의 프로그램 평가, 프로그램이 기관의 서비스에 미치는 화폐적인 기여도 등을 평가한다.

4) 평가의 내용

자원봉사자가 평가하는 내용에는 다음과 같은 내용들이 속할 수 있다. 즉, 실무자의 태도, 결정구조에 참여도, 서비스 대상자의 태도, 직무에 대한 자신감과 직무 수행 가능성, 충분한 오리엔테이션과 직무수행을 위한 교육훈련의 제공 여부, 직무설계서와 실제 직무와의 일치 여부, 직무가 흥미롭고 보람 있었으며, 도전을 유발했는지에 대한 여부, 제일 좋았거나 나빴던 경험, 프로그램의 종합 평가 점수, 봉사활동 중 개선할 점이나 기타 제안 및 코멘트 등이다.

자원봉사관리자 또는 실무자가 평가하는 내용에는 다음과 같은 내용들이 속할 수 있다. 즉, 자원봉사자의 책임 여부, 자원봉사자의 직무 자격 여부, 자원봉사자에게 충분한 훈련을 제공하였는지 여부, 자원봉사자를 다른 실무자가 잘 활용하는지 여부, 실무자가 자원봉사자와 같이 일을 잘하도록 훈련이 제공되었는가, 실무자가 자원봉사자와 함께 잘 일하려면 어떤 것이 더 요구되어지는가, 서비스 이용자의 자원봉사자에 대한 반응은 어떠한가, 자원봉사자 참여로 얻은 혜택은 무엇인가, 자원봉사자 참여로 발생한 문제점은 무엇인가, 자원봉사자 참여로 실무자의 업무량에 생긴 변화는 어떠한가, 자원봉사 프로그램 관리 시에 개선할 점이나 기타 제안, 코멘트 등이다.

5) 평가 시 고려할 점과 평가원칙

무엇보다 평가 시 고려하여야 할 점은 평가 양식, 평가 팀, 평가 계획을 수립하고, 질문서, 조사서를 고안하여 면접자를 선정하고 훈련하는 것이다. 또한 프로그램 참여자 모두의 의견을 수렴하여 토론을 거치며, 평가 결과에 의하여 데이터 분석 후 보완 활동계획을 수립한다. 그리고 평가 결과를 관련자에게 보고하고 기관의 기획과정에 반영하며 가능하다면 외부 평가를 실시하는 것도 좋다.

평가의 원칙은 다음과 같다.

첫째, 정기적이고 예정된 피드백 원칙이다. 정기적인 피드백 과정을 만들지 않을 경우 문제가 계속 방치되어 작은 것도 커질 수 있다.

둘째, 직원과 자원봉사자의 참여 원칙이다. 평가는 직원과 함께 자원봉사자를 참여시킨다.

셋째, 평가의 긍정적인 방향 원칙이다. 가능한 한 평가의 대부분을 자원봉사자들이 한 일을 칭찬하는 긍정적 방법으로 한다.

6) 평가효과

평가는 자원봉사자가 자신의 활동에 대해서 기관이나 자신, 봉사대상자가 어떻게 생각하는지를 알게 된다는 측면에서 진단적임으로 봉사자에게 조금은 부담이 되는 시간이기도 하다. 그러므로 자원봉사 관리자는 자원봉사자의 이러한 심리적 부담을 예측하고 있어야 한다. 민감한 자원봉사 관리자는 좋은 자원봉사자가 소진되거나 자신의 일에 싫증을 느끼지는 않는지, 혹은 그들이 더 중요한 책임을 맡도록 승진시켜야 하는지 등을 평가시간을 이용해 결정하는 기회로 삼는다(조휘일 외, 2009).

volunteerism | chapter

11

자원봉사자 유형과 자원봉사관리

[학습목표]

1. 유형별 자원봉사의 필요성을 이해한다.
2. 유형별 자원봉사의 효과를 이해한다.
3. 유형별 자원봉사관리방안을 습득한다.

volunteerism | chapter 11

자원봉사자 유형과 자원봉사관리

현대사회의 자원봉사자는 과거보다 자기중심적이고 전문적인 자원봉사를 하기 원하고 있다. 또한 그들은 자신의 시간과 재능을 제공함에 있어 분명한 동기를 가지고 있으며, 자원봉사에 대한 동기도 각기 다르다. 자원봉사자는 아동부터 노인까지 전 연령층이 해당될 수 있다. 다만 문제는 이들이 자원봉사활동을 효과적으로 전개할 수 있는 프로그램과 지도자의 자질 여부, 조직 및 사회적 환경여건 등이 어떠하냐 하는 것이다(승금희, 2005). 본 장에서는 자원봉사자의 유형을 청소년, 기업, 노인, 가족단위, 전문직, 종교계의 여섯 가지 영역으로 나누어 각 유형별 효과적인 자원봉사관리에 대해 살펴보고자 한다.

1. 청소년 자원봉사와 자원봉사관리

최근 우리 사회는 그 어느 때보다 자원봉사활동에 관심을 두고 있다. 이러한 관심은 국가나 지방자치단체의 책임만으로 다양한 사회문제를 해결하기에는 한계가 있음을 인지하고 공동체의식에 입각한 민간단체, 기업, 그리고 지역주민의 자발적 참여활동이 요청됨으로써 부각되고 있다. 그중에서도 의미 있는 작업 중의 하나는 중·고등학생들을 대상으로 한 학생 자원봉사활동의 제도화라 볼 수 있다(류기형 외, 2018).

1) 청소년 자원봉사의 필요성

청소년의 정신문화를 방해하는 요인인 급격한 현대 사회의 변화와 문명화는 황금만능주의, 물질주의, 불신풍조 등의 의식구조와 생활양식의 변화를 접하는 가운데 다양한 청소년 문제가 사회적인 문제로 나타나게 되었다. 또한 핵가족화에 따른 가족의 자녀양육 기능의 약화, 가족계획에 따른 소수자녀화의 과잉보호, 부모자식 간의 생활 경험 교류 기회의 감소, 입시준비로 인한 청소년의 활동 제약 등으로 인하여 청소년의 정체감 확립과 사회성 개발에 많은 문제점이 도출되기에 이르렀다(조휘일 외, 2009).

류기덕 외(2017)는 청소년 자원봉사활동의 필요성을 개인적, 교육적, 사회적 필요성으로 구분하여 설명하고 있다.

(1) 개인적 필요성

① 인간존중의 정신과 태도형성

청소년들은 자원봉사활동을 통해 건전한 인격형성을 추구할 수 있도록 도움을 받으며 자신들의 존재의 의미를 깨닫고, 자기존중감을 얻는다. 뿐만 아니라, 자원봉사활동은 인간의 존엄성과 가치를 인식하게 하고 사회화를 돕는 계기가 될 수 있다.

② 사회성 개발

청소년들은 자원봉사활동을 하는 동안 다른 사람과의 협력을 통하여 인간관계를 원만하게 유지함으로써 사회성을 향상시킬 수 있고, 자아실현이 가능할 수 있게 된다.

③ 자신감과 지도력 형성

자원봉사활동은 청소년들이 자신감을 가질 수 있도록 하고 잠재적인 지도력을 발전시킬 수 있는 계기가 되어 준다. 자원봉사활동을 하면서 자기표현 기회와 자신감을 얻고, 다른 사람과의 집단적인 협동으로 함께 일하면서 그들도 모르는 사이에 잠재적인 지도력을 펼치게 된다.

④ 공동체 의식 함양

청소년기에 자원봉사활동을 통해서 타인을 돕고 더불어 살아가는 공동체 의식을 성장시킬 수 있다. 자기중심적이고 이기적인 태도를 자원봉사활동을 통하여 극복할 수 있고, 더 나아가 서로 돕고 살아가는 사회를 실현하려는 공동체 의식을 키워 준다.

⑤ 민주시민으로서의 책임감 형성

자원봉사활동은 청소년에게 바람직한 민주시민의 자질을 함양시킨다. 즉, 학생들은 자발성, 책임감, 협동 정신과 같은 민주 시민의 역량을 자원봉사활동에 적극적으로 참여함으로써 함양하게 된다는 것이다. 게다가 자원봉사활동은 불건전한 일탈행동을 예방하고 지역사회를 바르게 이해하도록 돕는다.

⑥ 보람 있는 여가생활

청소년기에 자원봉사활동을 통해 의미 있는 여가시간을 보낼 수 있다. 자원봉사활동은 청소년들에게 보람을 줄 뿐만 아니라 그들의 비행과 탈선을 예방해 준다. 그리고 자원봉사활동은 건강한 전인적 인간으로 성장하도록 돕는다.

⑦ 진로선택에 도움

청소년들은 자원봉사활동을 통해 자기의 적성을 찾을 수 있고, 새로운 기술을 습득할 수 있으며, 이미 배운 기술은 더욱 발전시킬 수 있다. 그들은 학교에서는 다 배우지 못한 사회를 좋아하는 장소에서 여러 활동을 경험하며 배우고, 다양한 직업을 좋아하는 활동터전에서 경험하는 동안 알아보는 기회를 가질 수 있다.

(2) 교육적 필요성

① 지역사회에 관한 이해 증진

학생들은 학교에서 학습한 것들을 지역사회에서의 다양한 자원봉사활동을 통해서 보충하고 심화할 수 있으며, 자원봉사활동으로 학교뿐만 아니라 지역사회에까지 교육의 영역을 확대하는 효과를 기대할 수 있다.

② 현장 교육 체험

학교의 교육은 이론을 중심으로 이루어지고 내용이 제한적이다. 그러나 학교교육과는 달리 자원봉사활동은 체험을 통한 현장 교육으로 청소년이 성인생활을 준비하는 데 도움을 준다.

③ 지역사회와의 관계 증진

자원봉사활동을 통해서 지역사회와의 관계를 강화시킬 수 있기 때문에, 지역사회로부터 학교가 고립되지 않고 협력할 수 있는 유기적인 관계를 유도할 수 있다.

(3) 사회적 필요성

① 지역사회의 문제해결 관심

청소년들이 지역사회의 문제를 정부나 공공기관에 의존하여 해결하려는 것이 아니라, 청소년 스스로 나서서 문제를 해결하려는 풍토를 조성한다. 이는 자발적으로 지역사회의 어려운 사람을 도와주고, 지역사회의 환경을 개선시키는 등 지역의 사회문제를 청소년 스스로 해결하려는 사회적 기후가 조성된다.

② 지역사회 지도자 육성

청소년의 자원봉사활동 지도는 향후 그들이 지역사회의 문제를 담당할 자원으로서의 성장을 도와 앞으로 지역사회의 일원으로 활발한 봉사활동을 펼치게 될 것이다. 따라서 지역사회는 청소년 자원봉사자를 배출한다는 차원에서 그들의 봉사활동을 돕는 데 앞장서야 할 것이다.

2) 청소년 자원봉사의 효과

(1) 학생의 기대효과

학생의 기대효과는 다음과 같다(교육부, 2000; 승금희(2005)에서 재인용).

㉠ 학생들이 습득하게 되는 대부분의 지식들은 전해 들은 것 또는 조사, 분석된 것이다. 그러나 그들은 자원봉사활동을 통해 경험하고 이를 통해 배우게 된다.

㉡ 학생들은 스스로의 잠재력과 소질을 자원봉사활동을 통해서 적용할 수 있는 기회를 얻는다. 이러한 기회는 정보나 자료의 수집과 분석, 판단, 타인에 대한 배려, 도구를 사용하는 방법 습득, 대화의 기술 습득 등이 포함된다.

㉢ 학생들은 자원봉사활동을 통해 지역사회참여의 계기가 마련되고, 그들이 지역사회의 현실과 어려움에 대해서 다양하게 이해할 수 있다.

㉣ 학생들은 자원봉사활동을 통해 자신이 선택하는 직업에 영향을 미치는 통찰력을 얻을 수 있고, 미래의 직업을 탐색하는 데 도움이 될 수 있는 경험을 얻을 수 있다.

㉤ 학생들은 다양한 연령대와 배경 및 가치관을 갖고 있는 사람들과 자원봉사활동을 통해 협동하며 상호작용을 할 수 있고, 이를 통해 이웃 환경을 파악하고, 나아가 사회적인 통합을 이룰 수 있는 기회를 얻게 된다.

ⓑ 자원봉사활동을 통해 학생들은 자신의 여가시간을 창의적으로 이용할 수 있다.

ⓢ 학생들은 자원봉사활동을 통해 자신의 문제를 알아차리고 결정하며, 책임지는 것을 요청받을 수 있다. 또한 자원봉사활동을 통해 사회적인 책임감을 향상시키고, 타인을 통해 자기 행동에 대한 결과를 살필 수 있다.

(2) 학교의 기대효과

학교의 기대효과는 다음과 같다(교육부, 2000; 승금희(2005)에서 재인용).

ⓐ 지역사회의 자원을 이용한 여러 가지 활동들은 교육과정을 촉진하여 풍요롭게 할 수 있다. 또한 지역사회 구성원들과 학생들을 연결하여 지역사회와의 이탈을 방지하고, 지역사회에 대한 이해를 향상시켜 교육과 현실의 통합을 이루도록 한다.

ⓑ 학생들의 지식과 기술을 적용시킬 수 있는 기회를 제공하여 지역사회에 도움이 될 수 있도록 한다. 또한 일과 여가를 위한 교육의 영역, 건강교육, 정치적・사회적 교육 등 여러 가지 분야에서 문제의 해결방법을 찾을 수 있어 부수적인 학습기회를 제공하기도 한다.

ⓒ 자원봉사활동을 통해 문제를 보이는 학생에게 도전적인 정신과 책임감을 주고, 이는 학생들의 성숙과 자긍심 증진에 도움을 줄 수 있다.

(3) 지역사회의 기대효과

지역사회의 기대효과는 다음과 같다(교육부, 2000; 승금희(2005)에서 재인용).

ⓐ 학생들은 지역사회의 자원으로 책임과 가치가 있으며 신뢰할 수 있다. 또한 학생들의 자원봉사활동은 지역사회의 욕구를 충족시키고, 여러 가지 문제의 해결에 도움을 주는 자원으로써 청소년개발의 효과를 갖는다.

ⓑ 학생들이 자원봉사활동에 참여하는 것은 그들과 연관된 학부모, 교사들까지도 지역의 사회 문제에 관심을 갖게 하고 다양한 문제를 해결하는 데 참여하는 사람이 되게 한다. 또한 기관의 입장에서는 새로운 지역사회의 공공자원을 구축할 수 있다.

㉢ 학생과 어른의 만남이 부족하듯이 어른도 학생들과의 교류가 충분치 않다. 따라서 학생과 어른이 공통의 목표를 향해 함께 힘을 모아 일함으로써 현대의 학생들에 대한 이해를 증진시키고, 그들을 수용할 수 있게 돕는다.

㉣ 교육과정의 도움을 통해 교사 및 학교가 지역사회에서 수행하고 있는 역할들에 대해 알 수 있도록 기회를 주고, 이는 지역사회와 학교가 교류할 수 있는 좋은 기회가 된다.

3) 청소년 자원봉사관리

청소년의 자원봉사를 활성화하기 위한 방안으로 다음과 같은 것이 있다(유용식 외, 2016).

(1) 교육 및 연수 기회 확대를 통한 의식전환

청소년의 자원봉사활동은 성인들의 봉사활동처럼 봉사활동 자체의 의미도 갖지만, 봉사학습(Service Learning)이라는 큰 성질을 갖는다. 봉사활동의 결과보다 활동과정에서 학습되어지는 교육적 결과에 더 큰 의미를 두는 것을 봉사학습이라 한다. 그러므로 학습적인 측면에서 청소년들의 자원봉사활동이 교육적으로 지도, 안내 받고 평가되어야 하는 것이 중요하다. 청소년들의 자원봉사활동이 교육적으로 지도되기 위해서는 학생들뿐만 아니라 교사들, 학부모, 대상기관의 담당자, 관련 공무원 등의 모든 봉사활동 담당자들이 대상인 교육과 연수기회가 증가해야 하고, 이를 통해 자원봉사의 생각의 전환이 요구될 것이다.

(2) 지역사회의 참여를 위해 유관기관과의 협력체계 구축

지역사회 내의 자원봉사업무 수행 단체 혹은 기관들과의 유기적인 협력체계 구축이 학생들의 봉사활동이 원활히 실시되기 위해 우선적으로 요구되지만, 지역사회 차원이 아닌 학교 차원에서 해결하려고 하는 생각이 유기적인 협력체계의 구축을 등한시하는 경향을 보인다고 추측되어진다. 지역사회에서는 참여의 문을 여는 동시에 지역 사회의 유관기관들(예를 들어, 봉사활동 수요기관 등)을 체계적으로 운영하여 더 나은 질의 봉사활동을 할 수 있는 것을 제공하는 관련 비영리 조직들(예를 들어, 청소년자원봉사센터 등)이 있지만, 아직 유관기관과의 유기적이고 협조적인 관계가 미약하다. 그러므로 봉사활동 유관기관과의 원활한 협력체계를 구축하여 청소년들에게 폭넓은 봉사활동 거리를 제공해 주는 것이 요구된다.

(3) 특기와 적성을 살린 다양한 프로그램의 개발 · 보급

서류정리, 업무보조, 환경정화, 행사업무보조 등의 단순하고 일시적이며, 반복적인 봉사활동에 대부분의 청소년들이 참여되고 있다. 하지만 단순한 봉사활동이 아닌, 예술 · 문화 · 체육, 정보통신, 국제 활동 등의 다양하고 새로운 영역의 봉사활동 프로그램이 개발 · 보급되어야 한다.

청소년들의 자원봉사활동을 활성화시키기 위해서 무엇보다 중요한 것은 청소년들이 바라는 새롭고 다양한 봉사활동 프로그램들, 예컨대 가족 중심, 소그룹 중심, 동아리 중심 등의 여러 가지 차별화된 프로그램의 개발과 청소년 자신이 갖고 있는 재능을 발휘하고 능력이 향상되도록 하여야 한다.

(4) 자원봉사교육의 필요

자원봉사는 기본적인 인권의 실천이다. 따라서 학교 교육과정에 청소년들을 위한 자원봉사에 관한 교육이 포함되어야 한다. 학교는 자원봉사활동 대상자를 보조하는 구체적인 방법이나 자원봉사활동을 하는 방법에 대해 교육을 할 필요가 있다. 왜냐하면 청소년들이 자원봉사활동을 하면서 자기를 표현하는 능력과 인간관계 능력, 생활기술에 대한 능력 개발, 문제를 해결하는 능력 양성 등 자기발전과 더불어 지역사회를 만드는 것에 일익을 담당하는 방법을 습득할 수 있기 때문이다.

(5) 청소년들의 자원봉사활동가로서의 역할 인식

자원봉사활동은 누구나 참여가 가능함을 알려 주고, 봉사활동에 참여함으로써 청소년들에게 제공되는 보람도 꼭 고려되어야 한다. 또한 자원봉사활동의 특성상 참여자가 곧 이용자가 될 수 있다는 것을 자각시켜 주어야 할 것이다. 그리고 자원봉사활동을 함으로써 타인에게 도움을 주고 그들을 이해하는 능력을 향상시켜 날이 갈수록 각박해지는 현대사회에서 청소년들 스스로 개인주의와 이기주의에서 벗어날 수 있도록 도움을 주어야 할 것이다.

(6) 자원봉사활동의 계획과 지도

성공적인 자원봉사활동을 이끌기 위해서는 학생들을 봉사활동에 참여시키기 전에 꼼꼼한 계획과 준비가 필요하다. 기본계획으로는 봉사활동에 참여하는 구체적인 목적, 프로그램의 선정, 과제 진단 및 확인과 세부적 실천 방안(일정계획, 기간, 예비교육, 장소, 소요경비, 참가인원, 업무분담, 주의사항 등)과 봉사활동이 끝난 후의 평가와 인정, 향후 개선점 등이 포함되어야 한다.

(7) 자원봉사활동 종합육성정책 마련 시급

학교에서는 교과과정방법, 즉 체계적인 학교 내에서의 교육방법의 연구가 필요하다. 그리고 학교와 지역사회가 필요로 하는 프로그램 개발과 학교, 지역사회, 국가 행정부서 간의 상호적인 역할 관계도 연구되어야 한다. 그리고 이에 따른 다양한 교재개발과 자원봉사활동을 지도하는 교사에 대한 훈련이 뒤따라야 한다. 또한 청소년 자원봉사활동 육성을 위해서 학교 교과과정에 자원봉사활동 학습과정을 흡수・반영시켜야 하며, 이를 위해서는 정부의 청소년 자원봉사활동에 관한 종합육성정책이 마련되어야 하고, 재정적・제도적 지원이 절대적으로 필요하다.

2. 기업 사회공헌과 자원봉사관리

기업의 자원봉사는 기업목적을 전략적으로 추구하여 양질의 노동력을 구축하며, 소비자나 지역사회와의 좋은 관계를 형성하고, 기업의 구조조정에 대한 대안이라는 인식변화를 가져왔다. 과거에는 기업의 자원봉사를 이해할 때, 기업에 종사하는 직원들이 나서서 자원봉사활동을 수행하는 것으로 인식하였다. 그러나 최근에 기업의 자원봉사는 기업이 시민사회의 일원으로 기업 시민 공동체로서의 자원봉사활동으로 인식이 달라졌다.

기업의 봉사활동 참여는 임직원 개인에게는 사회적 주체의식 고양, 기업에는 생산성의 향상이라는 일거양득의 효과가 있다. 또한 기업의 자원봉사활동은 사회문제 해결에 적극적인 참여로 사회에 공헌하고, 임직원들의 만족스러운 욕구 충족뿐만 아니라 기업의 좋은 이미지 유지와 홍보효과 그리고 생산 및 발전에도 긍정적인 영향을 미치게 되었다(정길영 외, 2017).

1) 기업 자원봉사의 필요성

기업의 자원봉사활동은 아래에 제시하는 세 가지의 이유로 인하여 필요하다고 볼 수 있다(삼성사회봉사단; 고재욱 외(2017)에서 재인용).

첫째, 기업의 봉사활동은 기업에서 자체적으로 추구하는 경제적, 사회적 목적들을 실현하고 기업의 구성원 및 이해당사자들이 갖고 있는 기대에 부응하는 데 효과적인 도구로서의 역할을 한다.

둘째, 기업의 자원봉사활동은 인간적, 사회적, 경제적 문제들의 해결을 원하는 지역사회를 위해 인간적 재능과 에너지를 공급하는 뿌리가 된다. 기업은 특정 기술과 전문성을 갖춘 집단으로서 자발적인 의지로 참가하는 봉사의 손길을 제공할 수 있다.

셋째, 직장은 대부분의 사람들에게 중심적인 역할을 하기 때문에 기업은 개인이 평생을 통해 자신과 타인을 돕는 방편으로서의 자원봉사활동을 제공하고 지지함으로써 도덕적으로 바람직한 위치를 지켜야 하며 이는 기업 자체의 인력을 강화하게 된다.

2) 기업 자원봉사의 효과

기업의 자원봉사활동이 주는 효과를 다음과 같이 제시할 수 있다(고재욱 외, 2013).

첫째, 기업의 측면에서 살펴보면, 기업의 조직원들이 회사 상호를 내걸고 봉사활동을 전개함으로써 기업의 사회전략 목표와 지역사회가 필요로 하는 것을 맞출 수 있고 기업의 이미지가 제고됨으로써 보다 유능한 직원을 고용할 수 있다. 또한 기업의 공공 이미지와 평판이 향상됨으로 인해 소비자들이 기업의 제품을 선호하게 만드는 요인을 제공하며, 기업의 조직원들이 지역사회의 구성원들과 직접적인 만남을 통해 이웃에 대한 이해와 지역사회의 문제들을 더 깊이 이해할 수 있는 기회를 가진다. 더불어 기업 내에서는 아는 사람이 증가되어 좋은 인력 네트워크를 만들어 사원들의 사기를 향상시키고 이는 결국 기업의 경영활동에까지 도움을 줄 수 있다.

둘째, 기업 임직원 측면에서 보면, 봉사활동에 참여한 경험은 임직원 자신의 사기를 진작시키고 스트레스를 해소할 수 있다. 또한 도덕적인 선행이나 타인에게 도움을 줬다는 심리적 만족감을 제공해 줄 수 있고 타인과 함께 살아가는 데 필요한 공동체 의식을 함양시키는 도움을 준다. 또한 삶의 가치와 가족에 대한 인식을 새롭게 만드는 기회를 줄 뿐 아니라 기업과 가정 사이에 있는 벽을 허물고 직원의 가족들을 기업 봉사활동에 참여하도록 하여 직원들의 직무 만족도를 향상시킬 수 있으며 가족 간의 결속감도 높일 수 있다. 그리고 자녀들과 함께하는 봉사활동을 통해 바람직한 역할모델을 제시할 수 있고 이는 기업과 자신에게 좋은 계기가 될 수 있다.

셋째, 지역사회 측면에서 보면, 기업은 전문기술, 인적자원, 재정 지원, 조직화된 동원 체계 등을 상비하고 있으므로 증가하는 복지수요를 언제나 충족해 줄 수 있는 훌륭한 공급원을 제공함으로써 지역사회 문제해결에 도움이 될 수 있다.

3) 기업 자원봉사관리

기업의 자원봉사를 활성화하기 위한 방안으로 다음과 같은 것이 있다(정길영 외, 2017).

첫째, 사회공헌활동의 하나로 자원봉사활동에 대한 기본방침을 경영방침에 명문화한다. 기업이 자원봉사활동을 활발하게 수행하기 위해서는 무엇보다도 기업의 확고한 자원봉사활동에 대한 의지일 것이다. 이 의지만 확고하게 정립되어 있다면 자원봉사활동에 대한 예산, 전문 인력, 프로그램 개발, 체계적 조직, 지속성 등이 해결될 수 있다.

둘째, 기업 내에 자원봉사 전담기구를 설치하여야 한다. 우리나라는 미국과 달라서 시민의 자원봉사활동이 생활화되어 있지 않고, 자원봉사활동에 참여하는 직장인 수도 많지 않으며, 자원봉사 프로그램이나 봉사기관이 전문적으로 설치되어 있지 않으므로 기업 내에 자원봉사 전담기구 설치가 필요하다.

셋째, 자원봉사활동을 위한 전문 인력 배치를 활성화해야 한다. 자원봉사 전문 인력은 자원봉사관리자의 구실을 하는 것으로 기업자원봉사활동의 전반적인 것을 추진하고 기획하고 관리하는 체계를 총괄하는 것이다. 자원봉사자의 원활한 활동을 위하여 자원봉사기관과 자원봉사 프로그램을 개발하고, 이를 위하여 적당한 자원봉사기관에 관한 각종 정보와 그 기관에서 수행 가능한 업무정보를 수집하여야 한다.

넷째, 기업 내의 모든 사원들로 하여금 지역사회를 위한 자원봉사활동을 권장할 수 있는 규범을 정하고, 이를 반드시 실천할 수 있도록 인정, 보상, 경비지원 등을 시행하는 것이다.

다섯째, 기업은 사원들에게 자원봉사활동에 필요한 시간을 할애해 주는 제도가 필요하다. 직장생활의 연속성으로써 자원봉사활동을 근무 중에 시행하도록 하게 한다거나 자원봉사활동을 펼친 시간만큼 기업이 인정해 주는 근무시간 면제를 권장한다. 또한 일정 시간 이상을 자원봉사활동에 참여한 사원에게 자원봉사 휴가, 휴직, 관리

전문직의 인력파견 형태의 자원봉사 유급휴가, 휴식제도를 실행하는 것이다.

여섯째, 사원들에게 자원봉사활동에 참여하도록 분위기를 조성하는 일이다. 캠페인이나 자원봉사축제 등 특별 프로그램에 참여할 수 있도록 권장하여 사원들이 스스로 자원봉사활동에 참여할 수 있도록 분위기를 고양해 주는 것이다. 예컨대, '자원봉사대축제'는 기업 자체 행사로 추진할 수도 있고, 아니면 외부기관에서 시행하는 프로그램에 참여할 수도 있다.

일곱째, 사원들에게 기관과 지역사회의 다른 단체와의 연계나 협조체계를 구축하여 공동 프로그램 참여 및 진행을 권장하는 것도 매우 좋은 방법이다. 자원봉사에 관련한 사회시스템이 취약하고 관련 전문기관의 부족과 자원봉사 경험이 부족한 사람이 많은 우리나라의 경우 시행착오를 최소화하고 자원봉사활동을 빠른 기간 내에 활성화하기 위하여 외부 단체와 연계하여 공동 프로그램에 참여하는 것을 적극적으로 권해 볼 만한 일이다.

3. 노인 사회참여와 자원봉사관리

우리 인류는 인간의 평균수명을 100세를 넘어 120세 혹은 150세까지 높이고자 하고 있다. 그러므로 현재 우리가 상투적으로 갖고 있는 노인의 이미지는 곧 변화할 수밖에 없을 것이다. 그러나 한 가지 고려할 점은 노인의 나이규정의 문제와 노인개념과는 조금 분리해서 볼 필요가 있다. 현실적으로 볼 때 우리 사회에서 노인이라는 개념이 쉽게 없어지지는 않을 것이기 때문이다.

우리가 노인 하면 떠오르는 대부분 사람들의 상투적인 이미지는 나약하고, 잊기 잘하며, 고립되고, 활발하지 못하며, 의존적이고, 은퇴한 65세 이상의 사람일 것이다. 이러한 이미지의 배경에는 일에서 은퇴했기 때문에 더 이상 생산적이지 못할 것이라는 인식이 자리 잡고 있다(류기형 외, 2018). 또한 대부분의 노인은 서비스의 수혜대상으로만 여겨져 왔으나, 많은 수의 노인은 몸과 마음이 건강하고 자신이 쌓아온 지식과 기술로 사회에서 봉사활동에 참여하기를 원하고 있다. 노인의 자원봉사활동은 여가시간을 유용하게 보내는 방법 중의 하나이며, 노인의 생활에 의미를 부여한다(류기덕 외, 2017).

1) 노인 자원봉사의 필요성

노인의 자원봉사활동의 필요성은 다음과 같다(김범수 외, 2016).

첫째, 자기성장 및 자아실현의 계기를 갖는다. 노인은 자원봉사활동을 통해 적극적인 자기표현, 자긍심 회복, 성취감의 경험, 적절한 가족관계 유지, 지능저하의 예방, 노화방지 등의 효과를 보게 되어 자기성장과 자아실현이 가능해진다.

둘째, 지역사회에서 공동체의식을 강화할 수 있다. 노인은 생활의 지혜와 경험을 갖춘 자로서 지역사회의 복지 및 노인문제 해결과 예방에 도움을 줄 수 있고, 이는 공동체의 발전에 기여할 수 있다.

셋째, 자원봉사에 대한 동등한 가치를 정립한다. 노인은 자원봉사를 제공할 수도, 제공받을 수도 있다는 부분에서 봉사자와 대상자의 관계를 동등하게 전환시킬 수 있는 좋은 기회를 갖는다. 또한 나이가 많아짐에 따라 모든 신체적·정신적 능력과 기능이 약화되어 가지만, 갑자기 약화되는 것이 아니므로 노령에도 불구하고 별 지장 없이 중년기 때와 마찬가지로 사회를 위해 일할 수 있다는 것을 사회 일반인에게 보여 줌으로써 노인에 대한 긍정적 인식을 심어 줄 수 있다.

2) 노인 자원봉사의 효과

(1) 개인적 측면

개인적 측면에서의 효과는 다음과 같다(승금희, 2005).

첫째, 노인의 자원봉사활동 참여는 퇴직으로 인해 상실된 사회적인 지위 및 역할을 보충해 준다. 봉사활동에 참여함으로써 사회의 일원으로서의 지위와 봉사활동을 하는 조직 안에서 새로운 지위에 맞게 자신에게 주어진 일을 기쁜 마음을 갖고 자발적으로 임하게 한다.

둘째, 노인의 자원봉사활동 참여는 자신의 사회적 가치성을 회복하거나 유지할 수 있도록 도움을 줄 수 있다. 이는 자신이 사회에 여전히 유용하고 의미 있는 존재가 된다는 가치를 일깨워 준다.

셋째, 노인의 자원봉사활동 참여는 노년기의 긍정적 자아상 및 자존심을 유지 및 향상시킬 수 있게 해 준다.

넷째, 노인의 자원봉사활동 참여는 소외감을 극복하는 데 도움이 된다.

다섯째, 노인의 자원봉사활동 참여를 통해 자기성장과 자아실현을 도울 수 있으며, 창의성과 책임감을 펼칠 수 있는 기회를 제공해 준다.

(2) 사회적 측면

사회적 측면에서의 효과는 다음과 같다(승금희, 2005).

첫째, 자원봉사활동 참여를 통해 지혜의 축적과 기술・활동능력의 증가와 같은 긍정적 결과를 볼 수 있고, 이는 아름다운 노화의 모델이 된다.

둘째, 자원봉사활동을 통해 지역사회와 관계를 맺을 수 있고, 이는 지역사회의 문제를 완화 또는 해결하는 데 공헌할 수 있다.

셋째, 자원봉사활동 참여는 고령자와 젊은 세대와의 교류를 적극적으로 추진하고, 세대 간의 연대를 키워 간다는 점에서도 매우 중요한 의의를 가지고 있다.

3) 노인 자원봉사관리

노인의 자원봉사활동은 노인에게 풍요로운 노년기를 보낼 수 있도록 도움을 주며, 동시에 노인의 잠재인력을 활용할 수 있기 때문에 이는 사회발전에도 공헌할 수 있다. 이러한 점에서 노인의 사회참여를 활성화시킬 수 있는 자원봉사관리 방법은 다음과 같다(고양곤 외, 2001).

(1) 다양한 모집방법의 활용

잠재적 노인 자원봉사자를 발굴하기 위해 다양한 모집방법과 사회적 연결망의 강화가 필요하다. 이를 위해 노인 자원봉사자들이 참여하는 경로가 무엇인지를 파악하여 이를 활용하는 것이 필요하다.

(2) 자원봉사활동의 영역 개발

일반적으로 자원봉사활동은 건강한 노인의 경우에만 해당되는 것으로 전제되는데, 그렇지 않은 노인들의 심신기능에 알맞은 프로그램을 개발하여 가정과 지역사회에서 봉사할 수 있는 자리를 마련하는 것이 필요하다. 또한 이들의 심리사회적 욕구 충족과 함께 통합적이고 생산적인 노후를 영위하도록 하는 것이 요구된다.

(3) 교육프로그램 및 교육방법의 개발 · 시행

노인을 위한 자원봉사 교육으로 자아를 발견하고, 리더십과 인간관계를 향상할 수 있는 프로그램과 자원봉사활동 시 옷차림과 소지하는 물건, 봉사자의 자세, 장애 노인에 대한 접촉방법 등에 관한 기본교육을 실시한다. 또한 너무 단순한 강의식 교육방법보다는 노인의 흥미를 일으킬 수 있는 역할극, 현장답사, 체험학습 등 여러 가지의 교육방법을 활용하는 것이 필요하다.

(4) 전문실무자 배치와 중간관리자 양성

전문실무자를 배치하거나 관리자 교육 및 재교육프로그램 시행, 자원봉사자들 중 책임자를 정하여 그들에게 역할훈련, 지도력 등 차별화된 교육의 기회를 제공함으로써 중간관리자를 양성하고 이를 봉사활동에 활용하도록 한다.

(5) 중도탈락 방지를 위한 방안모색

체계적이고 정기적인 교육을 통하여 자원봉사자들의 의무감과 책임감, 자긍심을 고취시키고, 초기의 높은 자원봉사동기를 지속적으로 유지하거나 새로운 자원봉사동기를 부여하도록 한다. 또한 관리영역에서 자원봉사활동을 담당하고 있는 실무자와 기관의 직원들이 노인 봉사자들에게 개별적인 관심과 애정을 표명하고, 가능하면 개별상담을 상설화하여 자원봉사자들로 하여금 소속감과 연대의식을 갖도록 하는 것이 필요하다.

(6) 적절한 보상의 제공

자원봉사활동의 주된 동기가 물질적인 보상은 아니나, 실질적으로는 봉사활동 중에 지출되는 교통비와 식사비 등의 보상욕구가 상당한 편이다. 따라서 노인 자원봉사자들이 경제적인 제약 없이 자신의 봉사활동에 충실하도록 최소한의 물질적인 보상과 함께 비물질적 보상이 효과적으로 이루어져야 한다.

(7) 노인의 자원봉사활동에 대한 인식제고

노인의 자원봉사 활성화를 위하여 이들을 '복지의 수혜자'로만 보는 것이 아니라 '복지의 제공자'로서의 사회적인 인식전환이 요구된다. 이를 위해 대중매체나 교육프로그램을 통해 긍정적 이미지를 고양시킴으로써 노인 자신이 봉사활동을 할 수 있도록 돕는 동시에 이에 대한 사회적 지지를 얻을 수 있다.

4. 가족단위 자원봉사와 자원봉사관리

가족단위의 자원봉사는 지역사회문제 해결과 가족 구성원들 간의 유대강화를 기본 전제로 하고 있으며, 다양한 사회문제의 해결점을 가족에서 찾고 가족의 붕괴와 가족기능 약화를 방지한다는 차원에서 그 의의를 찾을 수 있다.

즉, 가족 자원봉사는 건전하고 보람 있는 여가문화를 통해 부모가 자녀와 함께 봉사활동에 참여함으로써 자연스럽게 가족 간 유대를 강화할 수 있으며, 자녀들의 여러 가지 문제를 해소하는 효과를 얻을 수 있다. 나아가 가족구성원들의 서로 간 연대된 힘이 지역사회 문제를 해결하고 인간의 존엄성 및 시민의식을 강화시킬 수 있으며, 이웃과 더불어 건강한 삶의 자세를 배울 수 있는 장이 될 수 있다(최덕경 외, 2014).

1) 가족단위 자원봉사의 필요성

(1) 급속한 산업화

오늘날 우리 사회도 급속한 산업화로 인해 가족 간의 유대가 약화되었으며, 그로 인한 가족 간의 위기나 가족 간의 해체에 대한 우려가 증가되고 있다.

가족단위의 자원봉사활동은 대체로 초·중·고생 자녀들이 있는 가족이 참여하는데, 이러한 활동을 통하여 부모, 자녀가 공통 관심사와 주제를 갖게 되고 이에 대해 가족 간 대화를 하는 시간이 증가한다. 가족 간 대화의 시간이 증가되면 의사소통을 하는 방식이 강화되므로 가족 내에 문제가 생겼을 때 지혜롭게 대화로 풀 수 있는 공통된 문제해결방법을 가질 수 있다. 또한 자녀들은 봉사활동을 통하여 자신과 다른 삶의 모습을 사는 사람들을 보면서 사회에 대한 관심이나 이웃과 함께 살아가는 방법을 배우므로 교육적인 효과뿐 아니라 부모가 봉사활동을 하는 모습이 자녀에게는 모범이 될 수 있다. 이와 같이 가족 간 자원봉사활동은 산업화로 인하여 나타나는 가족과 사회의 문제를 예방하고 해결할 수 있는 방안이 된다는 것에 그 필요성이 있다(류기덕 외, 2017).

(2) 주 5일 근무제의 시행

우리 사회도 주 5일 근무제가 사회적인 이슈로 등장하게 되면서 가족들이 함께 지내는 시간이 이전에 비해 증가하였다.

가족 단위의 여가활동은 가족 구성원 간 응집력 및 의사소통을 강화시키고, 자녀들에 대한 교육적인 효과를 향상시키는 등 긍정적인 기능이 많다는 점에서 좋은 현상이다. 또한 가족 자원봉사활동은 여가시간을 활용하여 사회 속에서 각자의 위치를 생각하고 나눔의 소중함을 습득할 수 있는 좋은 기회가 되며, 가족 간 유대관계가 강화되고 지역사회에 기여하게 되므로 '더불어 살아가는' 사회를 만들어 가는 성취감을 갖게 한다. 이는 소비적 활동을 통해서 제공받을 수 없는 것이기에 주 5일 근무제를 활용한 가족자원봉사의 필요성은 매우 크다(류기덕 외, 2017).

2) 가족단위 자원봉사의 효과

가족단위 자원봉사의 효과를 김정옥 외(2003)는 가족 측면과 기관 측면으로 구분해 다음과 같이 제시한다.

(1) 가족 측면

가족 측면에서의 효과는 다음과 같다.

㉠ 자녀들에게 여러 가지 일들을 경험하게 하고, 새로운 기술을 습득할 수 있는 기회를 제공하여 그들이 잠재적인 능력을 찾을 수 있게 해 준다.

㉡ 함께하는 프로그램을 통해 부모가 자녀들에게 역할 모델을 제공할 수 있다.

㉢ 가족들이 함께 있는 시간이 증가되어 서로를 이해하게 된다.

㉣ 가족 자원봉사활동은 가족 간 대화의 창구역할을 할 수 있다.

㉤ 가족 간 문제해결능력 강화 및 구성원 간의 돈독한 인간애를 맛볼 수 있게 한다.

㉥ 실천적 체험을 통해 감사하는 마음과 기쁨 및 보람을 경험함으로써 밝고 긍정적인 마음으로 가족들을 대할 수 있게 된다.

㉦ 가족 자원봉사활동을 통하여 개인 및 가족으로 지역사회문제의 해결에 함께했다는 긍정적인 경험을 갖게 한다.

ⓞ 다세대 가족에게는 자원봉사활동이 젊은 세대에게 가치관을 적극적으로 전달하는 좋은 방법이 된다.

ⓧ 자녀들에게 어릴 때부터 자원봉사를 직접 경험하게 함으로써 민주시민으로 성장할 수 있는 교육의 기회를 마련할 수 있다.

(2) 기관 측면

기관 측면에서의 효과는 다음과 같다.

㉠ 자원봉사자를 늘릴 수 있다.

㉡ 다양한 연령과 계층의 자원봉사자를 확보할 수 있다.

㉢ 일찍부터 자원봉사활동을 경험함으로써 자원봉사활동에 대한 의식을 확장할 수 있다.

㉣ 지역사회와 기관과의 관계를 더욱 뜻 깊게 만들고 그 인식도 향상시킬 수 있다.

㉤ 지역주민들의 고통을 나눠 사회문제 해결에 참여하도록 이끌 수 있다.

㉥ 가족자원봉사자가 곧 기관의 후원자가 된다.

3) 가족단위 자원봉사관리

가족단위의 자원봉사활동을 활성화시키기 위한 관리방안은 다음과 같다(이병순 외, 2014).

첫째, 가족 자원봉사활동의 목적 및 실시 후의 장점 및 문제점에 대한 철저한 검토가 필요하다. 가족 자원봉사자들의 가치를 인정하고, 가족의 특성과 가족 구성원이 갖고 있는 기술과 능력을 극대화할 수 있도록 관리가 체계적으로 이루어져야 한다. 자원봉사자 관리는 가족 자원봉사활동의 성공 여부에 중요한 영향을 미치기 때문이다.

둘째, 가족 자원봉사활동 프로그램은 참여 가족에게 적합한 자원봉사활동 프로그램 선정이 중요하다. 준비 단계에서부터 구성원 전체가 관심 있는 일이 무엇인가를 충분히 논의하고, 특히 가족 구성원의 연령에 따라 내용을 차별화하는 범위 선정이 중요하다. 봉사 초기의 경험에서 부정적인 느낌을 받지 않도록 작고 쉬운 일부터 시작하여 성취감을 맛보아야 한다. 성취감은 자원봉사활동의 지속성에 도움이 되기 때문이다. 또한 어린 자녀를 둔 젊은 기혼여성들은 참여에 한계가 있으므로 자녀를 동반하여 육아교육과 사회적 공헌을 동시에 할 수 있는 가족 자원봉사 프로그램의 개발도 의의가 있다 하겠다.

셋째, 지역사회 협력 관계망을 구축하고 홍보와 함께 가족 자원봉사에 대한 교육이 동시에 이루어져야 한다. 가족 자원봉사 대상 모집 및 수요처 발굴은 가족 자원봉사 활성화에 근간이 되므로 지역사회 내의 관계망 형성과 홍보에 주력하여야 한다. 또한 자원봉사 의식의 함양을 위해 가족 자원봉사 대상 관리 프로그램도 동시에 이루어져야 한다. 활동 후에 자신들의 봉사가 지역사회에 도움이 되었다는 성취감을 경험하게 하는 것이 중요하다. 자원봉사활동이 끝나면 가족 구성원들끼리 토론 시간을 통해 봉사하면서 느낀 점과 봉사 후 달라진 점 등에 대해 조언하는 시간 등을 갖는 관리 프로그램이 운영되어야 한다. 자녀들의 봉사 학습 효과를 높이는 것은 가족 자원봉사에 대한 올바른 인식확립에 도움이 될 것이다. 따라서 지속적인 지도와 관리가 가족 자원봉사활동의 활성화에 도움이 될 것이다.

넷째, 가족 자원봉사활동의 종결 단계에서 인정, 보상, 평가가 잘 이루어져야 한다.

5. 전문직 자원봉사와 자원봉사관리

전문직 자원봉사활동이란 전문적인 자격을 가진 사람이 본인의 자격이나 기술을 통해 전문적인 서비스를 제공하는 것이라고 정의내릴 수 있다.

1) 전문직 자원봉사의 필요성

아동, 장애인, 노인 등 요보호대상자의 급격한 증가는 사회복지서비스에 대한 수요를 증가시켰을 뿐 아니라 자원봉사자 수급의 불균형을 초래하였다. 따라서 이에 대한 방안으로 새로운 사회복지서비스 공급자의 개발이 절대적으로 필요하게 되었다. 그러나 전문가들이 자원봉사활동에 상당히 유리한 장점을 갖고 있음에도 불구하고 지금까지 체계적이고 조직적인 활동으로 연결되지 못하고 있기 때문에 전문가들의 자원봉사활동 촉진을 위해 다음의 세 가지를 중점적으로 고려할 필요가 있다.

첫째, 전문가 집단들은 대부분 자체적인 협회를 갖고 있다. 그렇기에 자원봉사조직이나 사회복지조직은 이들 조직과의 강한 파트너십을 형성하여 협약 등을 체결하고 자원봉사활동에 참여시키는 전략을 구사할 필요가 있다. 이 협약에는 자원봉사자에게 제공되는 서비스의 메뉴를 되도록 광범위하게 설정하여, 자원봉사자가 폭넓은 선택을 할 여지를 주는 것이 중요하다. 이러한 협정과 그 이행을 통해 사회복지조직 및 자원봉사조직들은 부가적으로 기술 있는 자원봉사자를 조직 내의 인력으로 끌어올 수도 있다.

둘째, 기술 중심의 자원봉사 프로그램의 개발과 기회제공이 필요하다. 즉, 전문직 자원봉사자의 기술에 알맞은 자원봉사 지위를 제공하여야 한다는 것이다. 예를 들면, 미국의 샌프란시스코 굳윌 인더스트리(Goodwill industries of San Francisco)는 하버드 경영대학원 지역사회봉사 파트너와 연결하여 창업이나 기술지원, IT, 통신 등의 지원을 받아 수입을 배로 올린 경험이 있다. 최근 우리 사회의 사회복지조직과 서비스도 전통적인 케어와 빈곤 관련 문제뿐만 아니라 지역사회의 인권과 윤리적 문제, 재정적,

법적인 문제 등을 포함해 다양하고 복잡한 사회문제 및 서비스 제공 문제에 직면하고 있다. 이러한 문제들은 지역사회 전문가와 전문적 조직들이 적극적으로 참여하여 그들의 지식과 자산을 공유하면 상당 부분이 해결될 수 있다. 따라서 전문가의 기술과 지식을 활용할 수 있는 프로그램의 개발과 제공이 무엇보다도 핵심관건인 것이다 (National & Community Service, 2008; 류기형 외(2018)에서 재인용).

셋째, 전문직이 갖고 있는 지위특성에 맞는 모집 전략을 활용하여야 한다. 보통 전문직 자원봉사자들은 지위동기, 즉 가치 있는 일을 함으로써 존경받는다와 내가 살고 있는 지역사회공동체 문제에 관심이 있는 자로 여겨지고 싶다는 강한 욕구가 있는 것으로 알려져 있다(Meneghetti, 1995; 류기형 외(2018)에서 재인용).

2) 전문직 자원봉사의 효과

전문직 자원봉사활동이 사회복지조직이나 제공되는 서비스 측면에서 갖는 의의 및 기대효과는 다음과 같다(류기형 외, 2018).

첫째, 전문적인 지식과 기술을 갖고 있어 서비스의 확대 및 질을 향상시킨다.

둘째, 전문직 자원봉사자들은 시간적 · 경제적 여유 및 시간에 대한 통제력을 갖고 있어 자원봉사자로서 활동하기에 좋은 조건을 가지고 있을 뿐 아니라 지역사회에서 부수적으로 가질 수 있는 설득력과 활동력이 문제해결에 필요한 인적자원과 물적자원을 동원하는 데 효과적으로 작용한다.

셋째, 전문직 자원봉사자들은 이미 전문적 지식과 기술을 갖고 있어서 자원봉사 활용기관에서는 최소한의 시간과 비용, 노력으로 경제적인 효율성과 정치적인 효과성을 거둘 수 있다.

넷째, 자원봉사활동 계획과정부터 전문적인 자문이나 조언을 통해 팀의 일원으로 자원봉사 조정자나 관리자를 도울 수 있으며 자원봉사교육이나 훈련에도 투입되어 이론과 실제를 통합시키는 데 유용하다.

3) 전문직 자원봉사관리

(1) 전문가 단체와의 협력 강화

전문가들은 자체의 협회 등을 통해 자신들의 권익과 사회참여활동을 수행하는 경향이 강하다. 그러므로 협회나 단체와의 접촉과 협약을 통해 조직적으로 전문가를 활용하는 방안이 실효성이 있다고 하겠다. 그리고 모집에 있어 이미 형성되어 있는 전문가들의 비공식적 모임에 대한 정보를 파악해 적극적으로 활용하는 것도 필요할 것이다. 또한 대중매체나 매스컴을 통하여 자원봉사활동에 참여하는 전문가의 사례나 모임을 적극적으로 알림으로써 전문가가 자원봉사활동에 참여하는 것이 바람직할 뿐 아니라 자연스러운 행위라는 사회적 분위기를 조성하는 것이 필요하다.

(2) 기술 중심의 자원봉사 프로그램 개발과 제공기회 증대

전문가의 봉사활동은 그들이 가지고 있는 지식과 재능 및 기술을 활용하는 것에 일차적인 초점을 두어야 한다. 즉, 법률, 재정 및 경영관리 기술과 관련된 운영위원회 활동, 교육 및 강의, 치료 상담, 자선행사 등의 기획가 역할, 자선공연 등 개별 전문가들이 가지고 있는 관련 기술을 사용할 기회 확대에 초점을 두어야 실효성이 있다. 그리고 개별적인 활동보다는 이미 연대감이 형성되어 있는 전문가들로 집단을 구성하는 방법이나 다양한 전문가들을 한 팀으로 구성하여 봉사활동을 하는 것도 좋은 방법일 것이다.

(3) 시간에 대한 제약 완화

시간적인 여유를 내기 힘든 전문직 자원봉사자들에게는 전문가들이 직접 기관에 방문해서 봉사활동을 하는 것에서 벗어나 전문가 자신의 직장 공간에서 필요한 시간과 공간을 내어 서비스를 제공하도록 하는 방법도 강구되어야 한다.

(4) 다양한 자원봉사 프로그램 메뉴 제공

전문가라고 해서 꼭 자신의 전문 분야에 국한된 활동 프로그램이 아닌 자신이 갖고 있는 기술이나 지식을 응용하여 활용할 수 있는 부분이 오히려 매력적인 요소가 될 수 있다. 예를 들어, 의사라고 해서 꼭 의료적인 행위에만 배치할 것이 아니라 그들의 욕구나 관심분야, 재능을 파악해 자원봉사활동에 연결해 준다면, 자원봉사활동은 자신의 잠재능력을 발휘하게 해 주는 더욱 즐거운 활동이 될 수 있을 것이다.

(5) 전문직 종사자들의 지역사회 인정 욕구 충족

전문가들은 대부분 사회에 공헌해야 한다는 도덕적·윤리적 부담감을 가지고 있다. 그리고 그러한 자신의 이미지가 지역사회에서 인정받기를 원하는 경향도 크다. 그러므로 그들이 갖고 있는 지역사회의 인정 욕구를 충족시키는 전략이 구축되어야 한다. 예를 들면, 노인 한방 자원봉사자로 등록한 한의사에게는 그들의 고객에게도 이러한 사실을 알려 주기 위해 자원봉사활동 사진이나 기록 등을 전달하거나 자원봉사 활용기관에서 인정하는 증표를 주는 것도 좋은 방법이 될 수 있다. 이러한 것은 지역주민에게 홍보가 되어 전문가에 대한 신뢰를 더 높일 수 있을 뿐 아니라 전문가로 하여금 책임감을 갖고 지속적인 활동을 할 수 있도록 하는 촉진제가 될 것이다(류기형 외, 2018).

6. 종교계 자원봉사와 자원봉사관리

고대로부터 현대에 이르기까지 인간의 심성에 내재한 측은지심은 자발적인 자원봉사활동을 유도하며, 상부상조정신으로 살아온 인류역사가 이를 뒷받침하고 있다. 개신교나 가톨릭은 그들의 사상적 기반이 이웃사랑이고, 불교 역시도 자비사상을 기초로 하고 있다. 이러한 심성 및 사상이 자원봉사활동의 동기를 유발하는 충분한 조건이 되었을 것이다.

어느 종교든지 그들의 경전은 어려운 상황에 부닥친 사람을 돕고 협력하며, 모든 사람에 대하여 서로 사랑하라고 가르치고 있다. 이는 신자들에게 자원봉사활동을 권장하는 내용이고, 도움이 필요한 모든 사람에게 구제활동을 펼치라는 가르침이다. 사실, 종교기관에 속한 신자들의 수가 상당히 많아서 그들의 인적자원을 조직화하고 활성화한다면 종교기관의 자원봉사활동은 대단한 영향력을 발휘하게 될 것이다. 종교기관을 통한 사회통합도 사회적 기능으로서 파급효과를 가히 짐작하고도 남음이 있다.

종교기관의 자원봉사활동은 종교적 사상과 이를 실천하려는 사명감에 의하여 도움이 필요한 사람에게 구제 혹은 자선활동 등으로 서로 돕는 사랑의 실천을 강조한다. 종교의 가르침을 실천하려는 그들의 사명감은 인류사회를 위해 위대한 일을 남길 수도 있고, 역사적으로 보아도 자선단체를 조직하여 많은 자선사업을 실천하였던 것들을 기억하게 한다. 이것은 더 나아가서 복지공동체 형성에 지대한 영향을 미쳤고, 자원봉사활동에도 큰 역할을 감당하였다. 그리고 이들의 종교적 가르침과 이를 실천하려는 헌신적 노력이 오늘날에도 계속되고 있다(정길영 외, 2017).

1) 종교계 자원봉사의 필요성

종교계 자원봉사활동은 크게 두 가지 측면에서 그 필요성을 제시할 수 있다(김동배, 2008).

첫째, 종교계 자원봉사활동은 종교적 이념의 사명을 실천하기 위한 방법으로, 도움을 필요로 하는 사람들에 대한 자선활동과 서로 협동하는 것을 강조한다. 자원봉사활동과 관련한 각 종교의 이념은 다음과 같다. 가톨릭과 개신교는 그리스도교 교리를 신념 체계로 삼고 이웃사랑의 실천을 중요한 삶의 방향으로 설정하고 있다. 따라서 그리스도교 신자들의 자원봉사활동은 하느님의 사랑에 대한 응답이자 교리의 실천이다. 불교는 위로는 불타의 지혜를 구하고 아래로는 중생을 교화한다는 대승보살의 강령에 잘 나타나 있다. 즉, 부처님의 인간영혼의 구제와 자비를 보시로서 실천하고 보살도의 사상을 실천하는 과정에서 마땅히 해야 하는 것이 자원봉사활동이다.

둘째, 종교계의 잠재적 자원의 조직화와 활성화가 이루어진다면 자원봉사 인적 자원의 충원에 있어서 상당한 기여를 할 수 있다. 신앙심을 바탕으로 한 신도들의 헌신적인 사회활동은 자원봉사활동과 맥을 같이하고 있다. 종교지도자들의 자원봉사에 대한 관심이 한층 높아진다면 신도들의 잠재되어 있는 능력이 엄청난 자원봉사 인력으로 전환될 수 있을 것이다.

2) 종교계 자원봉사의 효과

종교계 자원봉사활동의 효과는 다음과 같다(Unruh, 2010).

첫째, 종교 기관이나 네트워크 내에서 기관의 가시성과 명성을 증진시킬 수 있다. 종교계 자원봉사자들은 해당 네트워크를 통해 기관에 대한 인식과 지원을 전달할 수 있다.

둘째, 그들이 종교 단체를 후원하는 기관과의 관계를 강화시키거나 또는 종교사 근원과의 관계를 강화시키는 데 도움을 준다.

셋째, 종교계 자원봉사자들은 조직 사명의 종교적 구성요소를 강화시키거나, 종교적 사명감을 높일 수 있다.

넷째, 자원봉사활동을 통해 지도자를 키우고 공동체 전체를 강화할 수 있다.

3) 종교계 자원봉사관리

종교기관의 자원봉사활동을 활성화하기 위한 방안은 다음과 같다(정길영 외, 2017).

첫째, 각 종교기관의 조직과 교회, 성당, 사찰 등의 개별기구는 물론 다른 종교기관의 조직과 단체가 네트워크를 구축하여 사회통합성 부족과 비체계적 전달체계의 문제점을 안고 있는 종교기관 자원봉사활동의 활성화를 기한다. 예컨대, 가톨릭은 '대희년 선포와 함께 자원봉사활동 활성화를 위한 문화 활동으로의 정착과 사회통합방법으로의 승화를 과제로 삼고 있다. 개신교는 사회통합에 지장을 가져오는 개교회주의, 개인구원주의, 수직적 신앙주의를 재점검하여 종교의 사회적 기능인 사회통합 기능강화를 이루어야 한다. 이를 위하여 교회의 문턱을 낮추고 교회당을 개방하고 지역사회를 위한 협력체계를 이루어야 한다. 또한 인적 물적 자원을 지역사회를 위하여 더욱 많이 지원하므로 교회 안 사람과 교회 밖 사람과의 구별이 없는 하나의 공동체를 형성하여야 한다. 불교는 불교자원봉사센터를 중심으로 불교자원봉사 공급주체간의 네트워크화가 구축되어야 하며 그 기능을 극대화할 수 있도록 학교와 사찰의 자원봉사단 조직이 필요하다. 예컨대, 종단이 운영하는 학교법인을 자원봉사협력교로 지정하여 불교적 심성계발 및 청소년 자원봉사활동의 적극적 지원과 각 사찰의 1사찰 1봉사단, 1신도회 1봉사단의 조직과 활동으로 자원봉사활동의 활성화를 꾀해야 한다.

둘째, 종교기관의 자원봉사 개념이 제대로 정립되지 않아서 발생할 수도 있는 자원봉사에 대한 왜곡의 문제를 해결하기 위하여 자원봉사 관련 용어 및 개념 정립이 필요하다.

셋째, 종교기관의 자원봉사활동에 관한 폭넓은 내용과 전략 점검이 필요하다. 일부에서는 종교기관의 자원봉사활동이 해당 종교기관 산하 사회복지시설에 대해서만 봉사활동을 한다는 오해가 있다. 예컨대, 종교 지도자들이 각각의 종교기관 재정으로 자체가 소유한 사회복지시설에서 자원봉사를 하려는 경향이 있다.

넷째, 종교기관의 자원봉사활동이 전문적인 방법으로 프로그램 개발과 평가가 이루어지는 전문성이 시급하다. 예컨대, 전문적인 접근을 위한 구조와 내용, Out-reach 프로그램 개발 모형을 위한 지원 등 다양한 프로그램의 개발과 전문화가 필요하다.

다섯째, 종교기관의 자원봉사인력과 관리 인력이 전문화되어야 한다. 예컨대, 사회취약계층의 노력봉사, 계몽활동, 대화 및 놀이상대 등도 좋지만, 자원봉사자의 창의력 개발과 전문성의 확대를 위하여 전문 관리 인력을 통한 전문적인 프로그램 개발이나 활용이 자원봉사활동의 활성화를 위하여 필요하다.

여섯째, 각 종교기관에서는 자원봉사 프로그램에 대한 예산 배정 및 증액이 현재보다 더 많이 필요하다. 특정한 곳은 아주 많은 예산배정으로 잘 시행하고 있지만, 일반적으로 보다 많은 증액이 필요하다. 물론, 과거보다 인식도 달라졌고 재정도 많이 증액된 것이 사실이지만, 아직도 이런 면에서는 아쉬움이 많이 있다.

volunteerism | chapter

12

자원봉사 현장과 자원봉사관리

{학습목표}

1. 사회복지시설에서의 자원봉사관리에 대해 이해하고 분류할 수 있다.
2. 공공기관에서의 자원봉사관리를 파악하고 설명할 수 있다.
3. NGO 시민단체에서의 자원봉사관리의 중요성을 분석할 수 있다.
4. 국제 자원봉사활동과 자원봉사관리를 구분하고 논의할 수 있다.

volunteerism | chapter 12

자원봉사 현장과 자원봉사관리

1. 사회복지시설에서의 자원봉사관리

1) 사회복지시설의 개념

「사회복지사업법」 제2조에 따른 "사회복지사업"을 할 목적으로 설치된 시설을 의미하며, 「사회복지사업법」은 사회복지사업에 관한 기본법으로 「노인복지법」, 「아동복지법」 등 개별 법령에 별도의 규정이 있을 경우 해당 법령을 우선 적용하며 「사회복지사업법」 제2조 제1호에 규정된 개별법령에 의한 "보호・선도 또는 복지에 관한 사업"과 "사회복지상담・직업지원・무료 숙박・지역사회복지・의료복지・재가복지・사회복지관 운영・정신질환자 및 한센병력자 사회복귀에 관한 사업" 등 각종 복지사업과 이와 관련된 "자원봉사활동 및 복지시설의 운영 또는 지원을 목적으로 하는 사업"을 말한다.

2) 사회복지시설의 기능과 역할

(1) 사회복지시설의 기능

사회복지시설의 가정 대체적 기능으로는 일상생활 원조 및 가정을 대신해서 보호하는 것을 말하여 전문적 기능으로는 일반가정에서는 행할 수 없는 장애의 치료 개선, 교육 등을 전문적으로 담당하는 것이다.

(2) 사회복지시설의 역할

사회복지시설의 역할은 생활서비스와 치료훈련서비스, 원조서비스 세 분류로 나눌 수 있다. 첫째로 생활서비스를 제공하는 주거, 급식, 보건, 기타 등을 들 수 있다. 둘째로 치료훈련서비스를 제공하는 것으로 치료, 교육, 훈련 등이 있다. 마지막으로 원조서비스 제공인 인간관계, 사회관계의 조정을 들 수 있다.

3) 사회복지시설의 종류

사회복지시설은 보건복지부 소관 사회복지시설과 여성가족부 소관 사회복지시설이 있다. 시설 종류로는 다음 〈표 12-1〉과 같다.

〈표 12-1〉 사회복지시설의 종류

소관 부처	시설종류	세부종류		관련법
		생활시설	이용시설	
보건 복지부	노인 복지시설	• 노인주거복지시설 • 노인의료복지시설 • 학대피해노인전용쉼터	• 재가노인복지시설 • 노인여가복지시설 • 노인보호전문기관 • 노인일자리지원기관	「노인복지법」
	복합노인 복자시설	• 농어촌 지역에 한해 「노인복지법」 제31조 노인복지시설을 종합적으로 배치한 복합노인복지시설을 설치·운영 가능		「농어촌주민의 보건복지 증진을 위한 특별법」

소관 부처	시설종류	세부종류		관련법
		생활시설	이용시설	
	아동 복지시설	• 아동양육시설 • 아동일시보호시설 • 아동보호치료시설 • 자립지원시설 • 공동생활가정	• 아동상담소 • 아동전용시설 • 지역아동센터 • 아동보호전문기관 • 가정위탁지원센터 • 다함께돌봄센터 ('19.4.16.부터 적용)	「아동복지법」
	장애인 복지시설	• 장애유형별 거주시설 • 중증장애인 거주시설 • 장애영유아 거주시설 • 장애인단기 거주시설 • 장애인공동생활가정	• 장애인지역사회재활 시설 • 장애인직업재활시설 • 장애인의료재활시설 • 장애인생산품판매시설	「장애인복지법」
	어린이집		• 어린이집	「영유아보육법」
	정신 보건시설	• 정신요양시설 • 정신재활시설 중 생활사설	• 정신재활시설 중 이용 시설	「정신건강증진 및 정신질환자 복지서비스 지원에 관한 법률」
	노숙인 시설	• 노숙인자활시설 • 노숙인재활시설 • 노숙인요양시설	• 노숙인종합지원센터 • 노숙인일시보호시설 • 노숙인급식시설 • 노숙인진료시설 • 쪽방상담소	「노숙인 등의 복지 및 자립지원에 관한 법률」
	사회복지관 결핵·한센 시설	• 결핵 • 한센시설	• 사회복지관	「사회복지사업법」
	지역 자활센터		• 지역자활센터	「국민기초생활보장법」
여성 가족부	성매매피해 지원시설	• 일반지원시설 • 청소년지원시설 • 외국인지원시설 • 자립지원공동생활시설	• 자활지원센터 • 성매매피해상담소	「성매매방지 및 피해자 보호 등에 관한 법률」
	성폭력피해 보호시설	• 성폭력피해자보호시설	• 성폭력피해상담소	「성폭력방지 및 피해자 보호 등에 관한 법률」
	가정폭력 보호시설	• 가정폭력피해자 보호시설	• 가정폭력상담소 • 긴급전화센터	「가정폭력 방지 및 피해자보호 등에 관한 법률」

소관 부처	시설종류	세부종류		관련법
		생활시설	이용시설	
	한부모가족 복지시설	• 모자가족복지시설(기본, 공동, 자립) • 부자가족복지시설(기본, 공동, 자립) • 미혼모자가족복지시설(기본, 공동) • 일시지원복지시설	• 한부모가족복지상담소	「한부모가족지원법」
	다문화가족 지원센터		• 다문화가족지원센터	「다문화가족지원법」
	청소년복지 시설	• 청소년쉼터 • 청소년자립지원관 • 청소년치료재활센터 • 청소년회복지원시설		「청소년복지 지원법」

출처: 보건복지부(2020).

4) 사회복지시설 자원봉사의 역할

① 보완적 역할: 시설 종사자 역할 보완

② 선구적 역할: 시설보호의 새로운 요구에 적극적으로 대응

③ 비판적 역할: 시설보호의 효과적인 실천을 위한 건설적 비판

④ 교량적 역할: 시설생활자와 지역주민 간 인간적인 유대관계

⑤ 계발적 역할: 계몽 · 제도 등을 통한 개발 · 발전 도모

5) 자원봉사조직 관리자의 역할

자원봉사관리자 인간자원을 효과적으로 창출할 수 있는 능력을 갖춘 사람이다. 특별히 자원봉사 프로그램을 진행하는 관리자는 자원봉사를 위한 프로그램과 지역사회에 변화가 일어나도록 기여하는 지도자들이다.

피터 드러커(P. Drucker)는 성공적인 관리자가 갖추어야 할 실천적 원칙 또는 사고의 습관을 다음과 같이 5가지로 제시하고 있는데 이러한 의사결정은 다음의 5가지

단계이다. 문제를 규정하며, 문제를 분석하고, 여러 가지의 대안적 해결책을 모색하며, 최선의 해결책을 결정하고, 이러한 결정을 효과적 행동으로 전환한다.

6) 자원봉사활동의 관리 기술

자원봉사의 프로그램을 효과적으로 조직하며 관리하는 데 필요한 6가지 핵심적 요소들의 관리과정은 다음과 같은데 (1) 업무설계 (2) 모집 (3) 배치 및 업무 (4) 교육 및 훈련 (5) 지도감독 및 평가 (6) 인정과 보상이다.

7) 사회복지시설 자원봉사자의 자세

대부분의 봉사자들은 시설이나 기관에서 자원봉사활동을 단순하게 생각하고 특별한 훈련과 준비 없이 방문하면 사회복지시설에 실제적인 도움을 주지 못하는 경우가 많이 있다. 그래서 봉사자들은 충분한 준비를 하고 자원봉사활동을 해야 한다.

① 사전에 시설의 성격과 현황을 충분히 파악해야 한다.

시설마다의 성격이나 분위기, 요구하는 도움이 다를 수 있다. 따라서 먼저 시설현황에 대해 충분한 정보를 파악하여야 한다.

② 방문 전에 시간을 상의한 후에 방문해야 한다.

사회복지시설은 기관에서의 계획과 생활이 있기에, 기관의 상황을 고려하지 않고 자원봉사자들이 편리한 시간에 방문하게 되면 폐가 될 수도 있다. 사전에 방문예정 시설과 충분히 시간을 협의, 조정하고 가능하면 정기적으로 활동하는 것이 바람직하다.

③ 시설직원과의 친밀감 및 긴밀한 상호작용이 필요하다.

직원의 한계 보완, 비밀사항 처리, 봉사활동 내용, 사고 등을 직원에게 통보하는 것이 바람직하다.

④ 시설 생활인과 친밀감을 형성한다.

성공적인 활동이 되기 위해서는 복지시설 생활인과의 친밀감을 형성해야 한다. 인간관계의 형성은 동정심이나 시혜적 자세로는 불가능한 것이다. 또한 자신의 능력과 경제력으로 서로 간의 격차를 느끼게 하는 인상을 주어서는 안 된다.

⑤ 시설대상자의 개인적인 사생활 존중해야 한다.

⑥ 지속적인 봉사활동을 통해 안정된 인간관계가 필요하다.

8) 사회복지시설에서의 자원봉사

사회복지시설에서의 자원봉사는 시설 이용자들에게 직접적인 서비스를 제공하거나 운영을 지원하여 시설의 목적을 달성하도록 돕는 활동이다. 이는 지역사회 자원의 활용을 극대화하고, 시설 운영의 효율성과 효과성을 높이는 중요한 역할을 한다.

(1) 자원봉사의 개념과 역할

자원봉사는 개인의 자발성과 타인을 돕고자 하는 의지에 기반하여 이루어지는 활동으로 사회적 연대와 시민 책임감을 실천하는 방안으로 간주된다. 김영종(2020)은 자원봉사가 사회복지시설 운영의 핵심적인 지원 체계로 인적 자원을 활용하여 서비스 품질을 높이고 대상자들의 삶을 개선하는 데 기여한다고 분석하였다(김영종, 2020).

(2) 사회복지시설에서의 자원봉사 유형

사회복지시설에서의 자원봉사는 다양한 형태로 이루어진다. 예를 들어, 노인요양시설에서의 돌봄 지원, 장애인복지시설에서의 프로그램 진행 보조, 아동보육시설에서의 교육 및 놀이 지원 등이 있다. 정재욱(2021)은 자원봉사 활동의 유형이 시설의 특성과 대상자의 요구에 따라 유연하게 변할 수 있으며, 각 활동이 시설 운영 전반에 걸쳐 필수적인 기능을 수행한다고 강조하였다(정재욱, 2021).

(3) 사회복지시설에서 자원봉사의 필요성

사회복지시설은 제한된 재정과 인력으로 운영되는 경우가 많기 때문에 자원봉사는 필수적인 자원이다. 자원봉사는 시설의 서비스 제공 범위를 넓히고, 공공 자원의 효율적 배분을 가능하게 한다. 박상희(2018)는 자원봉사가 이용자와 시설 간의 관계를 강화하며, 공동체 내에서 연대의식을 강화한다고 설명하였다(박상희, 2018).

(4) 자원봉사의 도전과 과제

사회복지시설에서의 자원봉사는 참여율 감소, 전문성 부족, 운영체계의 미비 등 다양한 도전에 직면해 있다. 정은영(2019)은 이러한 문제를 해결하기 위해 체계적인 교육과 관리 시스템을 구축하고, 자원봉사자와 시설 간의 지속적이고 협력적인 관계를 유지해야 한다고 주장하였다(정은영, 2019).

(5) 자원봉사 활성화를 위한 제언

자원봉사를 활성화하기 위해서는 홍보 강화, 자원봉사자에 대한 인센티브 제공, 전문성 강화, 지역사회와의 네트워크 구축이 필요하다. 신미정(2023)은 이러한 노력들이 자원봉사 활동에 대한 긍정적 인식을 확산시키고 장기적이고 안정적인 활동 참여를 유도할 수 있다고 언급하였다(신미정, 2023).

결론적으로 사회복지시설에서의 자원봉사는 서비스 질 향상과 시설 운영의 효율성을 높이는 데 필수적인 역할을 한다. 이를 지속적으로 발전시키기 위해서는 체계적인 관리와 교육, 자원봉사자와의 협력적인 관계 유지가 중요하다.

2. 공공기관에서의 자원봉사관리

1) 공공기관에서의 자원봉사의 의미

국가나 공공단체에서 공공의 복지를 위하여 제공하는 서비스로, 시민과 공무원, 공공기관 종사자들 간의 상호작용을 통해 공급하는 것을 말한다. 김성경(2009)은 공공부문 자원봉사 개념을 "정부기관 내에서의 조직적인 자원봉사활동과 정부기관 지원의 지역사회 내 자원봉사조직의 활동"으로 정의하였다.

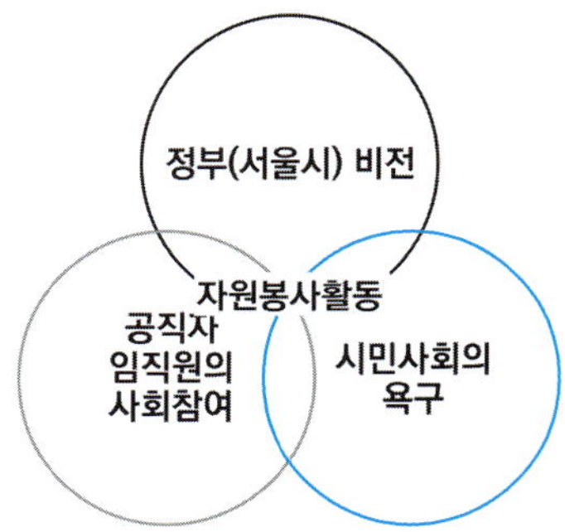

출처: 서울시 자원봉사센터(2017).

2) 공공기관에서의 자원봉사의 필요성

공공문제의 해결에는 정부 한 부문만의 노력으로 한계가 있어 자발적 참여와 자율성을 바탕으로 한 협력관계가 필요하며, 시민들이 다양한 공공서비스에 참여할 수 있는 기회가 된다. 시민들의 가장 대표적인 참여방법이 자원봉사 활동이다.

〈표 12-2〉 시민 · 공공기관에서의 자원봉사의 필요성

시민	공공기관
정책이해	공공서비스의 시민 선호도 파악
공공영역 업무 협조	시민과의 업무 협조
개인의 성장	숨은 자원 개발

3) 자원봉사의 영역과 유형

① 자원봉사의 영역(「자원봉사활동 기본법」 제7조)

- 사회복지와 보건증진에 관한 활동
- 지역사회개발 발전에 관한 활동
- 환경보전과 자연보호에 관한 활동
- 사회적 취약계층의 권익증진 및 청소년육성보호에 관한 활동
- 교육과 상담에 관한 활동
- 인권옹호와 평화구현 활동
- 범죄예방 및 선도
- 교통 및 기초질서계도 활동
- 재난관리 및 재해구호에 관한 활동
- 문화 관광 예술 체육진흥 활동
- 부패방지 및 소비자보호활동
- 공명선거
- 국제협력 및 해외봉사활동
- 공공행정분야 사무지원에 관한 활동
- 그 밖의 공익사업수행 또는 주민복리증진에 필요한 활동

② 활동형태에 따른 유형

- 공공기관 및 사회복지시설의 자원봉사: 행정보조, 캠페인참여
- 시민단체에서의 자원봉사: 부정선거감시, 환경보호운동, 소비자권익보호
- 지역사회를 위한 자원봉사: 사고예방, 교통안전, 지역방범, 환경보호
- 국제사회를 위한 자원봉사: 구호활동, 기술협력, 교육 농축산 지역사회개발

4) 자원봉사 운영을 위한 7가지 원칙

① 원활한 활동 진행을 위한 담당자를 지정한다.

② 자원봉사는 시민의 자발적 참여활동임을 기억한다.

③ 무리하지 않는 선에서 일감을 지정한다.

④ 지나친 물질보상보다 진정한 감사의 마음을 전하도록 한다.

⑤ 꼭 필요한 인원만 모집한다.

⑥ 철저한 안전관리를 할 수 있도록 한다.

⑦ 자발성, 무보수성, 공익성의 자원봉사 가치를 기억하도록 한다.

5) 자원봉사 활동(프로그램) 자가진단

공공기관의 자원봉사활동을 진행하기 위해서는 6W의 자가진단이 필요하다.

① 운영주체(WHO): 현재 누가 담당하고 있는가?

② 운영목적(WHY): 왜 그 사람이 담당하고, 왜 그 활동을 실행하고 있는가?

③ 내용(WHAT): 어떤 활동을 실행하는지 이 활동 외에 다른 활동은 없는가?

④ 운영방법(HOW): 현재 어떤 방법을 실행하고 있는가와 다른 방법은 없는가?

⑤ 운영시기(WHEN): 언제 실행하는가와 그 외에 실행할 수 있는 시기는 없는가?

⑥ 운영장소(WHERE): 어디서 실행하는가와 그 외 장소는 없는가?

6) 자원봉사 업무 설명서

자원봉사활동을 위해 사전에 자원봉사자에게 업무명, 활동 목적, 활동내용, 자격, 교육훈련, 혜택, 활동기간 및 소요시간, 활동 종료 조건, 평가, 자원봉사 관리자(활동 담당자의 연락처), 확인 서명란에 대해 충분히 설명한 후에 서명을 할 수 있도록 한다. 자원봉사자는 단기(일회성)봉사자와 장기봉사자 두 분류로 나눌 수 있다.

7) 자원봉사활동운영 평가

프로그램에서 바람직한 것을 찾아내 유지 보존하고 개선하는 과정으로 수요자와 지역사회의 변화를 측정해 본다. 자원봉사 평가의 방법으로는 질문지법, 면접법, 프로그램 기록분석법, 관찰법 등을 선택하여 병행할 수 있다.

8) 공공기관에서의 자원봉사

공공기관에서의 자원봉사는 공공의 이익을 증대하고 행정 및 서비스의 효율성을 높이는 활동으로 정의된다. 이는 시민들이 자발적으로 참여하여 지역사회의 문제를 해결하고 공공가치를 실현하는 데 중점을 둔다.

(1) 공공기관 자원봉사의 개념

공공기관에서의 자원봉사는 공공기관의 업무와 목표를 보조하거나 지원하기 위해 시민이 자발적으로 참여하는 활동이다. 이 활동은 시민의 자발적 참여와 협력을 바탕으로 공공서비스의 질을 높이는 데 기여한다. 이태수(2021)는 공공기관 자원봉사가 행정 효율성을 강화하며 공공부문과 민간부문 간의 협력적 관계를 형성한다고 보았다(이태수, 2021).

(2) 자원봉사의 활동 영역

공공기관에서의 자원봉사는 다양한 분야에서 활동이 이루어진다. 예를 들어, 공공도서관에서는 도서 분류와 대출 보조, 보건소에서는 건강검진 지원, 환경청에서는 환경보호 캠페인 활동 등이 있다. 박미정(2022)은 공공기관에서의 자원봉사가 단순히 행정 보조에 그치지 않고, 지역사회의 필요를 충족하는 데 중요한 역할을 한다고 강조하였다(박미정, 2022).

(3) 자원봉사의 필요성과 효과

공공기관은 제한된 인력과 자원으로 인해 시민 자원봉사가 필요한 경우가 많다. 자원봉사는 공공서비스의 제공 범위를 확대하고 정책 목표 달성에 기여한다. 조은영(2019)은 공공기관 자원봉사가 시민 참여를 확대하여 정책의 수용성을 높이고 지역사회 문제 해결에 효과적인 수단이 된다고 주장하였다(조은영, 2019).

(4) 공공기관 자원봉사의 도전과 과제

공공기관에서의 자원봉사는 시민의 참여율 저하, 교육과 훈련 부족, 운영체계의 비효율성 등의 문제에 직면해 있다. 김태형(2020)은 자원봉사자의 동기 부여와 전문성 강화를 위해 체계적인 교육과 지원이 필요하다고 설명하였다(김태형, 2020).

(5) 공공기관 자원봉사 활성화를 위한 방안

공공기관에서 자원봉사를 활성화하기 위해서는 참여 동기 부여, 전문적인 관리 시스템 구축, 지속 가능한 참여를 위한 인센티브 제공 등이 중요하다. 정민영(2023)은 자원봉사 활성화를 위해 정부와 지역사회가 협력하여 종합적인 정책을 추진해야 한다고 주장하였다(정민영, 2023).

결론적으로 공공기관에서의 자원봉사는 행정 효율성과 공공서비스의 질을 높이는 데 중요한 역할을 한다. 이를 성공적으로 운영하기 위해서는 자원봉사자의 동기 부여, 체계적인 관리와 교육이 필수적이며, 지속 가능한 참여를 위한 노력이 필요하다.

3. NGO · 시민단체에서의 자원봉사관리

1) NGO · 시민단체의 정의

비정부 기구(Non-Governmental Organization, NGO)는 어떠한 종류의 정부도 간섭하지 않고, 시민 개개인 또는 민간단체들에 의해 조직되는 단체를 의미하며 비정부 단체와 비정부 조직이라고 한다. 비정부 기구는 그들의 목표에 맞게 관리와 공공 정책과 사회와 인권 그리고 환경 등의 분야에 영향을 미치기도 한다.

NGO는 다양한 서비스와 인도적 기능을 수행하며 정보를 제공함으로써 시민들의 관심을 정부에 가져오며 정책을 옹호하고 감시하고 정치적 참여를 독려한다. NGO는 보통 기부금으로 지원되며 일부는 공식적인 자금 지원을 받지 않고 자원봉사자들에 의해 운영된다.

NGO와 유사 용어

▶ NPO(Non-Profit Organization): 비영리조직(단체)

미국은 NGO 이외에 NGO와 유사한 개념을 가진 NPO 등 다양한 용어가 사용되고 있으며 일본 역시 NPO라는 용어를 사용하고 있는데 이는 NGO를 NPO의 일부로서 공공의 이익을 추구하는 자발적 결사체, 특히 국제원조에 참여하는 국제적 단체를 말한다. 유럽에서는 NGO를 NPO와 같은 영역으로 미국이나 일본에 비해서는 대체적으로 넓게 보고 있으며 비영리병원, 대학, 복지관, 변호사 협회와 같은 단체들도 NGO에 포함시키는 경향이 있다. 특히 영국의 경우는 자선단체라는 용어가 보다 보편적으로 사용되고 있다.

▶ CSO(Civilian Society Organization), CBO(Civilian-based Organization)

: 시민사회(조직)단체

▶ SMO(Social Movement Organization): 사회운동(조직)단체

2) 등장배경

지역과 정부 그리고 국가와 관계없이 자발적으로 조직된 국제적 비영리 민간단체 'NGO'(Non-Governmental Organization의 약칭)으로도 불리며, 다양한 단체들이 19세기 중반에 반노예제와 여성인권운동 그리고 군비축소 등에 중점을 두고 조직되기 시작하였다. 그러나 비정부 기구라는 용어는 1945년 국제연합 설립과 함께 국가가 아닌 기구를 설명하기 위해 본격적으로 사용되기 시작하였다. 1970년대 이후에는 전 지구적으로 NGO 또는 NPO가 크게 발달하면서 복지국가의 위기, 제3세계의 발전위기, 환경위기, 사회주의의 위기인 네 가지 위기와 성장 혁명, 커뮤니케이션 혁명인 두 가지 혁명이 일어났다.

첫째, 복지국가의 위기는 1970년대 두 차례의 오일쇼크로 인해 NGO도 각종 복지문제를 해결하고 시민욕구를 충족할 사회적 장치를 만들어 냈다.

둘째, 제3세계의 발전위기는 1970년대와 1980년대의 경제 불황으로 인해 빈이 최대의 정책 이슈로 부상하면서 NGO나 NPO가 시민사회모델로 채택되고 NGO가 육성되었다.

셋째, 환경위기는 개발도상국의 자원과 환경파괴 및 선진국의 반환경적 소비행태로 인해 환경문제가 심각해지면서 NGO를 조직하여 환경시민운동이 전개되었다.

넷째, 사회주의의 위기는 1980년 후반부터 사회주의가 붕괴면서 국가의 계획경제 대신에 민간부문이라는 새로운 대안을 선택하면서 시민사회의 성장과 NGO의 발달을 초래하였다.

다섯째, 성장혁명은 개발도상국들이 빠른 경제성장을 이루면서 중산층의 형성을 가져와 NGO가 발달할 수 있는 사회적 기초가 세워졌다.

여섯째, 커뮤니케이션 혁명은 정보 및 통신 혁명의 세계적 교류가 활발해지고 서로의 의견을 전달, 교환하는 것이 용이해지면서 전 세계적 NGO들이 이슈를 중심으로 연대하고 행동하게 되었다.

3) NGO의 기능과 운영방식

정부가 해결하지 못하는 일을 시민이 직접 해결하자는 취지에서 등장하였으며, 지금도 정부가 직접 추진하기 어려운 분야의 사회문제에 대한 관심을 일깨우며 경우에 따라서는 직접 문제를 해결하는 역할을 하고 있다. 정부와는 달리 유연한 활동이 가능하며 국제협력도 수월한 편이다. 개개인이 노력하기에는 우선순위가 떨어지는 분야나 특정 집단의 이익을 대변하는 분야에서 주로 활동한다.

현대사회에서 비정부기구의 영향력은 매우 커지고 있다. 유명한 국제 비정부기구로는 국제엠네스티, 국경 없는 의사회, 그린피스, ISO, IEC, IEEE 등이 있다. 당연히 정부에 속하지 않은 노동조합도 비정부기구에 포함된다.

비정부기구는 정부나 기업이 아닌 조직들을 망라하는 개념이므로 이익을 추구하는 단체도 있고, 그렇지 않은 비영리단체도 있다. 부유한 유명인이나 기업이 직접 세운 것 또는 특정 직업 종사자들이 자신들의 이익을 지키기 위해 설립한 경우를 제외하면, 많은 비정부기구가 비영리단체이다. 여기에서 필요한 자금을 모으는 방식은 크게 세 가지다. 수익사업, 후원금, 보조금(또는 지원사업)이며 수익사업은 온전히 해당 단체를 유지하고 활동하는 데만 사용되는 자금을 마련하기 위한 것이기 때문에 영리단체에서 수익을 얻기 위해 하는 행위와는 구별된다(비영리단체는 영리적인 수익사업을 할 수 없다). 후원금은 회원을 모집해서 정기 후원을 받거나 거리에서 기부를 받는 식이다. 보조금은 정부나 지방자치단체에서 내놓은 사업에 공모해서 해당 사업을 시민단체에서 실행하거나 또는 사업기획서를 내서 필요한 보조금을 받는 형태이다.

4) NGO의 사례와 활동

비정부기구는 특정 국가의 이해관계에 관련되어 있지 않으므로 다양한 관점에서 정부 활동을 감시하거나 정책을 홍보하며 동조자를 구한다. 그린피스(Greenpeace)는

1971년에 반전, 반핵 운동가를 포함한 환경보호운동가들이 모여 결성한 비정부기구이다. 초기에는 반핵이 주된 슬로건이었으나 포경산업 반대, 유전자 조작 식물 반대 등 광범위한 환경 문제를 의제로 다루고 있다.

국제사면위원회(Amnesty International)는 인권의 침해를 받는 사람들의 편에서 정의를 요구하는 것을 목적으로 하는 비정부기구이다. 양심수 석방, 고문의 추방, 사형 폐지, 난민 보호 등을 주제로 국제적 차원에서 활동을 벌이고 있으며, 세계 여러 나라의 인권 침해 상황에 대한 보고서를 매년 발표하고 있다. 국경없는의사회(Doctors without Borders)는 1971년 나이지리아의 비아프라에서 활동하던 프랑스의 젊은 의사들이 설립한 비정부기구이다. 국제적 인도주의 의료구호 단체로, 1996년 서울평화상, 1999년 노벨평화상을 받았다.

5) NGO에서 자원봉사의 의미

NGO는 자원조직(voluntary organization)이라고 불리며 이유는 NGO가 시민이 자발적으로 참여하여 주로 자원봉사활동에 의해 사업을 수행하는 조직이기 때문이다. 실제로 자원봉사활동은 NGO의 개념을 구성하는 중요한 요소이기도 하다. 자원봉사활동이 없는 NGO는 생존할 수 없고, 생존한다고 하더라도 효과적으로 시민운동을 전개하기 어렵다. 자원봉사활동이 없는 NGO는 그야말로 관료화된 조직이거나 명목상의 조직에 지나지 않는다. 적십자사, 소비자단체, 환경단체, 모금단체 등에서 활동하는 사람은 회원이든 비회원이든 대부분 자원봉사자이다.

자원봉사활동은 NGO에 세 가지 중요한 의미를 지닌다. 첫째, 자원봉사활동은 NGO의 중요한 재정적 자원이며, 둘째, 자원봉사활동은 기부금에도 긍정적인 영향을 미친다. 마지막으로 자원봉사활동은 NGO에 대한 시민참여를 촉진한다.

6) NGO에서 자원봉사의 역할

NGO란 시민의 자발적 참여와 자원성에 근거하여 각종 공익활동을 추구하는 단체이다. 곧 시민의 자발적 참여, 자원봉사활동, 공익추구 등이 NGO의 기본이념이며 자원봉사활동을 조직적으로 기획하고 실행하는 단체가 바로 NGO이다. 자원봉사활동은 노인, 아동, 청소년, 여성, 장애인, 알코올중독자 등과 관련된 각종 사회문제를 해결하는 중요한 역할을 한다. NGO는 이타주의를 실천하고 각종 사회문제를 예방・해결 자원봉사를 전문으로 수행하는 단체인 것이다. 현대사회는 자원봉사활동을 사회적 약자만을 위한 활동만이 아닌 사회구조를 개혁하고 시민문화를 정착하기 위해 조직적이고 지속적인 시민운동으로 정착되어 가고 있으며, 지역사회나 주권국가 범위에서 벗어나 전 세계적으로 연계되어 활동하고 있다. 따라서 자원봉사활동에서 NGO의 역할은 매우 중요하다고 할 수 있다.

7) 시민단체의 종류

시민단체는 여러 분류로 나뉘어 활동하고 있으나 본 서는 시민단체의 종류를 크게 12가지로 분류하고자 한다.

〈표 12-3〉 시민단체의 종류

번호	분류	내 역
1	사회개혁	경제정의실천시민연합(경실련), 참여연대, 정치개혁시민연대, 인간성회복운동 추진 협의회 등
2	사회복지	사랑의 장기기증운동본부, 장애우권익문제연구소, 건강사회를 위한 약사회, 백혈병 어린이 후원회 등
3	환경・교통	녹색연합, 환경운동연합, 녹색교통운동 등
4	여성・청소년	한국여성의전화, 한국여성민우회, 한국여성단체연합, 청소년 폭력 예방재단 등
5	소비자・생활	녹색소비자연대, 한국소비생활연구원, 우리농산물살리기운동본부 등

번호	분류	내 역
6	교육 · 문화	참교육을 위한 전국학부모회, 문화시민운동중앙협의회, 문화연대, 언론개혁시민연대 등
7	인권	인권운동사랑방, 참여연대, 언론인권센터, 북한인권시민연합, 군인권센터 등
8	풀뿌리	익산희망연대, 열린사회시민연합 등
9	정보화	정보화사회실천연합 등
10	아동	아동학대방지시민모임 등
11	경제 · 정치	경제정의실천시민연합, 참여시민단체 등
12	자원봉사	사랑의먹거리 나눔운동본부, 한국자원봉사포럼 등

4. 국제 자원봉사활동과 자원봉사관리

1) 국제 자원봉사활동의 정의

국제 자원봉사활동이란 언어, 종교, 정치, 사회경제적 장애를 뛰어넘어 자신의 시간, 능력, 에너지를 사용하여 사회변화, 경제발전, 환경보전 등을 실천하는 데 자발적으로 참여하는 활동이다. 또한, 국내에서 참여한다 하더라도 국제적인 문제나 프로젝트에 참여하는 것도 국제 자원봉사활동이라 할 수 있다.

2) 국제 자원봉사활동의 이념

한국의 대표적인 국제 자원봉사활동 사업인 한국해외봉사단은 세 가지 협력이념을 가지고 있다.

첫째, 상호 의존과 공존의 인류공동체이념이다.
(human community of interdependency and coexistence)
둘째, 문화상대주의(Cultural relativism)와 호혜성(reciprocity)의 원리이다.
셋째, 인도주의(humanitarianism) 사상이다.

3) 국제 자원봉사활동의 동기와 기대효과

국제 자원봉사활동에 참가하는 동기는 사람들마다 매우 다양하며 구체적인 몇 가지의 목표를 달성하기 위해 참여하는 경우도 있으며 일반적으로는 여러 복합적인 요소들을 모두 포함하고 있는 경우가 많이 있다.

구체적으로 국제 자원봉사활동을 통해 얻을 수 있는 몇 가지 내용이 있을 수 있다.

세계시민으로 여러 사람을 만남이 있는데 국적이나 연령과 신분이 전혀 다른 다양한 사람들을 만나 함께 일하기 때문에 인생관과 가치관이 다른 사람들로부터 새로운 경험을 배우게 된다. 그중에 첫째는 국제사회에 공헌으로 지구시민의 일원으로서 국제적인 문제해결에 보다 적극적으로 참여하고 보다 나은 세계를 만들 수 있다.

둘째는 자신의 성장으로 특정 분야에서 현장경험을 통해서 견문을 넓히고 자기 자신을 성장시키며 이러한 경험이 나중에 자신의 문제를 해결하는 데 매우 효과적으로 작용한다.

셋째는 자기발견으로 다른 나라에서의 활동은 자기발견의 기회를 주며 자신의 진짜 모습은 무엇인가, 어느 정도의 적응력을 가진 사람인가를 알 수 있게 하며, 자신의 장・단점, 자신의 진짜 흥미, 적성, 가능성 등도 알게 된다. 넷째는 경제적 이념으로 일반적인 여행이나 유학보다 경제적이며, 이윤을 추구하는 기업(회사나 여행사)이 아니라 여러 국제문제 분야에서 활동을 하는 단체 등에 자신의 돈(참가비 등)을 내고 활동에 참가함으로써 자신의 부를 사회에 환원하는 부수적인 이득도 있다.

4) 국제 자원봉사활동의 유형

국제 자원봉사활동의 유형을 나누는 것은 어려운 일이긴 하나, 여기서는 국제워크캠프기구(International Workcamp Organization: IWO)에서 제시한 내용을 소개한다.

(1) 워크캠프형

워크캠프는 서로 다른 국적과 언어, 문화와 전통을 가진 젊은이 약 10~15명이 2~3주간 자원봉사활동을 목적으로 공동체 생활을 하며 자원봉사, 국제교류 프로그램으로 인간애를 배우고 다른 문화체험을 통해 다양성과 상호 존중을 배우며, 국제화 마인드를 함양할 수 있는 체험 프로그램이다. 자발적인 노동력을 필요로 하기 때문에 워크캠프라고 한다.

(2) 개인 · 단기형

개인 · 단기형은 상근이나 비상근으로 활동지 혹은 인근지역에 거주하면서 일정 기간(몇 주에서 몇 개월)동안 활동한다. 대우는 활동내용에 따라 다르지만, 일반적으로 식사와 숙박은 제공되며, 기본적으로 무상이다. 그러나 아주 적은 활동비를 주는 곳도 있으며 참가비를 내거나 휴일에도 활동하는 때도 있다. 주요 활동분야는 자연보호, 야생동물보호 관련활동, 복지교육 관련활동 등 다양하다.

(3) 정기방문형

정기방문형은 정기적으로 통근하면서 외국의 민간단체사무소나 병원 등의 복지시설에 매일 혹은 매주 몇 번씩 활동하는 형태이다. 보통은 숙박을 하지만 유학이나 민박을 하면서 활동하는 사람, 외국에 몇 개월 사는 동안 활동하는 사람도 있다.

(4) 장기개발형

장기개발형은 전문가로 활동하며 최저 1년 이상 현지에 체류하면서 환경, 교육, 농촌개발활동, 기술지도 등의 개별 활동을 하는 형태를 말한다. 보통 생활비 정도의 수당과 항공료 등을 받는다.

(5) 긴급원조형

긴급원조형은 재난에 따른 긴급사태에 대한 원조형태이다. 홍수나 지진 등 인명구조, 생활원조, 난민원조, 분쟁지역의 인권보호활동 등이 있다.

(예: 2011년 일본 지진해일로 후쿠시마 원전사고)

(6) 인턴십형

인턴십형은 방학을 이용해서 일정 기간 동안 NGO, 기업 등에서 인턴을 하면서 귀중한 현장경험을 쌓으며, 지식과 경험을 축적하고, 나중에 직원으로 취직하는 것으로 연계되는 사례도 많다. 때로는 유급으로 소개되는 때도 있으나 대부분 무급이다.

(7) 국내형

국제 자원봉사활동은 외국에서뿐만 아니라 국내에서도 참여할 수 있는 분야와 기회가 많이 있다. 어떤 면에서는 국내에서 활동을 시작하여 경험을 쌓아서 외국활동에 도전하는 것이 더 효율적인 방법일 수도 있다(예: 세계 환경문제, 인권문제, 개발문제 등).

5) 국제 자원봉사활동의 동향

국제 자원봉사활동의 기원은 정확히 찾을 수는 없지만 처음에는 주로 학교, 병원, 장애인, 고아들을 위한 시설에서 시작했으며, 1920년에는 프랑스의 Verdun 근처에 있는 Esnes라는 마을 재건을 위해 최초로 워크캠프를 조직하였다. 1961년에는 국가적인 지원을 받는 평화봉사단과 비슷한 단체가 만들어지면서 더욱 국제 자원봉사가 활발하게 이루어지게 된다. 이후 1971년에 UN은 UNV(United Nations Volunteers)를 창설하였고 국제 자원봉사활동은 더욱 활발해졌다. 현재는 각국 정부나 국제기구 그리고 민간단체(NGO)들이 다양한 방법으로 많은 노력을 기울이고 있다.

6) 국제노동기구(ILO)의 자원봉사와 이웃돕기 분류

국제 노동 기구(International Labour Organization, ILO)는 노동 문제를 다루는 유엔의 전문기구로서 스위스 제네바에 본부를 두고 있으며 1969년 노벨 평화상을 수상하였다. 국제노동기구는 자유롭고 평등하고 안전하게 인간의 존엄성을 유지할 수 있는 노동을 보장하는 것을 목표로 한다. 국제노동기구는 이러한 당면 과제를 수행하기 위하여 노동기본권, 고용, 사회보장, 사회협력과 같은 분과를 운영하고 있다.

국제노동기구(ILO)[13]는 이웃돕기를 '비공식' 또는 '사적' 자원봉사로 간주해, 국제표준코드 번호로써 이웃돕기 유형을 〈표 12-4〉와 같이 분류한다.

〈표 12-4〉 영국 정부의 '공식적' 자원봉사와 '비공식적' 자원봉사(이웃돕기) 분류

'공식적'자원봉사 활동	'비공식적'자원봉사 활동
특정 단체, 클럽, 조직을 위해 무보수로 도움을 제공하였는가?	친척이 아닌 타인을 위해 무보수로 도움을 제공하였는가?
• 모금활동/행사 업무 활동 • 단체 간부 또는 위원회 위원 활동 • 단체 활동/행사의 조직이나 지원 • 사람들을 방문하는 활동 • 사람들과 친교 또는 멘토링 • 자문, 정보제공, 상담 • 일반 행정, 사무업무 • 차량 제공 또는 운전 • 단체를 대표하는 활동 • 캠페인 활동 • 현장지원 활동 • 단체/클럽/조직을 위한 기타 활동	• 자문/상담 • 곤경에 처한 사람과 연락(방문, 전화, 메일) • 쇼핑, 연금수령/영수증 납부 • 요리, 청소, 세탁, 정원일, 가사 • 장식, 집정리, 차수리 • 유아/아동 돌보기 • 병약자 돌보기 • 집 지켜 주기, 애완동물 돌보기 • 편지/서류 작성 • 심부름 활동 • 운전/에스코트 • 기타 도움 주기

출처: 행정안전부(2017).

13) 국제노동기구(International Labour Organization)란 노동자의 노동조건 개선 및 지위 향상을 위해 설치된 국제연합의 전문기구이다.

7) 해외 자원봉사 관련기관

(1) 태평양아시아협회(The Pacific Asia Society)

태평양아시아협회(The Pacific Asia Society)는 '태평양 아시아는 영원한 이웃' 이라는 캐치프레이즈로 미래의 주역인 청년대학생을 위하고 나라를 사랑하는 정신으로 뜻을 같이하는 인사들이 모여 해외봉사를 하기 위해 창립한 순수 민간단체이다.

(2) 한국국제협력단해외봉사단(Korea International Cooperation Agency)

해외봉사단파견은 한국국제협력단(Korea International Cooperation Agency)의 개발도상국에 대한 무상원조사업의 일환으로 추진되는 대표적인 국민참여형 협력사업이며, 국제개발협력을 증진하는 것을 그 목적으로 한다.

(3) 한국해비타트(Habitat for Humanity Korea)

해비타트는 사전적 의미로 주거환경, 서식지, 보금자리 등을 뜻한다. 열악한 주거환경과 과도한 주거비용 때문에 좌절하고 신음하는 가정을 우리 이웃에서 쉽게 볼 수 있다. 해비타트(Habitat for Humanity)는 '모든 사람에게 안락한 집이 있는 세상'이라는 비전을 가지고 1976년 미국에서 시작한 비영리국제단체이다. 전 세계 78개 국가에서 활동하고 있는 해비타트는 2018년까지 약 2,200만여 명의 사람들이 집을 세웠고, 약 980만여 명의 사람들이 새로운 집에서 희망을 꿈꿀 수 있도록 도왔다. 지금 이 순간에도 세계 곳곳에서 안락한 집이 세워지고 있다

(4) 국제워크캠프기구(International Workcamp Organization)

국제워크캠프는 자원봉사의 독특한 한 형태이며 다양한 국가와 문화권에서 온 사람들이 모여 함께 생활하고 프로젝트를 수행하는 매우 실질적인 형태의 자원봉사 활동이다.

(5) 한국대학사회봉사협의회(Korean University Council for Social Service)

한국대학사회봉사협의회는 대학 및 전문대학이 사회봉사 교육과 활동에 대한 상호 협조를 통하여, 대학생들이 재학 중 사회적·윤리적 제 문제에 대한 경험과 사려를 향상시키는 방안을 협의 개발 및 보급함으로써 사회발전에 기여하는 것을 그 목표로 활동하고 있다.

(6) 유네스코 한국위원회(Youth Unesco Korea)

유네스코 한국위원회는 1999년부터 '국제자원활동' 파견 사업을 시작하여 현재까지 세계 40여 개 국가에 약 3천 명 이상의 청년들을 파견해 왔다. 단순한 관광이나 문화체험을 벗어나, 다양한 문화적 배경을 가진 청년들과 지역사회의 환경, 생태, 인권, 평화, 문화유산, 국제협력과 관련한 현장 프로젝트를 시행한다.

(7) 코피온(Cooperation and Participation in Overseas NGOs)

코피온은 외교통상부등록 비영리 민간기관으로서 전 세계 43개국 150여 개 해외 NGO들과 협력하여 제3세계 지구촌 시민을 지원하는 네트워크 NGO이다.

(8) 국제아동돕기연합(United Help for International Children)

사단법인 국제아동돕기연합(UHIC)은 '아이들에게 내일을' 이라는 모토 아래 어려운 환경에 처해 있는 아이들에게 교육·의료·기본 생활환경 등을 제공함으로써 아이들이 꿈을 잃지 않고, 보다 나은 내일을 맞이할 수 있도록 지원하고 있다.

(9) 해외인터넷청년봉사단(Korea Internet Volunteers Global leader, u-KOREA!)

행정안전부와 한국정보화진흥원에서 추진하는 해외인터넷청년봉사단은 정보화 후발국가의 정보격차 해소, 한국의 정보화현황 및 IT산업홍보, IT인적네트워크 구성을 통한 '국내 IT산업의 해외진출 기반 구축 및 디지털 한류 확산'에 기여하고 있다.

(10) 국제시민봉사회(Service Civil International)

국제시민봉사회(SCI)는 도움이 필요한 혹은 어려움에 처한 국제사회 주민들에게 실질적인 봉사를 행함으로써 국제간의 상호이해와 평화를 증진하기 위하여 존재한다.

(11) 한국청소년그린캠프봉사단(Youth GreenCamp Volunteers of Korea)

한국청소년그린캠프봉사단(YGVK)은 대한민국 청소년들에게 자연과 함께하는 생활을 통하여 자연의 소중함과 중요성을 고취시키고 자연환경보전을 위한 올바른 교육과 봉사 활동을 통해 깨끗한 지구 환경을 만드는 데 이바지함을 그 목적으로 하는 청소년 단체이다.

(12) 국제월드비전(International World Vision)

1950년 한국전쟁 당시 설립되어서 현재에는 전 세계 100여 개국에서 일하는 세계 최대 규모의 국제구호개발NGO이다. 이 외에도 여러 해외 봉사단체가 있다.

8) 한국과 OECD 34개국 비교

2017 자원봉사 실태조사 결과를 보면, 자원봉사는 OECD 34개국 평균이 24.1%, 최고 미국(46%)부터 터키(5%)까지, 10배 이상 차이가 있으며 한국은 18%로 중하위에 머물고 있다. 기부(donate)는 OECD 34개국 평균이 43.6%로 최고 호주(73%)부터 그리스(9%)에 이르기까지 매우 큰 차이가 있으며 한국은 35%로 21위 하위권에 있음을 볼 수 있다. 이웃돕기(neighborhood help)는 OECD 34개국 평균이 49.4%로 최고 미국(73%)부터 일본(25%)에 이르는 것으로 나타났으며, 한국은 46%로 23위 하위권에 머물러 있다.

〈표 12-5〉 한국과 OECD 평균 비교: 자원봉사, 기부, 이웃돕기

구 분	자원봉사	기부	이웃돕기
한국	18%	35%	46%
국제평균	24%	43.6%	49%

출처: 행정안전부(2017).

참고문헌

강상욱(2001). 우리나라 NGO의 성장에 관한 연구. 서울대학교 대학원 박사학위논문.

강은나, 류병주(2023). 미국의 고령자 자원봉사 프로그램 현황과 시사점. 국제사회보장리뷰, 26, 76-87.

고양곤, 김동배, 임춘식, 모선희, 원영희, 이금룡, 박준기(2001). 노인자원봉사활동 활성화 방안. 한국노년학회, 21(1), 147-166.

고재욱, 송노원, 양경희, 이원웅, 조재숙(2013). 자원봉사론. 경기: 양서원.

고재욱, 신기원, 황인옥, 최승완(2017). 자원봉사론. 서울: 동문사.

곽삼근, 이해주, 최윤진(2019). 자원봉사론. 서울: 한국방송통신대학교출판문화원.

관계부처합동(2018). 자원봉사활동 진흥을 위한 제3차 국가기본계획(2018~2022).

구승신, 나상운, 나직균, 임정문, 유정욱(2016). 자원봉사론. 경기: 정민사.

구제관, 권향임, 박정임, 박주현, 심의보, 임상록, 정주석(2012). 자원봉사론. 경기: 양서원.

구혜영(2018). 자원봉사론. 서울: 신정.

권중돈, 조학래, 김기수(2008). 자원봉사의 이해와 실천. 서울: 학지사.

권중돈, 조학래, 김기수(2019). 자원봉사의 이해와 실천. 서울: 학지사.

김교정(2017). 자원봉사론: 2016년 PRIME 사업. 경기: 21세기사.

김근홍, 서화자, 심창학, 이만식, 함세남, 홍금자(2007). 사회복지 역사와 철학. 서울: 학지사.

김동배(2005). 시민사회와 자원봉사. 서울: 학지사.

김동배, 김선아, 이서원, 장신재, 조학래, 홍영수(2009). 자원봉사의 이해. 서울: 학지사.

김두현(2015). 현대 자원봉사의 이론과 실제. 서울: 대한미디어.

김범수 외(2010). 자원봉사론(2판). 서울: 학지사.

김범수(2024). 자원봉사론. 경기: 양서원.

김범수, 권선진, 손영희, 신승연, 이종복, 전종숙, 정옥희, 정용충, 최은숙(2016). 자원봉사론(3판). 서울: 학지사.

김범수, 권선진, 신승연, 이종복, 손영희, 정옥희, 정용충, 최은숙(2010). 자원봉사론(2판). 서울: 학지사.

김병욱(2017). 시니어 은퇴 사회공헌 자원봉사. 서울: 킴스정보전략연구소.

김성경(2009). 한국 공공부문 자원봉사업무. 서울: 한국여성개발원.

김성철(2019). 사회복지실천학. 경기: 공동체.

김성철(2018). 사회복지경영학. 경기: 공동체.

김성철 외(2020). 사회복지실천기술론. 경기: 양성원.

김승용, 김순안, 김오복, 김은묵, 김재중, 박은주, 오준심, 이경순, 이미영, 이현심(2011). 자원봉사론. 경기: 양서원.

김영종(2020). 사회복지 자원봉사론. 서울: 학지사.

김영호, 오정옥, 전형미(2004). 자원봉사의 이론과 실제. 서울: 창지사.

김욱진(2015). 자원봉사: 영향요인과 파급효과. 경기: 청목출판사.

김정옥, 장덕희(2003). 가족 건강성 증진을 위한 가족자원봉사 프로그램 개발에 관한 연구. 한국가족관계학회지, 8(3), 111-135.

김태형(2020). 공공기관 자원봉사 운영과 과제. 서울: 학문사.

김혜영, 유진희, 신원정(2018). 자원봉사론. 경기: 어가.

다나카 유(2024). 자원봉사도 고민이 필요해. 경기: 밀크북.

류기덕, 박귀영, 박영국, 신경안, 오주, 이기량, 이재모, 장재원, 정영주(2017). 자원봉사론. 경기: 양성원.

류기형(2016). 자원봉사문화 정착을 위한 자원봉사 관리론: 부산대학교 사회과학연구원 연구총서. 경기: 공동체.

류기형, 남미애(1997). 영국・미국・일본의 자원봉사활동 발전과정 비교연구. 社會福祉硏究. 釜山大學校. 7輯(1997년 12월), 215-249.

류기형, 남미애, 박경일, 홍봉선, 강대선(2013). 자원봉사론. 경기: 양서원.

류기형, 남미애, 박경일, 홍봉선, 강대선, 배의식(1999). 자원봉사론. 경기: 양서원.

류기형, 남미애, 박경일, 홍봉선, 강대선, 배의식(2018). 자원봉사론(제5판). 경기: 양서원.

류기형 외 (2021). 자원봉사론(제5판). 경기: 양성원.

박미정(2022). 공공기관에서 자원봉사의 활동과 효과. 공공행정학연구.

박상희(2018). 사회복지시설에서 자원봉사의 필요성과 가치. 사회복지학연구.

박연호(2003). 조직행동론(중판). 서울: 박영사.

박용순, 송진영, 황치정(2014). 자원봉사론. 서울: 창지사.

박태영, 채현탁, 정진석, 조미정(2015). 자원봉사론. 경기: 공동체.

배기효, 박영국, 송정애, 오현숙, 이남순, 이은영, 이채식, 이형렬, 전영록(2013). 사회복지학개론. 서울: 창지사.

보건복지부(2018). 2018-1 사회복지시설정보시스템실무.

보건복지부(2019). 2019 사회복지시설 관리안내.

보건복지부(2020). 2020 사회복지시설 관리안내.

볼런티어 21(2001). 자원봉사센터 운영 매뉴얼.

사회복지공동모금회 나눔문화연구소(2022). 2022 한국형 나눔지수 개발연구.

서울시 자원봉사센터(2017). 공공기관 자원봉사 운영 가이드(p.5).

승금희(2005). 자원봉사론. 서울: 대왕사.

신미정(2023). 지역사회 기반 자원봉사 활성화 전략. 한국사회복지학회.

양옥경, 이기연, 최소연, 현진희(2010). 사회복지지도감독론. 경기: 양서원.

염동문, 이한우, 마은경, 박정배, 신청호(2015). 자원봉사론. 경기: 청목출판사.

오세영(2019). 예비 사회복지사를 위한 자원봉사론. 서울: 창지사.

유성호(1997). 자원봉사프로그램의 관리와 리더십. 서울: 아시아미디어리서치.

유용식, 원요한, 김봉순, 유길준(2016). 자원봉사론. 경기: 양서원.

유용식(2024). 자원봉사론. 경기: 양서원.

유호경(2023). 코로나 이후 청소년 자원봉사 급감한 한국, 미국·프랑스는 달랐다. 이코리아.

윤갑수, 박형순, 이준우, 현무성, 김택환, 임현승, 원지영, 주향빈(2011). 대학생을 위한 신나는 사회봉사 길라잡이. 서울: 파란마음.

윤상목(2015). 사랑의 자원봉사. 경북: 학사원.

윤종훈, 송인암, 박계홍, 정지복(2013). 경영학원론(제2판). 서울: 학현사.

윤찬영(2017). 사회복지의 이해. 경기: 정민사.

이강현(2013). 좋은 사람을 좋은 시민으로 변화시키는 자원봉사의 길. 서울: 아르케.

이대근(2004). 자원봉사관리 실제. 경기: 국제출판.

이만식(2017). 뉴패러다임 시대의 자원봉사론. 서울: 학지사.

이만식, 김성호, 오단이, 전구훈, 원도연(2017). 뉴패러다임 시대의 자원봉사론. 서울: 학지사.

이만식, 손신, 신효진(2010). 21세기 자원봉사관리 - 이론과 실제. 서울: 학지사.

이병순, 김효정, 오효근, 박미혜, 민승화, 김화진, 강정희(2014). 자원봉사론. 경기: 공동체.

이성록(2005). 전국자원봉사센터 실태조사 및 발전방안. 행정안전부.

이성록(2005). 자원봉사 어드바이저. 서울: 미디어숲.

이재풍, 김남희, 김동진, 이외승, 최선희, 황유정(2018). 자원봉사론. 경기: 양서원.

이채석(2017). 사회복지 사례관리. 경기: 어가.

이태수(2021). 자원봉사와 공공부문의 협력. 경기: 나남출판.

인천광역시(2006). 시민의 품속에서 성장하는 자원봉사로 가꾸어 가겠습니다. 인천광역시.

전남련, 김미자, 윤기종, 정현숙, 송창국, 박주선, 최홍성, 김선미, 김연옥, 나예원, 오영식(2015). 사회복지개론. 경기: 정민사.

정길영, 정요한(2017). 자원봉사론. 서울: 동문사.

정민영(2023). 자원봉사 활성화를 위한 제도적 방안 연구. 한국사회복지정책연구.

정유진(2016). 더 나은 미래. 조선일보. 7월 21일.

정은영(2019). 사회복지 자원봉사 활성화를 위한 방안 연구. 한국사회복지정책연구.

정재욱(2021). 지역사회와 사회복지. 나남출판.

정진경, 최유미, 이란희, 송인주, 송정안, 조철민(2017). "자원봉사진흥『제3차 국가기본계획』(2018~2022) 수립 연구" 행정안전부. 한국자원봉사협의회.

정하성(2017). 신자원봉사론. 서울: 백산출판사.

조은영(2019). 지역사회와 공공기관 자원봉사 연계. 한국지역사회복지학회.

조휘일(1998). 현대사회와 자원봉사. 서울: 弘益齋.

조휘일(2016). 자원봉사 프로그램 관리: 이론과 실제. 경기: 학지사.

조휘일, 정재훈, 원미순, 박윤숙(2009). 자원봉사론. 경기: 공동체.

주성수(2013). 자원봉사 문화와 제도. 서울: 한양대학교 출판부.

주성수(2016). 나눔문화: 기부 자원봉사 이웃돕기 시민참여. 서울: 한양대학교 출판부.

주성수, 정희선, 윤영미(2017). 2017 자원봉사 실태조사 결과보고서. (사)한국자원봉사문화. 행정안전부.

지은정(2014). 시민서비스는 자원봉사의 대척점에 있는가? －미국의 AmeriCorps와 Senior Corps를 중심으로. 사회복지연구, 45(2), 31-64.

채정미, 김기영(2021). 자원봉사 활동 참여가 중학생 청소년의 배려에 미치는 영향. 한국청소년활동연구. 7(3), 통권 18호, pp.41-61.

천정웅, 김세광, 안명선, 문정희(2020). 자원봉사론. 양성원.

최덕경, 이서영, 서정학, 배은숙, 박주현(2014). 현대사회와 자원봉사. 경기: 공동체.

최상미, 신경희, 이혜림(2017). 서울시 자원봉사 실태와 활성화 방안. 서울연구원.

최원규, 이방원, 이방현, 구영은, 윤연옥, 이현주, 김승현(2017). 2017년 조사연구사업 - 서울의 사회복지역사연구. 서울특별시사회복지협의회.

최유미(2015). 자원봉사관리론. 경기: 공동체.

최종혁, 이연, 유영주(2015). 자원봉사론 - 자원봉사에서 자원복지운동으로. 경기: 양서원.

통계청(2024). 사회조사. 지표누리 -국민 삶의 질 지표. 2025. 1. 12일 추출

한국교육개발원(2002). 금빛 평생교육봉사단 관리자 매뉴얼.

한국사회복지관협회(1997). 미국의 자원봉사의 유래와 현황. 서울: 동인.

한국사회복지연구회(1997). 현대사회의 자원봉사론. 서울: 유풍출판사.

한국사회복지협의회(2018). '2018 사회복지자원봉사 연간 백서'

한국산업인력공단(2015). 사회복지서비스. 서울: 진한엠앤비.

한국생애설계협회(2016). 자원봉사 여가 및 취미생활.

한국자원봉사관리협회(2008). 자원봉사활동 관리 표준매뉴얼 개발 연구. 행정안전부.

한국직업능력개발원(2016). 국가직무능력표준(NCS) 학습모듈(사회복지조직 자원개발, 직원역량개발). 한국직업능력개발원.

행정안전부(2017). 2017 자원봉사활동 실태조사 결과보고서.

행정안전부(2023). 2023~2027 자원봉사활동 진흥을 위한 제4차 국가기본계획.

현외성(2011). 자원봉사론 강해. 서울: 학지사.

현외성(2017). 현대 자원봉사론: 자원봉사, 사회공원 및 나눔활동의 이론과 실제. 서울: 창지사.

Chen, Li-Mei(2015). 일본의 고령자 자원봉사 : 유급 자원봉사자에 대한 논의를 중심으로. 국제노동브리프, 13(10), 13-25.

Davis Smith, J. (1996). 'Should Volunteers be Managed?' in D. Billis and M. Harris (eds) *Voluntary Agencies: Challenges of Organisation and Management.* London, Macmillan.

Davis. L.E. (1966). *The Design of Jobs Industrial Relations*. pp.21-45.

Edward O. Wilson(1976). Stephen Jay Gould, "Biological Potential vs. Biological Determinism." *Natural History Magazine, 85.*

Francies, G. R. (1982). *The volunteer needs profile: Development and testing of a seven scale model for use in placing volunteers in human service agencies.* Unpublished Master's Thesis, University of Wisconsin, Green Bay WI.

Ilsley, P. J. (1990). *Enhancing the volunteer experience.* San Francisco: Jossey-Bass Publishers.

Lynch, M. (1983). Estimation of size-specific mortality rates in zooplankton populations by periodic sampling. *Limnol. Oceanogr.*, 28, 533 – 545.

Lynch, R. (1983). *Designing Volunteer Jobs for Results, Voluntary Action Leadership*. Summer.

Maslow, A. H. (1987). *Motivation and Personality*(3rd ed.). New York: HarperCollins.

McCurley, S. (1994). Recruiting and retaining volunteers. *I*n R. D. Herman (Ed.), *The JosseyBass handbook of nonprofit leadership and management* (pp. 511 – 534). San Francisco, CA: Jossey-Bass.

Robbins, Stephen P., Coulter, Mary and DeCenzo, David A. (2018). 경영학개론(10판). [Fundamentals of Management] (양동훈, 임효창, 조영복 역). 서울: 시그마프레스(원저출판: 2016년).

Scheier, I. H. (1980). *Exploring volunteer space.* Boulder, Co: Volunteer: The National Center for Citizen Involvement.

Scheier, I. H. (1980). *The Task Enrichment System: A First Outline*. Volunteer Administration.

Unruh, H. (2010). Effectively engaging faith-based volunteers: Maximizing benefits for both nonprofits and volunteers. Conference proceedings of the North American Association of Christians in Social Work, Durham, NC.

Volunteer Centre Bexley(2016). Recognising volunteers. http://bvsc.co.uk/recognising-volunteers.

Woods, M. (1998). *Volunteers: A Guide for Volunteers and Their Organisations.* Christchurch, New Zealand: Hazard Press Limited.

참고 사이트

교육부. www.moe.go.kr

구리시청. www.guri.go.kr

국립국어원 표준국어대사전. https://stdict.korean.go.kr

사회복지자원봉사인증관리. https://www.vms.or.kr

사회복지통계연구소. https://socialwelfarestat.modoo.at

서울시립대학교. http://www.uos.ac.kr

위키백과. ko.wikipedia.org

지식오아시스. https://koasis.tistory.com

한국세시풍속사전. http://folkency.nfm.go.kr/sesi/index.jsp

한국자원봉사센터협회. http://www.kfvc.or.kr

한국청소년활동진흥원. https://www.kywa.or.kr

DAUM 백과. https://100.daum.net

zum 학습백과. http://study.zum.com

찾아보기

(인명)

(ㄱ)

(ㄴ)

(ABC)

저자소개

김성철 백석대학원 NPO경영학과 교수
모아라 목포과학대학교 복지학부 교수
박윤희 백석대학원 NPO경영학과 초빙교수
서연숙 한국관광대학교 사회복지과 교수
이은영 세명대학교 사회복지과 강사
장은석 세경대학교 사회복지과 교수
정주석 신성대학교 사회복지과 교수

[개정판]

자원봉사론

1판 1쇄 발행 — 2020년 3월 5일
2판 1쇄 발행 — 2025년 3월 25일

저　　자 - 김성철 모아라 박윤희 서연숙
이은영 장은석 정주석
발 행 인 - 강철원
발 행 처 - 양성원
주　　소 - 경기도 파주시 검산로 173번길 29-20
전　　화 - 031-946-3861(代)
팩　　스 - 031-946-3864
이 메 일 - tnwpub@naver.com
홈페이지 - tnwpub.co.kr
출판등록 - 2015년 8월 31일 제 2015-000211 호

ISBN 979-11-6126-613-8

정가 20,000원